松山事件・尊厳かけた戦いの末に

死刑捏造

藤原聡・宮野健男
（共同通信社）

筑摩書房

目次

写真提供・共同通信イメージズ
図作成・吉田富男

死刑捏造　松山事件・尊厳かけた戦いの末に

はじめに

死刑が確定した後に再審で無罪となった冤罪《えんざい》事件は、過去四件ある。免田事件、財田川《さいたがわ》事件、島田事件、そして松山事件である。これらの事件は、いずれも戦後間もない一九四〇年代から五〇年代半ばに起きた殺人事件で、八〇年代に相次いで無罪が確定した。松山事件以降、死刑囚が再審無罪となったケースはない。

この本は、松山事件の犯人だとして逮捕・起訴され、その後、長い年月を死刑囚として獄中にあった男性が、母親、きょうだい、人権活動家、弁護団らの支援を受け、死刑台から生還するまでの物語だが、無罪判決から三十年以上たったいま、松山事件のことを知る人は少ないだろう。そこで、日本の刑事司法史上に名を残す、この冤罪事件のおおまかな経緯をまず記してみたい。

一九五五（昭和三十）年十月、宮城県松山町（現・大崎市）の農家が放火されて全焼し、焼け跡から一家四人の他殺体が見つかった。宮城県警は十二月、現場近くに自宅があり、その後、東京に引っ越した当時二十四歳の斎藤幸夫さんを別件の傷害容疑で逮捕した。

本格的な取り調べが始まって三日目の夜、斎藤さんは犯行を認める供述をしたが、途中から否認に転じる。仙台地検古川支部は、否認のまま強盗殺人罪などで斎藤さんを起訴。一審の仙台地裁古川支部は五七年十月、死刑判決を言い渡した。

斎藤さんは控訴したが、仙台高裁は棄却した。さらに最高裁が六〇年十一月、斎藤さんの上告を棄却して死刑が確定した。

その後、再審が認められるまでの長い道のりがあった。死刑が確定した翌年の三月、仙台地裁古川支部に第一次再審請求したが、三年後に棄却決定。仙台高裁に抗告、さらに最高裁に特別抗告したが、いずれも退けられた。

六九年六月、第二次再審請求をした。仙台地裁古川支部は再び棄却決定したが、仙台高裁は即時抗告審で七三年九月、棄却決定を取り消し、仙台地裁に差し戻した。そして、七九年十二月、仙台地裁はようやく再審開始を決定した。

しかし、仙台地検が即時抗告したため、仙台地裁で再審公判が始まったのはさらに四年後で、無罪判決が言い渡されたのは八四年七月である。逮捕から二十九年。斎藤さんは自由の身になった時、五十三歳になっていた。

斎藤さんと母親のヒデさんは無罪となった翌年、「違法な捜査や起訴、裁判で長年苦しめられた」として、国と宮城県に慰謝料など総額約一億四千三百万円の国家賠償を求めた訴訟を起こしたが、仙台地裁は九一年七月、「警察官の捜査、検察官の起訴、裁判官の裁判などに違法性はなかった」として斎藤さん親子の請求を棄却した。


共同通信仙台支社編集部のデスクと記者だった私たち二人は、この国家賠償請求訴訟の控訴審（仙台高裁）判決を間近に控えた二〇〇〇年二月、斎藤さんとヒデさんに会った。判決当日に出すサイド記事の取材のため宮城県鹿島台町の自宅を訪れたのだが、二人の話に引き込まれて長時間のインタビューになり、結局、夜遅くなったので泊めてもらうことになった。

「私の人生はずっと裁判だった」。この日の夜、酒を飲みながら、斎藤さんがしみじみと語ったのをよく覚えている。「二十四歳で逮捕されてから四十年以上、半世紀近くなるが、裁判がずっと続いている。裁判の人生みたいなもんだ」

死刑判決の根拠の一つとなったのは、斎藤さん宅の掛け布団襟当《ふとんえりあ》てに付いていた被害者らのものとされる血痕だったが、再審無罪判決は「血痕群は押収後に付着したとの推論を容れる余地が残されている」と述べ、捜査当局が証拠を捏造《ねつぞう》した疑いがあることを示唆した。

斎藤さんは笑顔を絶やさない人だったが、話がこの血痕のことに及ぶと「血痕は、警察が完全に捏造したものだ。それを裁判所が鵜呑みにして死刑の宣告をしたんだ」と、語気を荒げ、怒りをあらわにした。

国家賠償請求訴訟の控訴審は、斎藤さん親子の請求を棄却した。斎藤さん側は上告したが、最高裁は二〇〇一年十二月、上告を棄却し、敗訴が確定した。

私たちは、敗訴の後も二人に何度も話を聞いた。

突然の別件逮捕、同房者を使った自白の唆《そそのか》し、死刑判決、母ヒデさんやきょうだいら家族の戦い、全国に広がった支援活動、再審開始決定、そして無罪判決……。斎藤さんが自由を勝ち取るまでの長い年月にあった出来事が、相当な分量の取材メモとして残された。裁判を支えた弁護団や支援者から、さまざまな関係資料も入手した。これらを素材にして松山事件の全貌を書き上げようと思っていたが、私たちが相次ぎ仙台を離れたこともあり、いつしか立ち消えとなってしまった。

再び松山事件に取り組もうと思ったきっかけは、ここ数年の間に、無期懲役が確定した事件で、再審無罪が相次いだことにある。

二〇一〇年三月、足利事件の再審で、翌年五月、布川事件の再審で、それぞれ無罪判決が言い渡された。さらに二〇一二年十一月には、東京電力女性社員殺害事件の再審で、ネパール人男性が無罪となった。死刑と無期懲役の違いはあるにせよ、同じように再審による無罪事件だったので、私たちは松山事件のことをあらためて振り返り、取材したメモや資料類を読み返して、少しずつ原稿を書き進めていった。

そうしたさなか、死刑が確定したある事件の再審開始が決定した。一九六六年六月に静岡県清水市（現・静岡市清水区）で一家四人を殺害したとして、八〇年に死刑が確定した元プロボクサー袴田巖《はかまだいわお》さんの再審請求審で、静岡地裁は二〇一四年三月二十七日、裁判のやり直しを決定するとともに死刑の執行を停止し、袴田さんの釈放を認めたのだ。

袴田さんはこの時、七十八歳。逮捕から約四十八年、死刑確定からでも約三十四年の長きにわたって拘置され、自由を奪われていたことになる。静岡地裁は拘置停止理由として「長期間死刑の恐怖の下で身柄を拘束された。拘置を続けることは堪え難いほど正義に反する」と述べた。法務省によると、再審開始が決定したことで死刑囚が釈放されるのは初めてだった。

松山事件の斎藤さんは、私たちの取材に応え、死刑が確定した後の拘置所での生活についていろいろと話してくれたが、なかでも死刑執行日の様子は特に印象に残っている。

「その日」の朝になると、死刑囚たちがいる独房の扉の小窓がパタン、パタンと音を立てて一斉に閉まる。間もなく、刑務官の足音が通路に響き、その足音が止まった独房の扉が開かれ、死刑囚が刑場に連れて行かれるのだという。

「死刑囚はある日、何の前触れもなく刑場に引っ張られていく。本当に、これ以上ない恐怖だ。足音が自分の部屋の前を通り過ぎると、『ああ、助かったな』と思った」と斎藤さんは振り返った。

袴田さんは拘置所生活について何も語っていないが、同じように独房の窓が一斉に閉じられ、刑務官の足音が近づく恐怖を嫌というほど味わったはずだ。
静岡地裁は再審請求審で、犯人の着衣とされた「五点の衣類」が、ＤＮＡ鑑定の結果から「袴田さんのものでも犯行着衣でもない」と認定し、捜査機関が捏造した疑いがあると指摘した。松山事件でも、掛け布団襟当てに付いていた血痕について捜査機関による捏造の疑いがあることは、前述した通りだ。捜査段階でいったん「自白」したが、公判が始まると一貫して起訴事実を全面否認したのも両事件に共通である。

袴田事件の再審開始決定の取り消しを求めて、静岡地検が即時抗告したため、今後、東京高裁が、裁判をやり直すかどうか、あらためて判断することになる。ＤＮＡ型の再鑑定などで即時抗告審が長引く可能性もあり、袴田さんの年齢を考えると気掛かりだ。松山事件は、再審開始決定から無罪判決まで五年近くを要している。

現在、袴田事件以外にも再審請求している事件はある。福岡県飯塚市で女児二人が誘拐、殺害された飯塚事件で、死刑が確定し、執行された元死刑囚の妻が再審請求を申し立てている。鹿児島県大崎町で義弟を殺害したとして、殺人罪などで懲役十年が確定し服役した女性が再審請求している大崎事件もある。

冤罪は、なぜ後を絶たないのか。また「開かずの扉」とも言われる再審が認められ、無罪判決を得るのはいかに困難なことなのか――。冤罪事件の原点とも言える松山事件の斎藤幸夫さんの軌跡を追うことで、こうした日本の刑事司法が抱える問題も浮き彫りにしていきたい。

なお、本文の登場人物の敬称を省略し、一部の人を仮名や匿名にした。姓や名前だけ記した人もいる。斎藤さんの手記や捜査・裁判資料などは、適宜、間違いを訂正し、旧漢字をひらがなにするなど、読みやすくするために修正したこともおことわりしておく。

第一章　事件

火災と遺体

雑木と笹が生い茂る荒れ地に、小学生の背丈ぐらいの小さな石碑が立っていた。誰も手入れをしないからだろうか、石の表面は苔むしてまだらに変色しているが、深く刻まれた「供養碑」の文字ははっきりと読み取れる――。

私たちは、宮城県北部にある大崎市松山長尾の新田という集落を訪ねた。松山事件の現場である。三月だったので路肩に雪が残り、冷たい風が肌を刺した。

仙台から列車で東北線を北上すると、神社で有名な港町の塩釜や日本三景の松島などを経て約四十分で鹿島台駅に到着する。駅を降りて線路と平行する道を北へ進み、松山町駅との中間辺りで右折して船越街道を東へ進む。大沢堤という溜池を通り過ぎ、雑木林の中の坂道を上ると、集落を見渡せる高台に出た。

松山町だった事件当時の住宅地図を見ると、この集落には七十戸ほどの民家があるのが分かる。地図と照らし合わせながら歩いてみたが、表札名は現在もほとんど変わっていなかった。丘陵にへばりつくように民家が点在し、その間を小さな畑が埋めてモザイク模様をつくっている。だが、集落の北に民家でも畑でもない一角がある。その草木で覆われた荒れ地に、松山事件の被害者を供養する碑がぽつんと置かれている。碑の裏面には一家四人の名前と年齢、「昭和三十年十月十八日没」と刻まれていた。

この日――。一九五五（昭和三十）年十月十八日午前三時半ごろ、供養碑の立つ場所にあった大村清兵衛（仮名、五十四歳）の家から出火、木造わら葺きの平屋を全焼した。

消防団員の届け出で二時間後、派出所員が現場に着いた。古川署員も到着して実況見分が行われ、焼け跡の八畳間から、清兵衛と妻ヨネ（仮名、四十二歳）、四女（十歳）、長男（六歳）の計四人の焼死体が見つかった。長女は結婚して北海道に居住し、女中奉公に出た次女と三女はそれぞれ東京都内と隣町の鹿島台町で暮らしていた。

松山事件供養碑

実況見分調書によると、すべての遺体が全身黒焦げで、男女の識別すらできなかった。第一遺体は、両腕、両脚とも脱落し、左の胸から腹にかけては焦げた臓器が露出していた。大きさなどから第一遺体が大村清兵衛とされた。残る三遺体も焼損が激しかったが、第二遺体をヨネ、第三遺体を長男、第四遺体を四女と特定した。

東北大学医学部法医学教室の教授村上次男と助教授三木敏行が、焼け焦げた臭いが漂う現場に設けられた解剖台で、午後六時から司法解剖した。清兵衛と四女を三木が、ヨネと長男を村上が受け持ち、解剖の結果、すべての遺体の頭部に割創《かっそう》

（刃物による傷）が見つかった。

現場から物品も押収された。清兵衛の頭付近に、血痕のようなものが付いた焼け残りの提灯。ヨネの頭の上方に農薬の空瓶と血痕のようなものが付いたアルミ製弁当箱。四女と長男の頭の間に薪割《まきわり》が転がっていた。たんす付近から半焼けの千円札が五枚、縁側から鉈《なた》とやかんが見つかった。電線は、屋外約三十センチの地点で切断されていた。

宮城県警が当時作成した報告書「松山町の一家四人おう殺並に放火事件」（以下、「事件報告書」）に、事件の概要と捜査の経緯が詳しく記されている。事件発生から逮捕までの経過を警察庁や東北管区警察局などに報告するために編集された内部文書だ。

「事件報告書」によると、大村清兵衛の一家は、集落で最も貧しい零細農家で、焼け落ちた家も小屋のような粗末なものだった。水田四反分と畑二畝《うね》を耕作し、清兵衛は、町内に当時あった炭鉱で石炭を選り分ける選炭夫の仕事もしていた。ヨネも、近所の農家の農作業を手伝い、家計を助けていた。

十月十六日午後四時ごろ、ヨネは子ども二人を連れ、リヤカーを引いて鹿島台町で製材業をしていた斎藤家を訪ね、増築用の材木を千二百円分購入した。ヨネは十七日朝、同じ集落の知人宅を訪ねて工事資金として五千円を借りている。清兵衛は十七日午前六時に炭鉱に出勤して午後四時ごろ帰宅した。十七日夜、一家四人は工事を頼んだ大工職人と一緒に夕食をとり、清兵衛と二人の子どもは入浴後に就寝したとみられるが、ヨネはラジオドラマを聴きに一人で近所の家に出かけ、その後、集落の婦人会の仲間と落ち合って祭りの奉納踊りのけいこをし、午後十一時半ごろ、自宅前で仲間と別れている。

男女関係と心中説

県警は松山町派出所に特別捜査本部を設置、古川署員のほか県警本部捜査一課から九人の刑事を派遣

殺人放火現場見取り図

1955（昭和30）年10月18日に作成された
古川警察署・佐々木健夫巡査の図に基づく

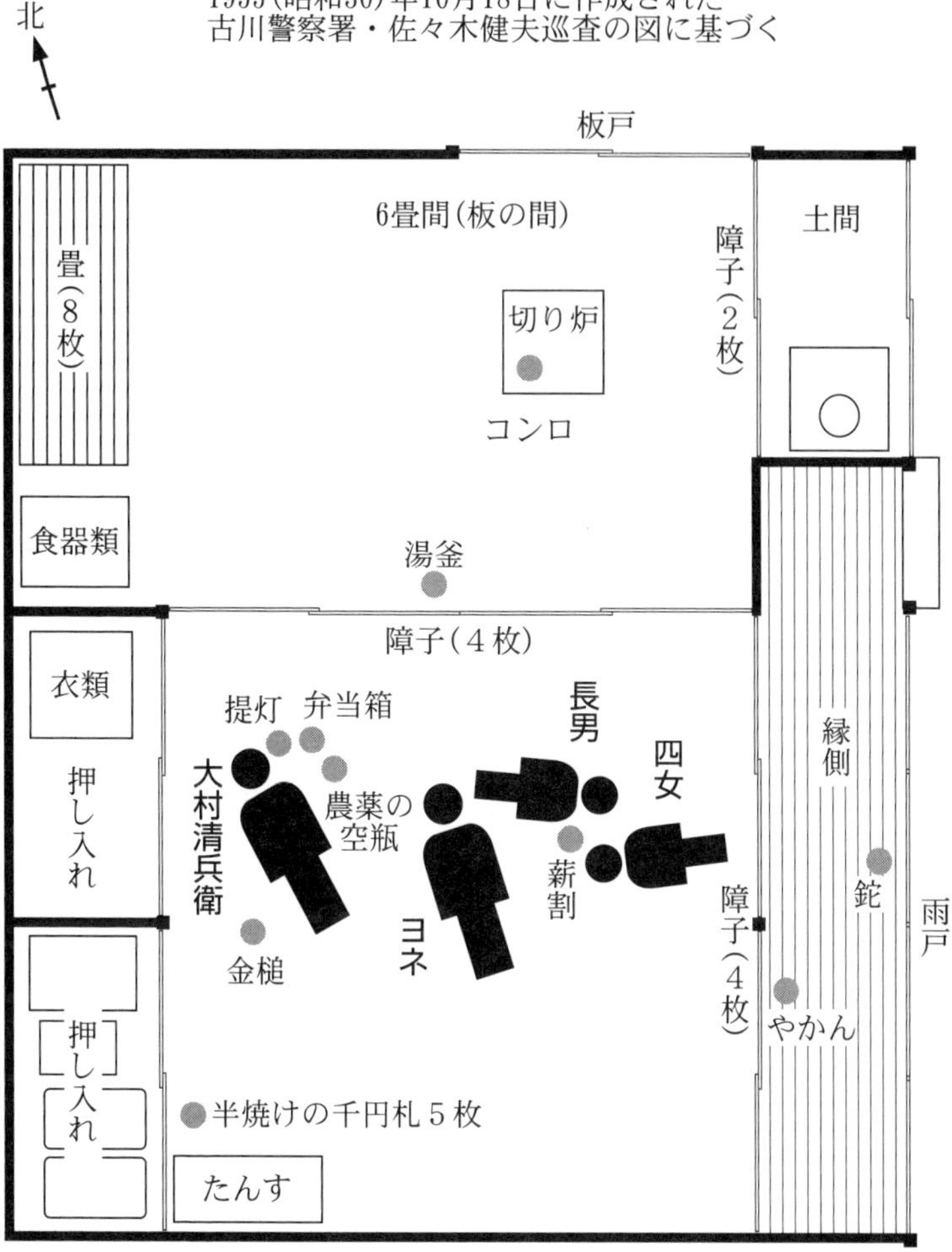

し、六十五人態勢で本格捜査に着手した。四人の頭部に割創があったことから十九日、殺人放火事件として捜査する方針を決定した。失火による焼死説と一家心中説は除外されたが、少なくともこの時点で心中説を打ち消す証拠は見当たらない。

大村家は生活苦に加え、家庭内に「特別な事情」があり、心中説にも一定の説得力があった。遺族には耐えられない話だが、痴情説にも通じる重要な背景でもあり、この「特別な事情」に触れる。大村清兵衛は「仏の清兵衛」と呼ばれた気の弱い男で、家は妻のヨネが取り仕切っていた。しかし、ヨネには働き者の女房とは別の、もうひとつの顔があった。集落の男たちと関係を持っていたのである。「事件報告書」は「大村ヨネは多情いん奔で、部落の男十五、六名が出入りし関係していた模様」と記述している。七十戸ほどしかない集落でこれだけの男たちと関係を持てば確実に噂になる。

心中説は、こういう筋書きだ。清兵衛は、多情な妻の尻に敷かれ周囲の笑い者になりながら、気の弱さから妻をとがめることもできず見て見ぬふりを続けるしかなかった。しかし、我慢が限界に達して心中を決意。深夜に帰宅した妻に切りかかり殺した後、幼い子どもたちも道連れに自殺した……。

殺人放火事件の捜査が決定した後も心中説に関心を持つ捜査員はいた。例えば、事件発生四日後、古川署長の及川正美は記者たちに「他殺七割五分、無理心中二割五分」との見立てを話している。司法解剖で、清兵衛の頭の傷が他の三人に比べて少なかったことや、清兵衛の遺体だけ気管から微量の炭粉が検出され、火災発生後、ごく短時間呼吸していたとみられることが、心中説の根拠のひとつとなった。

清兵衛の遺体を司法解剖した三木敏行は屍体鑑定書に、次のように記している。

二個の傷がいずれも極めてひどく、通常の人間では自分で付けることは著しく困難である。仮に自分で傷付けられたとしても一つ目の傷を付けた後に意識喪失や運動障害などを起こし、続けて二つ目の傷を自ら作ることはほぼ不可能と思われる、などとして「之等の割創は自為に依るものでなく、他為により生じたと考えるのが、妥当と思われる」と結論付けた。ただし後段で「一家心中を企図し、合意の上妻に傷つけさせたことも考えなければならぬので、解剖上所見のみから自他殺を判定するのは差控えるのがよろしいと思われる」と付け加えた。ヨネの解剖を担当した村上は「他為的に引き起こされたもので、他殺であると考えるのが妥当である」と明記し、自殺の可能性を明確に否定した。

「事件報告書」に心中説に関する記述はなく、捜査本部が心中説の線で本格的に調べた形跡は見当たらない。

痴情説と物盗り説

捜査は、痴情説と物盗り説に絞られたが、捜査員の大半は痴情説に傾いていた。大村家は小屋のような家だったが、周辺には立派な家が点在していたことや千円札五枚が現場に残っていたことから、物盗り目的とは考えにくかったからだ。単なる物盗りにしては、二人の子どもまで殺害する犯行は残虐すぎた。古川署長の及川は、記者たちに「現場からなくなったものはなく物盗りは考えられない」と断言している。捜査は痴情説を軸に展開され、ヨネと関係を持っていた男たちのアリバイが調べられた。

最も疑いが濃かったのが、親子でヨネと関係を結んでいた木谷佐吉（六十三歳）と佐吉の長男の一雄（三十二歳）だ（いずれも仮名）。木谷家は農業の傍ら貸し金もする集落きっての資産家だった。特に一雄はヨネと関係している場面を妻に目撃され、妻がヨネに夫との関係をやめるよう忠告、大村家に貸していた田んぼを返すよう迫るなど、もめていた。

「事件報告書」は「木谷一雄関係」の項で、次のような状況証拠を並べている。

過去に他の女性を妊娠させ、三十万円の慰謝料を請求されて支払ったことがあり、ヨネが事件前、身体の不調を訴えていたことから、「ヨネが妊娠し、一雄に慰謝料を要求していたのではないか」との風評があること。事件前日の十月十七日夜からの行動が不明であること。事件翌日の十九日ごろ、血痕とみられるものが付着した上着が洗濯され、縁側に干されているのを捜査員が現認していること。さらに「警察の野郎はうるさいから来ても何も話すな」と家族に口止めしていたこと——などである。木谷一雄は事件発生直後の午前五時すぎ、大村家の全焼を派出所に届け出た消防団員二人のうちの一人でもある。

地元住民の間では当初から木谷一雄、あるいは佐吉が犯人だと言われていた。木谷家の親族に警察幹部がいたために見逃されたとの噂もささやかれた。木谷親子は既に他界し真相を確かめるすべもないが、老人たちの中には「真犯人は木谷」と言う人もいる。

一方、物盗り説では、大村家が増築工事中だったことが、犯行動機につながる背景として注目された。増築工事を知っていた人物が、工事費用として用意されている現金目当てに犯行に及んだとの見方だ。捜査本部は、増築中だと知っていた大村家の親戚、近隣の不良の若者、前科者などをリストアップし、容疑者は六十人以上に上った。

斎藤幸夫も物盗り説の容疑者の一人だった。斎藤家は地元では比較的裕福な家だった。幸夫は次男で家業を手伝っていたが、働きぶりはいいかげんで、親から与えられる小遣いで遊んでいた。飲み代がなくなると、家からコメを持ち出しては売り、その金でまた酒を飲む自堕落な暮らし振りだった。捜査本部は、幸夫が町内の飲食店につけを一万円ほどためており、大村ヨネが増築に使う材木を幸夫の家で購入していることから増築費用を知り得たとみていた。さらに事件の十日ほど後、幸夫は家からコメを持ち出したことを父親にとがめられたのがきっかけで東京に家出をしていたことを「逃亡」と捉えた。

しかし、木谷一雄も斎藤幸夫も、素行や状況証拠、近隣の風評などで浮上しただけで、決め手となる証拠は何一つなく捜査は行き詰まっていた。

無記名投票

事件発生から一カ月がすぎた十一月二十五日午後一時、捜査員全員が招集され、県警刑事部長の佐藤虎之助、捜査一課長の熊谷忠治も出席して検討会議が開かれた。

捜査の進め方などについて討議した後、異例のことが行われた。捜査員に、自分が容疑者だと考える人物の氏名を書かせ無記名で投票させたのだ。容疑者を多数決で決めるとも言える奇怪な方法だ。結果は六割が木谷一雄による痴情説、残りが斎藤幸夫による物盗り説に分かれた。痴情説では、木谷一雄の単独犯行以外に、一雄の妻との共犯説もあった。

検討会議は午後六時ごろ終わったが、さらに捜査幹部だけ十人が集まり、方針を話し合った。主導したのは県警捜査一課強行班長の警部佐藤好一である。この幹部会議は初めから、木谷一雄か斎藤幸夫のいずれかの逮捕方針の決定が念頭にあったとみられる。二人に関する最終判断について「事件報告書」は次のように書いている。

木谷一雄は「犯行の動機が浮いており犯行方法としてもあまりに飛躍した推理に過ぎず余罪がないなどの諸点から真犯人として検挙することはできない」とした。

一方、斎藤幸夫は「素行不良で遊興費に困っている。被害者が建築資材を購入に来た事実を知っている。十月二十七日無断で家出したまま所在不明である。(略)傷害罪及び銃砲刀剣類不法所持などの余罪があり、性格的にも犯行の動機がうかがわれ、最も有力な容疑者である」。つまり犯行に関わる証拠が何一つなく容疑が固まらないまま、別件逮捕できるかどうかだけで、木谷一雄ではなく斎藤幸夫逮捕の方針が決定されたのである。

しかし、直接の逮捕容疑となった傷害も、幸夫が以前、酒に酔ってけんかし、軽いけがをさせた友人男性を警察が突きとめ、嫌がる男性に頼み込んで「被害者」になってもらったものだ。このため、幹部会議でも斎藤幸夫逮捕の方針決定には十人中九人が反対したが、ただ一人、佐藤好一だけが逮捕を強く主張して譲らず、最後は佐藤に委ねる形となった。

「私の責任で押し切った」。一九六二（昭和三十七）年五月、佐藤はTBS系ラジオ番組「目撃者の記録——松山事件」のインタビューで斎藤幸夫逮捕の最終方針を決定した幹部会議の様子を語っている。

幹部会議の方針決定を受け、捜査は中途半端なまま終結した。アリバイが確認できない容疑者が多数残り、現場からの押収物もことごとく未解明なままだった。中でも農薬瓶は、犯行との関連があるとみられ重点的に捜査した。

農薬は三共製薬が五四年度に製造した「パラチオン」だった。パラチオンは非常に毒性が高く、摂取すると意識喪失や呼吸停止に至ることもある。毒物及び劇物取締法で毒物に指定されていた。捜査の結果、宮城県では仙台市と古川市の二軒の薬局がパラチオンを農協に卸し、近郊で百四十一軒の農家が主に果樹の殺虫用に購入していたことが分かった。販売した計四百九十三本のうち三共製薬の製品は百十五本だった。

捜査本部は捜査員二人一班で二班組み、農薬捜査に専従させた。農薬班は購入農家を一軒一軒訪ね、保管状況を確認した。使用済みの空き瓶は事故防止のため地中約六十センチに埋めることが定められていたため、いちいち土を掘り返さなければならなかったが、そこまでしても結局三十五本の空瓶は最後まで行方が分からなかった。「事件報告書」に「不眠不休で展開した」とある農薬捜査も実際には約二週間で打ち切られ、捜査本部は立ち上げからわずか一カ月で解散した。

幹部会議から一週間後の十二月二日、斎藤幸夫は警部佐藤好一の方針通り、傷害容疑で別件逮捕されるのである。

第二章　逮捕

早朝の連行

「起きろ！」

一九五五（昭和三十）年十二月二日午前八時ごろ、東京都板橋区の精肉店の下宿で寝ていた斎藤幸夫はこの声で目を覚ました。寝ぼけ眼《まなこ》をこすって見上げると、険しい表情の男が立っていた。ふすまの辺りに、もう一人いる。

「おまえが斎藤か。ちょっと聞きたいことがある。近くの板橋署まで来てくれ」

枕元に立つ男が言った。二人は刑事だった。

幸夫は、自分が巻き込まれた状況をよくのみ込めないまま「分かりました。顔だけ洗わせてください」と頼んだが、刑事は「署で洗え」と、許さなかった。幸夫は、寝ていた服のまま、何も手にせず連行された。

階段の途中に一人、下りたところに一人、店外にさらに一人の刑事がいた。何が起きたのか、まったく理解できなかったが、刑事に取り囲まれ、気味の悪さから一気に不安が募った。幸夫は十月二十七日夜、友人二人と一緒に家出して夜行列車で上京した。十一月半ばから住み込みで板橋区の精肉店で働き始めて半月しかたっていない。幸夫の人生が暗転した瞬間だった。

私たちは、国家賠償請求訴訟の控訴審判決を翌月に控えた二〇〇〇年二月、斎藤幸夫と母ヒデに会うため鹿島台町の自宅を訪ね、逮捕から再審無罪を勝ち取るまでの苦難の歳月について聞いた。この時点で連行から四十五年近くたっていたが、幸夫はまだ「あの日」のことを鮮明に覚えていた。

刑事とのやりとりや幸夫の心境は、このときの取材を基にしている。後ほど詳述するが、その前に幸夫のプロフィールを紹介する。

軍国少年

斎藤幸夫は、一九三一（昭和六）年三月十六日、父虎治と母ヒデの次男として生まれた。ヒデは長男の常雄を頭に五男五女の十人を産んだが、三男は三歳で病死している。

虎治は婿《むこ》養子だった。腕の良い製材工で、各地の製材所に引き抜かれ、一家はそのたびに引っ越した。幸夫が国民学校高等科一年のころ、宮城県名取郡から松山町と隣接する鹿島台町に引っ越して家を構えた。幸夫が無罪判決を勝ち取って帰り、ヒデとともに亡くなるまで住んだ家だ。

ヒデは幸夫を溺愛した。長男常雄が生まれると、同居していたヒデの母きさが独り占めにした。長女のタミ子が生まれた時は虎治が抱え込み、次男の幸夫は、ヒデがようやく得た自分の愛情を注げる子どもだった。ヒデはしつけに厳しかったが、幸夫だけは特別扱いで甘やかした。

兄、姉も優秀だったが、幸夫も勉強がよくできた。算数と歴史が好きで、通信簿には「優」が並んだ。明るく人懐っこい腕白少年で、お調子者の一面もあり、クラスの人気者だった。

国民学校高等科の時期は太平洋戦争中で、国中が戦争一色に染められていた。卒業が近づくと、軍国少年だった幸夫は、海軍飛行予科練習生（予科練）を志望するようになった。本人以上に母ヒデが、予科練入りに熱心だった。

予科練に入るには上級の学校に行く必要があり、幸夫は旧制中学を受験するが失敗。四五年四月、地元の南郷農学校に進学した。国民学校から上級学校への進学者は全校の四、五分の一で、農学校とはいえ地元ではエリートと言えた。しかし、農学校入学の年、戦争が終わる。八月十五日、幸夫はヒデと玉音放送を聞いた。予科練を目指していた幸夫にとって、敗戦の悲しみより目標を失った喪失感の方が大きかった。

予科練に入るために入学したので、特に、農業を学びたかったわけでもない。やる気を失い学校に行かなくなった。授業料の催促が来たが、放置して退学になった。十四歳だった。

刺青

幸夫は農学校を辞めた後、父が働いていた鹿島台町の製材所で製材工の見習いを始めた。働き出して約一年たった頃、父が別の製材所に移ったため、彼もついていった。製材工として腕は悪くなかったが、遊び好きで、十七、八歳のころ、製材所の先輩職人を家に呼び右腕に待ち針で「男の中の男」と刺青してもらった。強くなった気がした。その後、自ら左腕に蛇と「男一匹」の文字、股に花鳥と「命」の文字を彫り込んだ。

一九五一（昭和二十六）年、虎治が独立して移動製材業を始めると、幸夫も製材所を辞めて、父を手伝うことにした。移動製材業は建設現場に出向いて製材する。独立後も虎治の腕が買われて仕事の依頼は多く、長男の常雄も父を支え、商売は順調だった。

虎治は家業として大きくすることを望んでいたが、製材を一生の仕事にするつもりがなかった幸夫は内心、父や兄の手伝いではなく、外で働きたいと思っていた。家族への甘えからさぼり癖もつき、昼間から遊び歩く日が増えた。

翌年夏、幸夫は父とぶつかり、家を出て、岩手県釜石市に住む姉のタミ子の家に転がり込んだ。タミ子は当時、製鉄会社勤務の男性と結婚して、社宅で暮らしていた。戦争が終わって急にぐれた弟をタミ子は心配していた。

タミ子は出産を控えていたが、まだ夫婦二人で部屋に余裕があったので、しばらく幸夫を一緒に住まわせて製鉄所の工員募集を待つことにした。幸夫は鳶職《とび》をしながら待ったが、半年たっても募集はなかった。五三年二月ごろ、しびれを切らしたヒデがやって来て「ここにいても仕方ない」と、幸夫を鹿島台町の家に連れて帰った。

ヒデには腹案があった。東京に、かつて刑務所長を務めたいとこがいた。そこに幸夫を預けて根性を鍛え直してもらい、刑務所の看守の口でもあれば、と考えていたのだ。

ヒデは、いとこに幸夫を預けたが、刺青が見つかった。腕の刺青は、釜石にいた時、塩酸を買って自分で消し薄くなっていたが、股は残っていた。「刺青をしているような者の面倒は見られない。田舎に帰って消して出直して来い」と追い出された。幸夫はその後、東京・北千住の運送会社で働いていた友人の家に居候し、トラックの助手の仕事を始めたが、それも半年で嫌になり、五四年二月ごろ、鹿島台町の家に戻った。

自宅に帰って再び製材業を手伝ったが、相変わらず不真面目で、仕事を放り出しては仲間とつるんで遊び歩き、夜は酒場で酔いつぶれた。それでも両親は息子を甘やかし、月五千円ほどの小遣いを与えていた。幸夫は小遣いがなくなると、たびたび家からコメを盗み出して売りさばき飲み代にしていたが、虎治もヒデも、うるさく言わなかった。

東京へ家出したのも、家のコメを盗んだことがきっかけだった。五五（昭和三十）年十月二十五日、小遣いを使い切って飲み代が底をつき、いつものように家からコメを盗み出して売りさばいた。しかも、その晩は一度では収まらず、二度目は俵ごと運び出した。いつも大目に見ていた父も堪忍袋の緒が切れ、息子のコメ泥棒を派出所に通報した。

幸夫は父の逆鱗も知らず、友人の金沢と旅館で一晩飲み明かし、翌朝、派出所に呼び出された。午後、父に電話でわびたが、怒りはおさまっていなかった。金沢の親にもばれ、二人とも帰りづらくなり、その晩も別の旅館に泊まった。

金沢が「親父に怒られるから家には帰れない。東京に、以前働いた鳶《とび》の家があるから、そこへ行く」と言い出した。幸夫も家に帰る勇気がなく、もう一人の友人清を加え三人で翌二十七日夜、鹿島台駅から列車で上京した。家出前、兄常雄の妻には東京行きを告げた。常雄は妻から家出を知らされたが止めなかった。二十四歳にもなってふらふらしている弟が独り立ちするきっかけになるかもしれないと思ったからだ。

東京では最初、金沢のつてで品川区の鳶職を頼ったが、幸夫は三日目の昼には仕事を放り出して逃げ出し、板橋の飲み屋で働いていた友人の姉の部屋に転がり込んだ。刑事に踏み込まれた精肉店は、この女性が口をきいて雇ってもらった店だった。

松山事件の捜査本部が十一月二十五日の会議で、自分を別件逮捕する方針を決めたことなど知るはずもない幸夫はこの日、鹿島台町の弟に宛て「俺のような人間になるな。真面目に勉強して立派な人間になれ」などと記した手紙を出した。居所を得て連絡がてらに書いた手紙だったが、捜査本部は後に、犯行に対する後悔がにじむ文面だと決めつける。

刑事たちに囲まれて精肉店を出ると、板橋署まで歩いて連行された。途中、東武東上線の踏切にかかった時、二、三人の男が刑事たちの輪に加わった。見ると、その中に鹿島台町の顔見知りの鈴木という警官がいた。幸夫は思った。「なんだこれ、わざわざ鹿島台から来たのか。実家のコメを盗んだので捕まえにきたのか。それにしては大げさすぎる。俺は他に何かしただろうか……」。幸夫は頭が混乱して不安になった。

十分ほどで板橋署に着くと、宿直室に連れて行かれた。六畳か八畳くらいの部屋で机も椅子もなく、がらんとしている。畳に座らされた幸夫に、刑事が口を開いた。

「俺は宮城県警本部の佐藤という警部だが、おまえは誰かに材木を売らなかったか」

捜査一課強行班長の佐藤好一だった。予想外の質問で、あっけにとられた。急に聞かれても思い出せない。確かに実家で製材業を手伝っていたが、販売は父と兄の担当だったので「誰にも売ったことがありません」と答えた。

しかし、佐藤は「いや、誰かに売ったことはないか」と繰り返し聞いた。鹿島台町の豆腐屋に売ったことを思い出したと言うと、佐藤は「豆腐屋だけか。その他に売らなかったか」としつこく聞く。幸夫は「あとは誰にも売ったことはありません」と答えた。

何を調べられているのか見当がつかない幸夫に、佐藤は次々と質問を浴びせた。

「おまえは何で上京した」

幸夫は、酒代欲しさに自分の家からコメを盗んで売ったことを話した。

「連れの二人は家に帰っているぞ。どうしておまえは帰らないんだ」

「二人とももう帰ったのですか」

「もう家にいる。おまえだけどうして帰らない」

初日に仲間と言い合いになり、三日目に抜け出して、知人女性の紹介で精肉店で働き始めた経緯を説明した。そうしたやり取りが続いた後、佐藤が切り出した。

「おまえは松山事件を知っているな」

家の近所で起きた大事件で、新聞でも大きく報道されていたから「知っています」と答えた。それ以降、質問は松山事件一色になった。まさか自分に松山事件の疑いがかけられているのか。どうして……。幸夫はますます不安になった。

「事件のあった晩どこかに行かなかったか」

だが、いきなり一月半前のことを聞かれて、とっさに思い出せる人はいない。まして自堕落な暮らしをしていた幸夫には余計、無理な話だった。それでも何とか思い出そうとしていると、佐藤が言った。

「おまえは加藤とどこかへ行かなかったか。質屋に行かなかったか」

「事件のあった晩に私たちが質屋に行ったのですか」

「そうだ。おまえたちが質屋に行った晩に事件が起きたんだ。家では帰って来てないと言っているが、おまえはその晩どこに泊まった」

確かにそのころ、友人の加藤と宮城県小牛田《こごた》町の質屋に出かけたことがあった。どうして自分たちが質屋に行ったことまで警察が知っているのか。警察が自分を疑い、相当調べていることは分かったが、質屋に行った夜は、加藤と別れて最終列車で帰宅した覚えがあった。

「家で帰って来てないと言っているのは本当ですか。質屋に行った晩は確か家に帰って寝ているはずです。本当に家では帰って来てないと言っているのですか」

「本当だ。家では帰って来なかったと言っている。どこに泊まった」

「家に帰っているはずですがね」
「いや、家では帰っていないと言っている。どこに泊まったんだ」
自分は本当に家に帰らなかったのだろうか。家族がそう言っているならそうかもしれない。それに警察官の佐藤が嘘を言うはずがない。そのころの幸夫は毎晩飲み歩き、酔いつぶれては旅館に泊まったり、仲間の家に転がり込んだり、路上で寝入ったりすることがしょっちゅうだったため、佐藤の言葉を真に受け、しどろもどろだった。

事件当夜

質屋に一緒に行った加藤は柔道仲間だった。二人で小牛田町に行ったのは、少し前にあった柔道大会の前売り券の販売代金を二人で飲み代に使い込み、穴埋めするのにコートなどを質入れするためだった。午後七時すぎに鹿島台駅から列車に乗り小牛田に向かった。

鹿島台駅から小牛田駅までは十分ほどだが、初めて行く質屋で道が分からず、着いたのは八時ごろだった。コートなどを質入れすると二千五百円になった。このうち二千円は弁済分として取り置き、残りの五百円を使って小牛田の駅前の屋台で酒を飲んだ。

その後、加藤の知り合いが飲んでいる旅館に寄った。加藤は旅館に泊まったが、幸夫は知らない相手と飲む気がせず、誘いを断って最終列車に乗った。汽車賃で持ち金がなくなってしまいそのまま帰宅した。途中、行きつけの居酒屋「二葉」の前で、店員の智子と同僚女性に出くわして立ち話したほかは寄り道していないはずだった。

兄の常雄も、この晩幸夫が八畳間で他の弟たちと寝ているのを見ている。十七日午後五時半ごろ、夕食を終え一時間ほどして、幸夫は行き先も言わずふらりと出かけた。常雄は午後八時ごろ床に就いた。

就寝時に幸夫は帰宅していなかったが、幸夫の夜遊びは毎晩のことだったので、常雄は特に気にも留めず、そのまま熟睡した。

夜中に玄関の戸が開く音がした後、茶の間、六畳間を通って八畳間に行く足音と障子を開け閉めする音が聞こえ、幸夫が帰ったのだろうと思いながら、また寝入った。その後どのくらいの時間が経過したかは不明だが、半鐘の音で目が覚めた。

常雄は町の消防団員だったため、半鐘には敏感だった。すぐにどてらを着て外に出てみたが近所ではないようだったので、家に入った。便所に寄って寝室に戻る際、八畳間の障子を少し開けて部屋をのぞいた。当時、八畳間は幸夫、四男、五男の弟三人の寝室になっていて、この時もいつも通り、布団の山が三つ見えた。

隣の部屋で寝ていた十五歳の三女もその晩、幸夫が八畳間で寝ていた記憶があった。夜中に便所に行った際、雨戸を締め切った真っ暗な縁側を通るのが怖くて兄たちのいる八畳間を横切ろうと思い、ふすまを開けると、幸夫に「うるさい。縁側を通れ」と怒鳴られた。

別件逮捕

佐藤好一に帰宅を否定され続け、幸夫の頭は完全に混乱した。家でなければどこか。もしかしたら両親の家かもしれないと思い、「母のところに泊まりました」と言ってみた。当時、斎藤家は製材業の資材などが増えて鹿島台の家が手狭になり、虎治とヒデは鹿島台駅寄りの街道沿いに小さな家を建てて別居していた。しかし、その答えも「おふくろさんのところでも泊まってないと言っている」と、あっさり否定された。

佐藤が質問を変えた。

「おまえは先輩の高橋を殴ったことがあるな」

確かに、この年八月の盆踊りの夜、幸夫は農学校の先輩の高橋と酔ってけんかになり、殴ってけがをさせたことがあった。高橋は歯が折れ、翌日歯科で受診したが、虎治が酒を持って謝罪に行き、解決していた。幸夫はけげんに思いながら「あります。酒に酔って殴ってしまいました」と認め、その時の経緯を説明した。

佐藤はそれ以上聞かず、質屋に行った晩のことに質問を戻した。

「質屋に行った時の服装は」

「上は茶色のとっくりセーターに、空色のジャンパー。茶色のズボンでした」

「白っぽいズボンではないか」

「茶色のズボンです」

「どうして質屋に行った」

「柔道大会の前売り券の売上金を使い込んでしまい、その返済金を作るためでした」

「何を質入れした」

「私はコートで、加藤君は背広の上着とコートです」

「おまえは飲み屋に借金がいくらくらいある」

「六、七千円あります」

佐藤の質問はころころ変わった。途中の昼食時に鹿島台の鈴木に交代したが、食事が終わってしばらくすると、佐藤に替わった。午後八時ごろ、質問は突然、止まった。

「知人を殴った傷害事件で逮捕する」

朝からほとんど松山事件のことを聞かれていたのに、一転、傷害容疑での逮捕だった。

逮捕に先立ち、一九五五（昭和三十）年十一月二十六日付で古川署が古川簡裁に提出した逮捕請求書には、知人男性の頭部、顔面、背中などを二十回から三十回殴打して十日間のけがを負わせたとある。住所欄には「住所不定、家出逃走中」と書かれ、幸夫は逃走犯になっていた。

傷害事件の被害者高橋は後に、新聞記者の取材に「殴られたのは一回くらい」と明かしている。松山事件後、高橋は捜査員の訪問を受け、幸夫とのけんかについて聞かれた。診断書を取るよう求められ、「嫌だ」と断わっても捜査員は食い下がった。あまりのしつこさに最後は仕方なく「お任せします」と応じた。その際、捜査員は、幸夫が松山事件の犯人であるとほのめかしたという。高橋は、診断書を取りに行くなどの手続きを一切していない。

後に幸夫の冤罪闘争が本格化していく中、警察による別件逮捕の容疑事実づくりに結果的に協力する形になってしまった高橋は、複雑な思いを抱え続けた。新聞記者に「ニュースで「真犯人が別件逮捕」と流れた時、ああ、私のだなと思った。ここまで発展するとは……。いつの間にか巻き込まれ後ろめたい気がする」とつらい胸のうちを明かしている。

手錠

幸夫は傷害容疑で逮捕後間もなくして板橋署から連れ出された。署を出る時、生まれて初めて手錠を掛けられた。それまでさんざん悪事をしたが、手錠をされたことはなかった。師走の夜。手首を締め付ける金属の輪は冷たかった。両脇を鹿島台の鈴木と古川署巡査部長の佐藤健三に挟まれてタクシーに乗せられた。佐藤好一は佐藤健三に「こっちに用事がある」と言って、残った。

上野駅から東北線の夜行列車で宮城県に向かった。途中、弁当を渡されたが、食べなかった。一家四人殺しの容疑がかけられ、弁当どころではない。あの晩、どこに泊まったのか。それさえはっきりすれば疑いは晴れる。頭の中はアリバイのことで一杯だった。

佐藤たちは何も話しかけてこなかったが、佐藤が鈴木に「(幸夫は)落ち着きがないな」と小声でささやくのが幸夫にもはっきり聞こえた。鈴木は黙っていた。幸夫は「こっちはあの晩のことを必死に思い出してるんだ」と食って掛かりたかったが、やめた。

乗客がちらちら幸夫の方を見る。手錠が見えないようにジャンパーがかぶせられたが、鋭い人相の男二人に囲まれ、ジャンパーから手を出さないでいる姿は異様だった。

列車は夜明け前に宮城県に入り、鹿島台駅の一つ手前の品井沼駅で降ろされた。ちょうど夜が明けたころだった。幸夫は一睡もしていなかった。

駅舎を出ると警察のジープが待機していた。駅前の魚屋の主人が幸夫を見つけて「おはよう」と声を掛けた。幸夫も「あっ、おはようございます」と挨拶を返したが、男たちに取り囲まれてジープに連れて行かれる幸夫の様子に、魚屋の主人はただならぬものを感じた。

幸夫はそのまま松山町の派出所に連行され、派出所内の留置場に入れられた。「寝てろ」と言われ、昼ごろ留置場から出された。

取り調べをした古川署の千葉彰男という警部補は、初めから威嚇するような口調だった。

「おまえが斎藤だな。おまえはヒロポンを打ったことはないか。俺はな、仙台でヒロポンの係をやっていたからすぐ分かるんだ」

ヒロポンは戦中戦後に流通していた覚醒剤で、規制されるまでは一般の薬局で購入できた。幸夫は東京にいた時、ふざけて使ったことがあったので正直に話した。逮捕容疑の傷害についても聞かれ、板橋署で佐藤好一に話した内容をあらためて話した。

幸夫の別件逮捕には傷害容疑以外に、短刀と旧陸軍用の短剣を友人に保管するよう依頼した銃刀法違反容疑もあった。製材所で働いていた同僚から、戦時中に軍隊で使用されていた剣をもらい、けんかの時に威嚇用で持って行ったことがあったのだ。近所の小学校は昔、陸軍の庁舎があった場所で、周辺で錆びた刀剣類がよく見つかった。県警は、幸夫が留置場で寝ている間に、銃刀法違反容疑で鹿島台の自宅を家宅捜索したが、短剣などは見つからず、兄の常雄に幸夫のジャンパーや柔道着を任意提出させていた。

千葉は松山事件のあった晩の行動も聞いた。調べは午後六時ごろ終わり、幸夫は再びジープに乗せられ、古川署に移された。留置場は庁舎の半地下部分にあり、上の方に小さい窓があるだけで、日が当たらなそうな造りだった。しばらくすると、小柄で弱々しい感じの男が同じ房に入れられた。見る限り、他の房は空なのにどうして一緒にさせるのか、いぶかしく思ったが、警官は何も言わず立ち去った。男は、高橋勘市という名だった。

この日幸夫は、若者が旅行で訪れた観光名所に自分の名前を落書きするように、房の板壁に右手親指の爪でこう刻んだ。

「志田郡鹿島台町昭和三十年十二月三日入ル斉藤幸夫」

幸夫が書いたのはこれだけだったが、その後別の文言が書き加えられ、それが公判で松山事件の犯行に対する後悔と反省を吐露した重要証拠にされるとは、この時の幸夫は思いもしなかった。

看守に「寝ろ」と言われ、ゴザが敷いてあるだけの床の上に薄い布団を敷いて寝た。布団は汚れて臭かった。東北の十二月。床の冷たさが煎餅布団を通して肌を刺したが、夜行列車で一睡もできず疲れきっていた幸夫は眠りに落ちた。天井には、暗い電灯が一晩中ついていた。

第三章　自白

同房者

翌四日朝、斎藤幸夫の方から、留置場の同房になった高橋勘市に話しかけた。

「何で入って来たんですか」

「傷害と暴行だ。俺は前科五犯で、今度で六犯だ」

高橋は小柄でおとなしそうに見えたから、幸夫は寸借詐欺《すんしゃくさぎ》あたりで捕まったのかと想像していたので意外だった。ずいぶん大物と一緒になったものだと思った。

「おまえは何をやったんだ」

「傷害です」

幸夫はこう答えたが、松山事件の容疑が掛けられていることで頭が一杯だったので、思わず切り出した。

「松山事件、知ってますか」

「ラジオのニュースで聞いた」

「警察は俺を疑ってるみたいなんです。何もやってないんですがね」

高橋は黙っていた。留置場とはいえ幸夫は久しぶりに話し相手を得てうれしくなり、多弁になった。

世間話のつもりで、松山事件発生後に新聞で読んだり、近所で噂話になっていたりしたことをあれこれ話した。

「俺の家は材木屋をやってるんですが、事件の二日前に、殺された家の奥さんがウチに材木を買いに来たらしいんです。警察は、俺がそれを見ていて、奥さんの家に金があると考えて盗みに入ったと思い込んでるようなんですね。奥さんが来たという日は朝から友達の家に遊びに行っていて全然分からないんです。なんだか噂では、その家に行っていた大工さんの斧がなくなったとか、借りていた鉞《まさかり》が見えなくなったとか聞いたが、そういうもので殺したんでしょうね。しかし、むごいことをするもんですね」。

高橋はやはり黙って聞いていた。

「俺は傷害のほかに刀剣所持法違反とかいうのと覚醒剤があるんですが、刑務所に何年くらい入らなければならないでしょうか」

「それなら二、三年だろう」

「刑務所ではどんな仕事をやるんですか」

「なんでもある」

「自動車もありますか」

「あるよ」

「二、三年入るのなら、運転を覚えて、出てきたら運転手にでもなるかな」

高橋は経験者らしく、刑務所のことをよく知っていた。

一変した取り調べ

この日は起床後、幸夫が先に便所に連れて行かれた。用を足して房に戻ると、交代で便所に行った高橋は十分以上戻って来なかった。幸夫は「前科五犯ともなると特別待遇か」と思ったが、高橋に何の不信感も抱いていなかった。むしろ、経験豊富な同房の先輩と心強く思っていた。

午前九時ごろ、署の二階で取り調べが始まった。取調室には古川署刑事係長の亀井安兵衛がいた。

「松山事件のあった晩、おまえはどこに行った」。前日と同じことを聞かれた。

幸夫はまた、加藤と小牛田町の質屋に行ったことから説明しなければならなかった。しかし、「十時ごろの列車で帰って、その後どこに行った。家では帰って来てないと言っているぞ」と言われると、答えに詰まってしまった。いくら考えても思い出せない。

亀井は質問を変えた。

「どういう訳で上京した」

「友人の金沢君と、私の家からコメを持ち出して遊興費に充てたことがばれて、金沢君が家に帰れないから以前働いていた品川の鳶のところに行くというので一緒に行ったのです」

午後からは、亀井と県警本部の佐藤好一、古川署の千葉彰男の三人による取り調べになった。

「事件のあった晩、どこに泊まったんだ。家では帰って来てないと言ってるし、おふくろさんのところでも泊まってないと言っている。どこに泊まった。松山事件はおまえがやったんだろう」

この時初めて亀井から、松山事件の犯人と名指しされた。すでに自分が疑われていることは分かっていたが、はっきり言われると焦った。

「俺はやらない」

「おまえがやったのだろう。やったと言え。警察は分かってるんだ」

「俺はそんなことはやらない」

「おまえの悪い資料が挙がっているぞ」

「俺はやってない。俺は犯人じゃない」

「事件のあった晩、現場でおまえを見たという人もいるんだぞ」

「誰がそんなことを言っているんです」

「誰でもいい」

三人は「斎藤、やったと言え」「おまえがやったのだろう」と責め立てた。幸夫が「俺はやらない」と言うと、佐藤は「この野郎、やったと言え」と、幸夫の額をぐっと突いた。板橋署では粗暴な態度を見せなかった佐藤が一変したのだ。

千葉も「おまえがやったんだろ。やったと言え、この野郎」と肩を押した。幸夫はバランスを崩して床に転んだ。午後五時に夕食のため房にいったん戻されたが、食事後も取調室を替えて厳しい自白強要が続いた。

「やったと言え」

「やらない」

千葉にまた肩を押され、幸夫は転びそうになる。

「斎藤、この野郎。やったと言え。私が松山事件の犯人です。お手数をかけてすみませんでしたと言え」

「冗談言うな。やらないのにやったと言えるか」

今度は佐藤が肩を押し、また椅子から床に転び落ちそうになった。

「やったと言え」「私が犯人です。お手数かけてすみませんでしたと言え」。三人の刑事は執拗に責め続け、取り調べは夜十一時ごろまで続いたが、この日の幸夫は最後まで踏ん張り、否認を通した。

五日朝、高橋勘市が洗面に出てからなかなか戻って来なかった。前日朝の便所のときと同じで、やけにゆっくりだった。しばらくして高橋は戻って来ると、うれしそうに言った。

「俺はみんな白状したから、たばこを吸わせてもらった」

「寒いね」とこぼす幸夫に、高橋は「未決は部屋に布団が入っているし、寝てもいいんだ。外に出て運動もやらせてくれる」と体験談を話し始めた。

未決とは未決勾留のことで、逮捕されてから判決が確定するまで勾留されている状態を言うが、高橋は「容疑を認めること」という意味で使ったようだ。

「そうなんですか。寝たければ寝てもいいし、運動したければ自由に外に出られるんだ」

「そうだ」

待遇の違いを知らされ、幸夫はうらやましいと思った。

午前九時、二階の取調室に連れて行かれた。亀井、佐藤、千葉の三人が待っていた。

「斎藤、おまえが松山事件をやったんだろ」

この日は最初から自白を迫った。

「俺はやらない」

「嘘を言うな。今は科学が進歩していて、嘘発見器というものがあって嘘を言ってもすぐ判るんだ。おまえもかけてやるか」と佐藤が言った。

「そんなものがあるならかけてくれ。俺は嘘は言ってない」と逆に求めると、佐藤は「そんなことしたくないんだよ」と、嘘発見器の使用をすぐに引っ込めてしまった。

「この野郎、私がやりましたと頭を下げろ」

「やっていないのに、私がやりましたと頭を下げることはできない」

千葉がまた肩を強く押して「斎藤、やったと言え」と怒鳴る。佐藤が「私がやりましたと言え。この野郎」と額を突く。

「斎藤、質屋に行った晩どこに泊まった。家では帰ってないと言ってるし、おふくろさんのところでも泊まってないと言ってるんだ。どこに泊まった」と亀井が責める。「家では帰ってないと言ってるんだぞ」と千葉がかぶせて来る。幸夫は、このままでは何をされるか分からないと、恐ろしくて仕方なかった。

昼食で房に戻された時、幸夫は高橋にたまらず弱音を吐いた。

「警察というところは、むごいところだね。松山事件をやったと言え、やったと言えと頭を突いたり、肩を押したりするんだ」

すると、高橋が思わぬことを口にした。

「だからな、警察に来たらやらないことでもやったことにして、裁判の時に本当のことを言えばいいんだよ」

しかし、裁判がどんなものであるのか知識もなく、まだ気力も残っていた幸夫は「これじゃあ、やらないことでもやったことにしたくなるね。でも俺はやってないんだから、どこまでも頑張る」と受け流した。

母ヒデが作る味噌汁が懐かしくなり「味噌汁が食べたいな」と漏らすと、高橋は「未決に行けば味噌汁も食べられるし、何でも買えるぞ。だからやらないことでもやったことにして、早く未決に行け。裁判の時に本当のことを話せばいいんだから」と自白を勧めた。

午後も取り調べが続いた。刑事たちの責めはさらに激しくなった。「斎藤、やったと言え。この野郎」

「やったと言うまで留置場に入れておくぞ。俺たちは給料もらってやってるから、いつまでだって構わないんだ」「やったと言え」。幸夫は急速に追い詰められていった。

夕食で房に帰った幸夫のやつれた様子を見て高橋が言った。

「いつまでも頑張ってると拷問にかけられるぞ。俺も経験があるが、拷問部屋というのがあって、苦しくて死にそうだった。そうならないうちにやったことにして、裁判の時に本当のことを言え」

「拷問」という言葉に幸夫はますます怖くなり、気力が萎えた。

夕食後の取り調べはきつかった。「斎藤、自分の憔悴しきった顔を鏡で見てみろ」と亀井が言えば、佐藤は幸夫の肩を強く押し、「この人殺し野郎。火付け野郎。やったと白状しろ」と罵詈雑言を浴びせた。刑事たちはひたすら「やったと言え」と繰り返し、それが午前零時近くまで続いた。幸夫にとっては、「やったと言え」という佐藤たちの怒鳴り声が一日中大音響で共鳴する取調室は、既に拷問部屋そのものだった。

「自供」

六日朝、洗面に出た高橋勘市が「また煙草を吸わせてもらった」と言って戻って来た。幸夫が「あんな高いところの小さな窓じゃ日が差さないね。寒いね」と言うと、高橋は「未決は窓が低くてこれよりだいぶ大きいから、日が差して暖かいぞ。早く未決に行け」と、また自白を勧めた。

午前九時、取り調べが始まった。この日もひたすら「やったと言え」の繰り返しだった。千葉が「おまえは柔道をやるそうだな。道場で投げてやろうか」と脅す。

「やったと言え」「白状しろ、この野郎」。刑事たちは額を小突いたり、肩を抑えたりしながら追い込んだ。「人殺し」「火付け野郎」と連日朝から深夜まで責め立てられ、精神的に限界に近かった幸夫は、罵声を浴びながら高橋勘市に聞いた話を考えていた。頑張る気力は残っていなかった。夕食で房に戻った時、やったことにして裁判で本当のことを言おうと決心した。裁判で本当のことを言えば必ず無実であることが分かってもらえる。経験豊富な高橋が言うことだから間違いない。何より一刻も早く刑事たちの責めから解放されたい、その一心だった。

夕食後、取り調べが再開してすぐだった。

「俺がやりました」

決定的な一言を口にしてしまった。すると次の瞬間、鬼の形相だった刑事たちが一転、喜色満面に変わった。亀井と佐藤が顔を真っ赤にして見合っていた。明らかに興奮しているのが幸夫にも分かった。

「調書、調書。調書取るから」

幸夫は「もう疲れてるから寝かせてくれ」と懇願したが、佐藤は「まだ駄目だ」と、慌てて紙に大村家の見取り図を書き始めた。

誘導

「何でやった」。佐藤が凶器のことを聞いた。

「棒」

「棒で人を殺せるか。鉞《まさかり》でねえか、鉞」

「さあ……。まあ、何でしょうねえ」

「斧か」

「うーん……」

「鉈《なた》か、鉈」

「うーん……」

「鉞みたいなものだな」

「それでいいです」

すると佐藤がわら半紙に書いた大村家の見取り図を幸夫に見せた。

「火をつけたのはどこだ」

亀井が「障子はすぐ燃えてしまって駄目だな」と、ヒントを与えるように言った。幸夫は、火をつける時に使うものを考えて「杉葉」と言うと、亀井は「うん、杉葉だな」と納得した。

「杉葉はどこから持ってきた」

見取り図で、母屋の前に物置があったので、幸夫はでたらめに「物置」と言った。

「物置だな。おまえたちの方では物置のことを何という」

「木小屋とも言います」

「木小屋から持ってきたんだな」

「何で火をつけた。ライターかマッチか」

「マッチ」

「自分で持ってきたのか」

「自分の」

「行きはどの道を通った」

「船越に行く途中の割山を登りました」

「帰りは」

「行った道をまた帰った」

「どうして物盗りに入ったんだ」

「飲み屋に借金があったんで」

「どうして清兵衛さんの家に金があることが分かった」

すぐには適当な答えが浮かばなかった。少し考えて、事件の二日ほど前にヨネが材木を買いに来ていたと聞いていたので、それを見ていたことにしようと思い付き「清兵衛さんの奥さんが材木を買いに来たのを見ていて、金があると思ったんです」と答えた。

「二万か、三万か」

「そのくらいあると思いました」

「鉞はどこにあった」

幸夫が、適当に見取り図の台所を指すと佐藤と亀井は少しの間、顔を見合わせていた。二人はしっくり来ないようだったが、それ以上突っ込まず、次の質問に移った。

「どういう順で殴った」

「清兵衛さんから」

「鉞はどうした。置いて行ったのか」

「その場に置いて来ました」

「戸には鍵がかかっていたか、いなかったか」

「かかっていません」

「家の中に入るとき、すぐ入ったのか」

「はい」

「それはおかしい。眠っているか分からないだろう。入り口のところで様子を見たんじゃないか」

「様子を見ました」

「時間はどのくらいだ。十分か、十五分か」

「十分くらい」

「十分くらい様子を見てから家の中に入ったんだな。電灯はついていたか」

「ついてました」

「二灯か一灯か」

「一灯です」

「電灯はどの辺りにつるしてあった」

「家の真ん中」

「火をつけて帰るまで一度も振り向かなかったか。一度くらい振り向いたんじゃないか」

「知らない」

「燃えたら空が明るくなるだろう。そういう時は振り向いて見るのが当然じゃないか」

「知りません」

「振り向いて見るのが当然じゃないのか」

「振り向きました」

「どの辺で」

「割山の上の方」

「人を殺したら血が付くはずだが、付かなかったか」

「知りません」

「血が付くはずだ。付いただろう」

「知らない」

「付くはずだ。石巻の殺人事件の犯人は、血が飛んで頭から血だらけになったと言ってたぞ。鉞で殴ったら血が飛んでおまえにも付くはずだ」

「付きました」

「付いたのがどうして分かった。服に付いてヌラヌラして分かったのか」

「そうです」

「血の付いた服では人に分かるんじゃないか」

「洗って帰りました」

「どこで」

「大沢堤で洗いました」

「どれとどれを洗った」

「ジャンパーとズボンです」

　疲れ果てて一刻も早く寝たかった幸夫は、佐藤や亀井の言葉をなぞるように、あるいは当てずっぽうに、答えに窮すると想像力を働かせて答えた。こんな調子で、自白後一通目の供述調書が出来上がった。

　供述調書の書き出しには「右の者（斎藤幸夫）に対する殺人放火被疑事件につき昭和三十年十二月六日古川警察署において本職（古川署警部亀井安兵衛）はあらかじめ被疑者に対し自己の意思に反して供述する必要がない旨を告げて取り調べたところ被疑者は任意左の通り供述した」とある。
　一、それではただいまから私が人を殺し放火したことがありますから正直にお話しします。それは本年の十月十八日午前二時頃です。被害者は志田郡松山町新田の亜炭鉱に働いている大村清兵衛さんという

五十四、五歳になる人と奥さんと子供さん二人の四人です。

一、ちょうどその日の前の晩は友達の加藤ちゃんたちと前に飲んだ借金の返済をするために洋服類を小牛田の質店に入質に行き、その帰り小牛田の駅前の屋台で二人で六百円ばかり酒を飲んで来たときで、幾分酒に酔っていました。

一、私がどうして大村清兵衛さんの家族を殺して放火したかというと、遊興費に困ってであります。大村清兵衛さんの家を目標にしたのは、私が犯罪を犯す二日ばかり前の午前中、清兵衛さんの奥さんが私の家の兄さんから増築する材料を買って行ったことがあり、私はその状況をそこで見て知っていたので、二、三万くらいの現金があるだろうと思ったからです。私は十七日の午後十時すぎごろの汽車で鹿島台に着き、それからぶらぶら歩いて私の家の方に来たのでありますが、家へは行かず瓦工場の前を通って船越道路を進んで行ったのです。そして割山の手前の左側のところから山道に入り、清兵衛さんの家の下の道路に出ました。

一、清兵衛さんの家では電灯がついていたようで、北側の障子から光が漏れていたようです。玄関先で約十分ほど中の様子をうかがっていましたが、熟睡していたようで静かだったので玄関を開けました。施錠がしてなく雑作もなく開けることができました。

一、玄関に入るとたたきで、左の方に岩竃《かまど》が置いてあったようです。部屋は玄関の続きが板の間の六畳間くらいで、その奥が家族の寝ている八畳間です。電灯は一灯だけで六畳間と八畳間のほぼ中間の六畳間の方にあったように覚えています。六畳間と八畳間の間の敷居には障子戸が立ててあったようですが、障子が一尺五寸くらい開いていたので、寝ている様子がよく見えました。寝ている順序は押入れの方から清兵衛さん、奥さん、男の子、女の子で、いずれも頭を六畳間の方にして寝ていたようでした。

一、顔も知っており騒がれても困るので殺してしまってから金品を物色した方がよいと思いました。

殺す刃物がないかと六畳間を物色し、玄関の岩竈の後ろに柄だけ見えたものがあるので引き出すと、柄の長さ三尺くらいの鉞を発見しました。

一、殺した順序は清兵衛さん、奥さん、男の子、女の子です。布団は二枚のようで一枚に清兵衛さんと奥さん、もう一枚に子供たち二人。掛布団も二枚で、体は布団に覆われ頭部だけが外に出ていました。私は鉞を持って八畳間に入り、ちょうど奥さんの頭の後ろ一尺くらいのところから中腰になって清兵衛さんと奥さんはおのおの三、四回ずつ、さらに子供たちの後ろに行っておのおの四回くらいずつ顔面頭部の辺りを叩きました。

一、それから奥さんの足の方にあった箪笥の中を探しましたが、目的の金は一銭も見つけることができず、金も品物も取っていません。それから人を殺した証拠を残さないように火をつけようと考え、家の外に出て木小屋の中から焚きつけ用の杉の葉を一把持って来て六畳間と八畳間の間の障子のところに置き、持っていったマッチで火をつけました。杉葉を置いた場所は六畳間側のところで、位置は男の子の頭のあたりと思います。申し遅れましたが、鉞は男の子と女の子の間辺りに捨てて来ました。

一、それから私は外に出ましたが、燃え上がるかどうか見届けようと思い清兵衛さんの家の下の道路に立って二十分くらい見て、煙が外に出て来たので元の道路を戻り、家に着いたのは午前六時ごろと思います。四人を殺して金を物色し、火をつけるのに要した時間は一時間くらいと思います。

一、私のそのときの服装はねずみ色のジャンパー、えび茶色のとっくりセーター、丸首半袖シャツに綿製の茶色のズボン、履物は弟の雑木下駄です。血痕は案外付かないようで、ズボンとジャンパーの前側に付きましたが、家へ帰る途中の大沢堤と称する用水池で血痕を洗い落とし、濡れたのを絞って着て行きました。以上申し上げた通りで、詳しいことは後で申し上げることに致します。

末尾には「右録取して読み聞かせたところ誤のないことを申し立て署名押印した」とある。

調書を取り終えた佐藤は、興奮のあまり目の前に幸夫がいるのも忘れて、亀井に言った。「これで署長になれる」。亀井も満面の笑みだった。佐藤の無神経な一言に幸夫は耳を疑ったが、悔しさや怒り、あるいは先行きへの不安より「やっとこれで終わった、もう責められないで済む。房に帰って寝られる」というほっとした気持ちの方が大きかった。

「たばこ吸うか」。佐藤から褒美のように、たばこを勧められたが、幸夫は拒絶した。

房に帰って高橋勘市に「やったことにしてきたから」と言ったが、高橋は何も言わなかった。幸夫には、高橋が薄ら笑いしているように見えた。その晩、幸夫は久しぶりにぐっすり眠った。

冷静を装う母

宮城県警は十二月七日、斎藤幸夫が松山事件の犯行を自供したと発表した。この報を受け、新聞各社は急きょ号外を発行し、仙台駅前などで配った。

母親のヒデは、用事で朝から古川に出掛けていた。「今日あたり幸夫が家に帰って来るだろう」と思い、用事を済ませて帰りのバス停に向かう途中、商店街の掲示板に黒山の人だかりができているのが見えた。何だろうと思い、近付いてみると、掲示板に新聞の号外が張り出してあった。

「斎藤幸夫、松山事件の犯行を自供」

大見出しが躍っていた。ヒデは息をのみ、棒立ちになった。目がくらみ全身が震えた。一刻も早く家に帰らなければとの思いでバスに乗り込み、吊り革にしがみついた。車内は幸夫の話題で持ちきりだった。

「松山事件の犯人は鹿島台の材木屋の次男坊だってな」という乗客の声に、「嘘だ。幸夫がやるはずない」と叫びたい思いを必死にこらえた。

ヒデは三日に幸夫が古川署に留置されたとの連絡を受け、四日に差し入れを持って面会に行った。この時、面会はかなわなかったが応対に出た千葉に「母さん、幸夫君を二、三日貸してもらいたい。大したことはない。幸夫君が甘いものが食べたいというから生菓子を買ってやったよ」と言われて少し安心した。

鹿島台町の防犯協会の役員も務めていたヒデは、地元で些細な事件があると先頭に立って捜査に協力し、「女探偵長」とあだ名されていたほどで、古川署員とも親しかった。

幸夫に嘘の自白を唆《そそのか》した高橋勘市に、ヒデは、情けをかけたことがあった。四日に古川署を訪ね、刑事課で千葉と話していた時、傍らに小柄な弱々しい男がいた。

「母さん、幸夫君と一緒にいる高橋だ。こいつはしぶといやつなんだ」

いかにも貧相な男をヒデは気の毒に思い、「かわいそうだから、この人に食べさせてやってくれ」と、幸夫に差し入れようと持って来た饅頭を渡した。

幸夫の妹の次女は七日朝、嫁ぎ先の宮城県南郷町の自宅で夫とラジオを聞いていて幸夫の自白を知った。「何かの間違いだと思うが、行ってきたら」という夫の言葉に、自転車に飛び乗って鹿島台町の実家まで十キロほどある道を急いだ。家には父の虎治がいた。突然のニュースに虎治も動揺していたが、「間違いに決まっている」と言い、娘を元気づけた。

翌日には長女タミ子も岩手県釜石市から駆け付けた。タミ子は当時二十六歳。上から四歳、三歳、一歳の三人の男児がおり、家事に追われ、ふだんは新聞を読む暇もないのだが、その日はたまたま新聞を開いており、松山事件の記事が大きく出ていた。発生現場が実家のすぐそばで、タミ子も事件のことは知っていた。記事を読み進むと「鹿島台町の斎藤虎治の次男、幸夫」とあった。目を疑い、何度も読み返したが、間違いなく弟の名前だった。タミ子は何も手につかなくなり、その晩帰宅した夫に「実家に行って来る」と断って、翌日、三人の子供を連れて列車に乗り込んだ。

実家の前まで来ると意外にもヒデが前庭を掃除していた。こんな時に庭掃除とは母は何を考えているのか、あっけに取られるタミ子にヒデは「あんた、何しに来たの」と逆にいぶかるように聞いた。タミ子は狐につつまれたような気持ちになった。

「あんた、もしかしたら新聞見たの」

「そうよ。それで飛んできたんじゃない」

するとヒデは笑い飛ばす調子で「あれ、嘘よ。あの晩幸夫は家で寝てたんだから」とけろっとしている。ヒデは常雄から、幸夫が事件の夜、帰宅して弟たちと並んで寝ていたことを聞いていた。タミ子はその晩、実家に泊まったが、ヒデに「もう大丈夫だから帰りな」と言われ、翌日釜石市に引き揚げた。

「大丈夫だから」というヒデの言葉に、タミ子はその時「九〇パーセント安心した」と言う。

タミ子は、虎治と衝突して実家を逃げ出した幸夫を一時期居候させるなど、不出来な弟をきょうだいの中で一番気に掛けていた。それだけに、残りの一〇パーセントは心配でならなかったが、ここはひとまず母の言葉を信じようと自分に言い聞かせた。

変わる供述

七日から佐藤と亀井は、次々と調書を取っていった。佐藤たちは、犯行の細部を詰め始めた。何も分かるわけがない幸夫は、前日と同じように佐藤たちの言葉に沿って「そうです」と返事をしたり、言われた言葉を繰り返したり、当てずっぽうに返答したりして、二通目以降の調書が積み上がっていった。

「裁判で本当のことを言えばいい」。同房の高橋勘市の助言を信じ切り、六日に嘘の自白をして吹っ切れていた幸夫は流れに身を任せた。

しかし、佐藤たちは、聞き込みなどで得られた情報を基にストーリーを組み立てて誘導するため、犯行時の興奮した精神状態を考えると供述内容が不自然に詳細だったり、前日までの供述と辻褄が合わなかったりする齟齬《そご》が生じる。幸夫はそのたびに「間違って申し上げたことがあります」「あれは嘘で」などと思い出したことにされ、供述が次々と訂正された。

例えば、十二月七日の取り調べはこうだ。

「殺した後、清兵衛さんと奥さんの顔に何か掛けなかったか」

「知りません」

「何か掛けたはずだ」

「知らない」

「知らないはずはない。何か押入れから引っ張って掛けただろう」

「知らない」

「知らないはずはない。何か掛けただろ。何を押入れから引っ張り出した」

布団は敷いてあったからもう入っていないはずだ。となると押入れに入っていそうなものは何だろう。幸夫はあれこれ考えたが思い浮かばず、「布のようなもの」と適当に答えた。すると佐藤が「押入れから布のようなものを引っ張り出して掛けたんだな」と念を押す。

血痕に関しても、幸夫は七日に重大な事実を思い出したことになっている。

「血の付いた服を大沢堤でどうやって洗った。ただ水で洗ったのか」

「はい」

「水で洗っただけでは血がすっかり落ちないのではないか」

佐藤の指摘に幸夫も妙に納得し、でまかせで「土を付けて洗った」と答えた。

さらに、犯行後の行動については、こんな調子だ。

「帰る途中に馬車か車に遭わなかったか」

「そんなものは知らない」

「いや、帰る途中に必ず馬車か車に遭うはずだ」

「知らない」

「必ず遭っている」

「馬車」

「馬車か……まあいい。馬車はどっちの方から来た」

「町の方から」

「町の方からは来ない。それに馬車は来ない。何が来たんだ」

馬車か車かと聞かれ、馬車でないなら車しかないと思い、「車」と言い直すと、佐藤は「馬車でなく車だな」と納得した。

「どっちの方から来た」

方向も違うなら逆から来たことにしようと考え「船越の方から」と言うと、佐藤は今度は「船越の方から車が来たんだな。どうして分かった」と質問を先に進めた。

幸夫は「ライトで分かった」と答えた。

「どういう車だ。トラックか」

「トラック」。そう言うと、佐藤の方から「その頃に仙台の市場に出す白菜を積んだトラックが通ったんだ」と〝正解〟を教えた。幸夫はまるでクイズの解答者気分だった。

「逃げなければ見付かるだろ」

幸夫は思いつきで「山に逃げた」と答えると、「逃げた場所を書け」と、紙と鉛筆を渡された。また当てずっぽうで印を付けた。

「山から出てすぐに家に帰ったのか」

「はい」

「すぐ帰ったら火事場に行く人たちに遭うんじゃないか。その場は火事場に行く人がだいぶ通ったそうだぞ」

佐藤にそう言われ、幸夫は思いつきで「山で休んだ」と答えた。

「どのくらい休んだ」

「明るくなってから帰った」

「何時ごろだ」

「六時ごろ」

「明るくなったらどの家も起きているだろう。見つかるんじゃないか」

「駆けて帰った」

「おまえは下駄を履いていたんだろう。下駄で駆けたら音がするじゃないか」

「裸足で駆けた」

「家では誰か起きていたか」

その時刻に起きているのは兄嫁しかいないのでそう答えた。

「見つかったか」

「見つからない」

「濡れた服はどうした」

「縁側の物干し竿に掛けた」

　こうして七日付の供述調書は以下のように、前日から軌道修正を加えながら一気に具体性を増した。

一、私が鹿島台駅に着いたのはその日の午後十時ごろです。それからすぐ裏町の飲食店に行きました。小牛田で加藤ちゃんと飲みましたが飲み足りないので入ったのです。その時は所持金は一円もありませんでしたが、店主にお話して焼酎四、五杯と焼き鳥を食べたように覚えています。店を出たのは午後十一時ごろと思います。
一、店を出て家へ帰る途中、酔いも手伝って清兵衛さんの家に行って金を取ろうと決心しました。
一、途中ぶらぶら歩いていったので清兵衛さんの家に行ったのは午前三時ごろと思います。
一、電灯はあまり明るいものではなく四十燭くらいと思います。
一、鉞《まさかり》は岩竈の後ろの縁側続きの板の間に置いてあったのを持ち出しました。
一、清兵衛さんの顔は奥さんの方、すなわち縁側の方に横向きになっていたので、上になっている右耳の頭部のところを三、四回切り付けました。次に奥さんは顔を上に向けていて左耳脇のところを、男の子と女の子は奥さんの方を向いていたので左耳辺りの頭と顔を三、四回切り付けました。
一、次々に殺して夢中だったので、泣き声を立てたり、また起き上がったりしたということはまったく覚えていません。
一、殺した後で顔を見るのが嫌だったので、清兵衛さんの頭の辺りの押入れから何か引っ張り出して、清兵衛さんと奥さんの顔に掛けたような覚えもありますが、何だったかまったく見当が付きません。
一、木小屋から杉葉を持って来て、六畳間の板の間と次の八畳間の境の、電灯下から入り口の方へ約三尺離れた六畳間側の障子のところに置き、マッチで火をつけました。
一、火を付けてから家の下の道に来ていったん立ち止まって燃え出すかどうか見ていた時間は、前回二十分くらいとお話し致しましたが、よく考えてみるとせいぜい一、二分でした。
一、途中大沢堤でジャンパーとズボンを脱いで水洗いしました。土手の土を取って混ぜ込んで洗いました。
一、ズボンを履いているとき、船越の方からトラックが来る音がしたので見つかっては大変だと思い、杉林に隠れました。トラックが瓦工場の方に一台通って行きました。
一、杉林に入ってから約二時間くらい腰掛けて頭を下げながら休んでいました。身体が疲れていたので休んで帰ろうと思ったのです。休んだ場所は杉林に入って二十メートルくらいの平らなところです。
一、だんだん明るくなって来たのでそこから家に行きました。家に帰ったのはだいたい午前六時前後であったと思います。途中下駄を持って裸足で走って行きました。
一、座敷に入る前にズボンとジャンパーを脱いで縁側の竿に掛けました。床に入っても悪いことをしたことが目に浮かんで眠れず、午前七時ごろ起きました。起きてから兄貴に、今朝新田で火事があったと聞かされ、悪いことをして申し訳なかったと思いました。
一、清兵衛さんの家に入ったのはだいたい午前三時ごろと思います。それというのは、中に入ってから終わるまでが三十分くらいでしたからそうではないかと思います。私は腕時計を持っていませんので、正確な時間は分かりかねます。

八日になると、供述がさらに変化する。

まず当日の足取りだ。鹿島台駅から清兵衛宅までは、ゆっくり歩いても一時間もかからないのに、鹿島台駅に午後十時ごろ着いて、事件発生が午前三時ごろでは時間が合わない。佐藤たちはこの空白の時間を埋めるのに頭を悩ませた。その結果、六日の供述調書では、鹿島台駅からぶらぶら歩いて自宅に向かったが、自宅へは行かず清兵衛宅に行ったとだけ話していた部分が、七日には鹿島台駅を出た後、飲み足りなかったので裏町の飲食店で酒を飲んだとなり、さらに八日の供述調書は「間違って申し上げたことがありますから、その点から申し上げます」と始まり、全く別の行動に変わっている。

飲み足りずに立ち寄ったとしていた飲み屋には立ち寄っておらず、駅からまっすぐ帰宅しようと自宅に向かって歩いていたが、途中で清兵衛宅に押し入ろうと思い付いた。しかし、午後十一時ごろで時間が早かったため、途中で休んで行くことにし、自宅近くの瓦工場の釜に入り込み、中に積み重ねてあったわらの上で約三時間休んだ、というのである。

確かに、鹿島台駅の方から来ると、幸夫の家の少し手前、新田の集落に通じる船越街道の別れ道の角に瓦工場があった。休憩場所をここにしたのは、この年の夏、近所の子供たちと鬼ごっこをした時に見つけて知っていたから、と幸夫が供述したことになっている。

杉葉を燃やしたとしていた放火の方法も「嘘で、本当のことを申し上げます」と訂正した。杉葉だけではすぐに消えてしまうと考え、入り口付近にリンゴ箱大の木屑の入った箱があるのを見付け、それを座敷に運び込み、まず、杉葉を清兵衛とヨネの頭近くと、ヨネの身体に添うように置き、障子に火をつけ、少し燃え上がってから、杉葉の上から木屑を振り掛けた、というのだ。また、帰宅後、ジャンパーとズボンを干した場所も、縁側というのは「嘘」で、自宅裏のおが屑小屋内の竿と訂正し、大沢堤から家までのことは「あとで申し上げます」とわざわざ予告した。

ほかにも、清兵衛宅のはりの辺りから自在鉤《かぎ》が下がっていたことを、新たに思い出したことになっている。自在鉤とは鍋を火に掛けるために囲炉裏や竈《かまど》の上に吊り下げた道具である。幸夫は取り調べで

「台所の炉の上に何かなかったか」としつこく聞かれ、炉の上にあるものと言えば自在鉤だろう、と想像力を働かせて「鉤」と答えただけだ。

これら幸夫が修正し、新たに追加した供述要素は、真犯人による「秘密の暴露」の体裁を取りながら、実際には、その時点までの捜査で判明した事実や情報をことごとく追認したに過ぎなかった。自在鉤にしてもそうだ。七日の供述調書まで一度も登場しない自在鉤が、八日の調書で「板の間の切り炉の真ん中頃にあるはりのあたりから下がっていたものがありましたが、それは炉の鉤だと思います」と突然登場する。

七日に千葉があらためて現場を捜索した際、自在鉤を発見したのだ。八日の調書は幸夫が「その鉤は木のものか鉄のものか、細いか太いかよく覚えておりません」と語ったことになっているが、極度の緊張と興奮状態にあったはずの犯人が、犯行に関係のない日用品の材質にまで関心を寄せていた方がよほど不自然だ。しかし、こうして日を追って細かい要素が肉付けされていくに連れ、幸夫の「自供」は真実味を増していった。そして、幸夫はこの日、松山事件の犯人として強盗殺人、非現住建造物等放火の容疑で逮捕された。当初別件逮捕された傷害容疑は起訴猶予となり、銃刀法違反は立件が見送られた。

後に当時の宮城県警本部長、松本省吾が新聞社の取材に漏らした言葉は強烈だ。「斎藤が重要容疑者だから別件で逮捕すると報告があった。細かいことは聞かず了解した。本件の証拠がないから別件でも仕方なかった」。証拠がないままの別件逮捕を県警トップが認めていたのである。

やらせの録音

十二月九日午前七時ごろ、現場検証のため、幸夫は現場に連れ出された。前日までに「自供」した経路や犯行状況がひとつひとつ確認されていく中で新たな矛盾点も見付かった。例えば凶器の鉞《まさかり》があった場所だ。それまでの供述では辻褄が合わないことが判明した。

七日の取り調べでは「鉞は岩竈の後の縁側続きの板の間に置いてあった」ということになっていた。しかし、清兵衛宅の構造上、親子が寝ている八畳間を通らなければ、たどり着けず、動線上説明が付かないことが分かったのだ。夕食後の取り調べには、佐藤、亀井のほか千葉彰男ともう一人、県警本部の鑑識課から警部補の菅原利雄が加わり、取調室は物々しい雰囲気だった。

「検証に行って分かったろう。あそこは壁があって、座敷を通らずには行けない。本当にあそこにあったのか。家の中じゃなくて外だったんじゃないか」

佐藤の質問の仕方から幸夫は、「外」という答えを求められていることを感じ、それまで通り、言われるがままに「外だった」と答えた。

「外のどこ」

「風呂場の壁に立てかけてあった」。やはり思い付きで答えた。修正された供述調書は「よく考えてみると間違ってご説明したことがありますから申し上げます」と始まり、鉞のあった場所を「本当は風呂場の前の壁に柄を上にして立てかけてあったのを見付けてもっていった」と訂正した。

鉞の場所が決着すると、亀井が切り出した。「今晩、テープレコーダーに今まで調べたことを取る。ただ、これは証拠にするものではない。警察の記録として取っておくだけだから」。亀井にそう言われ、幸夫もそういうものかと信じた。亀井が手順を細かく説明した。

「俺が、鉞はどこにあったと聞くから、おまえは風呂場に立て掛けてありましたというように調べた通り話すんだぞ」

テープレコーダーの操作は県警本部から来た菅原の担当だった。亀井が質問して幸夫が答える問答の繰り返しだったが、一つの問答が終わるたびに亀井は菅原にテープを止めさせ、幸夫に次の質問を伝えて、答え方を指示した。幸夫は連日の取り調べでさんざん誘導され、犯行状況などがすっかり頭に入っていたため、どの質問にもすらすら答えることができ、録音は滞りなく進んだ。この録音テープが後に自白の重大な「証拠」になるとは、この時の幸夫は想像もしなかった。

変化した助言

取り調べが進むに連れて、同房者の高橋勘市の助言が微妙に変化し始めた。「いったんやったことにしたら、どこに連れて行かれてもやったと言え。検察に連れて行かれても、やったことにしろ。裁判所に連れて行かれても、やったことにしろ」。幸夫はそれまで高橋を信用しきっていたが、連日の取り調べで自分がどんどん殺人犯に仕立てられていく状況に不安も大きくなっていた。高橋を信じながらも、本当に大丈夫だろうか、という一抹の不安が幸夫の中で芽生え始めていた。

「検察に行ってもやったことにするの」

「そうだ。検察でもやったことにしろ。あそこは警察と仲間同士なんだぞ」

田舎町の不良青年の幸夫に警察と検察の違いは分からない。前科五犯で経験豊富な高橋の言葉に納得し、助言に従うことにした。

十二月十日、仙台地方検察庁古川支部で検事の大津丞の取り調べがあった。大津から犯行の動機や方法を聞かれた幸夫は、警察の取り調べに加え、録音テープへの吹き込みでおさらいまでさせられていたため、淀みなく答えた。この日の弁解録取書は、「私が悪いことを致しました」との書き出しで始まる。

「六、七千円くらいの飲み屋などからの借金があり、人のものでも盗もうと考えました。大村清兵衛さん方を選んだのは、その二日くらい前、清兵衛さんの奥さんが私の家に材木を買いに来たから金があると思ったのです。顔見知りなので後でばれても困るので、殺してから金を取ろうと思い、薪割で殴り殺してから金を探したのですが見つからず、殺したことを知られても困ると思い、杉葉を持って来て火をつけて帰りました。十日くらい後、（自分の犯したことが）不安で、家のコメを盗んだこともあり東京に行きました」

この日まで幸夫は確かに「自供」を維持していた。翌日も検察庁で取り調べがあり、引き続き「自供」を維持したが、この頃、幸夫は、亀井がうっかり口を滑らせたことがきっかけで重大なことに気づく。

「斎藤、おまえ、最初の晩うなっていたそうだな。高橋が言ってたぞ」

高橋が言っていた、とはどういうことなのか。高橋は房内の自分との会話を亀井に報告しているのか。もしかして、高橋は警察とグルなのか。亀井の一言で、高橋に対する疑念が急に広がった。その日の取り調べが終わって留置場に戻り、幸夫は高橋を問い質した。

「高橋さん、あんた全部警察に報告してるな」

高橋は何も言わず黙っていた。否定しない高橋の態度から、幸夫は、高橋が警察の操《あやつ》り人形だったことに気づいた。翌日午前中、高橋は古川拘置支所に移監された。幸夫は一人になった房で、自分が取り返しの付かない失敗を犯したのかもしれないと、絶望的な気持ちになった。

思い返せば、古川署に移された初日、他の房が空いているのに同房させられたところからおかしかった。連日の高橋の言動の一つ一つが出来すぎていた。それも高橋が警察の操り人形だったと考えれば合点がいく。幸夫はそれまで、裁判が始まったら高橋に証人になってもらおうと考えていた。裁判で高橋に、自分が嘘の供述をしていたことを証言してもらえば疑いが晴れると考えていた。だが、高橋が警察の操り人形なら、証人に立たれると逆にとんでもない偽証をされかねない。高橋の助言がでたらめであるかもしれない以上、自白を撤回しなければならないが、今さらそんなことができるのか。幸夫にも、その困難さは想像でき、あまりに無防備だった自分を悔いた。

第四章　否認

手紙

十二月十五日夜、幸夫は、古川署刑事係長の亀井安兵衛から紙と鉛筆を渡された。東京でヒロポンを打った場所を翌朝までに地図に書いておけ、との指示だったが、幸夫は、亀井宛てに自白を撤回する手紙を書くことを思いつき、自分が嘘の自白をするに至った経緯を書き始めた。

　亀井宛てにしたのは、自白後に時々たばこを吸わせてくれるなど、佐藤好一より優しさを感じていたからだ。追い詰められた焦りもあり、夢中で書いた。長文だが、原文のまま紹介する。

〈係長さん、今夜私が本当のことをこの紙に書きましたから御読みになって下さい。御読みになったら、さぞ御立腹のことだろうと思います。何だ、今更と思うでしょうが、私にとっては一生の幸か不幸かの別れ道なのです。私の浅はかな考えからこんなことになってしまったのです。係長さんに親切にされ何度か言うか言うかと思いましたが、言いませんでしたのでこの紙に書いた次第です。どうか私の書いたことを最後まで御読み下さい。

二日の朝、東京でたいほされました私は何がなんだかわからなかったのです。家から米を盗んだことで、刑事さんが来たのかと位しかに《ママ》考えて居ませんでした。その内、十七日の晩は何をしていたかと聞かれた時はなんだかわかりませんでした。その晩の夜行で東京を立ち《ママ》松山に連れてこられました。たしか松山で係長さんとお逢いしました。汽車の中では何か不安で眠れませんでした。そればかりわ《ママ》ありません。初めての手錠をかけられた時の気持と一緒になっていたようです。

松山でも十七日の晩のことを調べられましたが、どうしてもわかりませんでした。今でも考えてもわからないのですからわかる筈がございません。その晩はじめての留置場に夜を明かしました。夢に母の顔だけがうかんで来ました。今だにその顔がはっきりと覚えております。同室の高橋さんに何んできたかと聞かれ、傷害ですと答えました。その日はたしか午後十一時頃まで調べられました。係長さんも御存じの事と思います。その日一日も、十七日のアリバイの事がどうしてもわかりません。だが私がやったのではない事だけは、私は叫んだつもりです。その日一日係長さん方々に私が殺したんだ、私が犯人だと言われた時の気持ちをおさっし下さい。

心身ともにつかれはてた私を待っているのはうす寒い留置場だけです。あったかい所へ行きたい、甘いものが喰べたい、外にも行ってみたいと思いました。そんなことを考えていましたら、高橋さんに未決へ行けば何でも喰べられるし、外に散歩も出来る、室に布団もある、と聞かされた時、係長さん、一日も早くそういう所に行きたい気持になりました。

翌日もまた調べられるのかと思うと頭が変になって行くようです。夜私がうなっていたと高橋さんがしゃべっていたようですが、たしかにうなり声も発したことでしょう。只、私の本当の気持を語れるのは高橋さん以外にないと思い、私が松山事件で調べられていると話しました。なぜかというと高橋さんが私にこんなことを云ってくれました。「ここに来たらやらないことでもやったことにして早くここを出た方が良い、そして裁判の日に本当のことを言うんだ」と聞かされました。その時に私はそういうことにしようかと思いましたが、やらないのはどこまでもやらないんだとがんばろうと思いました。又その次の日も一日そのことで調べられました。係長さんもご存じのことです。だがどうしても覚《ママ》え出すことができません。又心身ともにつかれた自分を休めてくれるのは留置場だけです。留置場に入ると高橋さんが未決の良いことや裁判に本当に《ママ》ことを言えと聞かせられ私は考えました。こんな事を毎日やられたんでは頭が狂ってしまうんじゃないかと、それより自分がやったことにしようかと思いました。そして翌朝私は決心しました。

係長さん、私は留置場に入れられた次の日から係長さん方々を憎みました。なぜ私が憎んだかは、私が清兵衛さん一家を殺害した犯人だと頭からどなられ、いくら私がわからないんだと言ってもわかってくれなかったからです。係長さん、私が殺しましたと云った時の気持、どんなに苦しかったか、いやそれよりもお母さんに会えるんだという気持でいっぱいでした。係長さん方々に涙を流して私が悪かったとあやまるんだと云われましたが、どうして私が殺した犯人ではないのにどうして泣くことが出来ましたでしょうか。

係長さん方々には私の態度をみて、さぞおどろいた事でしょう。又現場に行ってみても私の態度、係長さん、もし私がその犯人であったなら涙を流してお詫びを致します。今までお手数をかけて本当にすみませんでしたとあやまります。私にはそれが出来ないのです。係長さん、わかっていたゞけますか、この自分の気持。そして犯行をのべたことも係長さん方々に嘘を云っていると思われましたが、私が犯人だったらこうしたろうなど考えながらしゃべるのですから、係長さん方々にはまるでデタラメのようにきこえたのでしょう。殺人現場の方は大体新聞を見ましたからわかりました。

係長さん、ズボン、セーターには血はついてありませんでしたでしょう。いやいくらかはついてあった事だろうと思いますが、その血は東京の金沢さん方で店員をしていた時の牛豚の血です。

私の家に清兵衛さんの奥さんが材木を買いにきたのも知りません。私は家に居なかったので、事件の二、三日後刑事さん達が兄さんと話していたのを聞いて知っていたのです。それをとっさに係長さんにしゃべったのです。そのことは兄さんに聞いても嘘ではありません。奥さんが買いに来た前の日もたしかに誰かにたのまれて買いに来ていたと兄さんが話をしていましたが、その日も朝から家に居ないので知りませんでした。たしか私は、朝から上部さんの家に遊びに行っていましたからそれも聞いて下さい。又、火事の朝に目をさましたのは家ですから今やっと思い出しました。朝六時半頃じゃないかと思います。勝手のロバタで兄さんと姉さんが今朝新田で火事があったと聞かされ、たしか弟と私が全然知らないで寝ていたとしゃべった事を思い出しました。

その晩は一時頃には帰って来ている筈です。係長さん、よく調べて下さい。お願い致します。たゞわからないのは鹿島台駅で降りてからの事なのです。たしかに私はどこかでのんでいる事です。係長さんを今までだまして居ったことは本当に申訳なく思って居ります。

係長さん、私が清兵衛さん一家を殺した犯人ではないのです。ただ高橋さんに言われた事を真にうけてしまったことからです。私は無実の罪を着て行きたくはありません。係長さん、もう一度調べて下さい。お願い致します。係長さんには本当の事を話せばわかって下さる事だろうと思いましてこれを書きました。

幸夫〉

十二月十五日夜

係長さんへ

このとき、幸夫は母のヒデ宛てにも、救いを求める手紙を書いた。このころ、ヒデは息子の境遇を案じながらも、事件当夜、幸夫は家に帰って兄弟と寝ており、警察も調べれば分かるから、そう時間がかからず容疑が晴れ、帰って来ると思っていた。このため心配ではあったが努めて普段通りにしていた。ヒデ宛ての手紙も、原文のまま紹介する。

〈お母さん、清兵衛さん一家を殺害し、火をつけたのは幸夫ではありません。一日も早くお母さんの顔がみたい、話がしたい、そんな気持からですよ。お母さん、新聞に私が清兵衛さん一家を殺害した犯人だと出た時にはお母さん、さぞ苦しかった事だとおさっし致します。

お母さん、私も苦しみました。どうしたら私が犯人ではない事を警察の人にわかっていたゞけるかと、だが十七日の晩のことがどうしても判らないのです。そんな時には、お母さん、同じ留置場に入ってい た人にすがるのは本当の事ですね。お母さん、私はその人から「警察に来たらやらない事もやったことにして裁判の時に本当のことを言うんだ」ときかされ、お母さん、私もそう云うことにしようと決心して、私が殺しましたと言ってしまったのです。

お母さん、その時の気持、私は自分の顔をみられませんが、泣き笑いの顔だったと思います。私がいくら犯人ではないですと云っても聞き入れてくれないのです。ウソ発見機を持って来て調べてくださらなかったのです。お母さん、係官の方にデタラメばかり云うと言われましたが、私がやったことではないことをしゃべるのですから係官の人にはそういう風にしゃべるように思われたのです。

お母さん、初めは係官の方を憎みました。頭からお前がやったんだ、お前が犯人だとどなられた時には「こいつら何をいうか」と思ったことも度々ございましたが、だんだん話をしてゆく度に私は係長さんに本当のことを申し上げたくなりました。お母さん、私が一日も早く未決に入り、お母さんの顔を見たい、裁判の時に本当の事を申上げればよいんだ、又係官の人からどなられたことを申上げればよいんだという気持から私が犯人だとしゃべってしまったんです。

お母さん、新聞にも私が犯人だと出た時に私以上にお母さんや家の人は肩身がせまかったことでしょう。お母さん、私はきっと清兵衛さん一家を殺害したのが私でないと云うことを係長さんにも話し、無実の罪を明かします。私の浅はかな気持から無実の罪を着なくてはならなくなった事をお母さんおさっし下さい。

お母さん、十七日の晩、自分が小牛田に行って帰って来て鹿島台の裏町あたりで酒を飲んでいたか、又ブラブラしていたかを見た人が必ずいると思います。お母さんも調べて下さい。私はその晩たしかに夜中には家に帰って来ているのです。

お母さんへ〉

手紙の中で幸夫は、痛々しいほど繰り返し「お母さん」と呼び掛け、母に助けを求めている。追い詰められた焦りが行間ににじむ。

しかし、手紙は逆に亀井の態度を硬化させた。翌十二月十六日午前八時、幸夫は取調室に呼び出された。自白後、時に優しかった亀井が、自白前の厳しい態度に逆戻りしていた。

「これはなんだ。こんなものを書けと紙と鉛筆をやったんじゃないぞ。おまえがやらないという証拠がどこにある。証拠があったら出してみろ。今ここで出してみろ」

さらに亀井は言った。

「戦うなら法廷で堂々と戦え」

一縷の望みを託していた亀井に突き放された幸夫の落胆は大きかった。やっていない証拠を出せ、と言われても自分には何もできない。幸夫は悔しくて涙がこぼれた。その様子を見て亀井が言った。

「どうしてこれを書いた。犯人でないと言えば出してもらえると思って書いたんだな。母親に会いたくなって書いたんだな。ここに書いたのはみんな嘘だな」

幸夫はその場で抗おうとはしなかった。この日の供述調書は、幸夫が再び犯行を認めたことになっている。

「母ちゃんに逢うには私が犯人でないということ以外に方法がないので、刑事係長さん宛と母ちゃん宛の文書を書いて出したわけですが、その中で書いた、同じ留置場に入っていた高橋さんという人に「警察に来たらやらないこともやったことにして裁判の時に本当のことを言うんだ」と言われたことも嘘です。警察の取り調べも、私が書いたような無理なものではありません。今後は正直にお話しして、潔く罪になる覚悟です。あのような嘘のことを書いて本当に申し訳ないと思っています」

幸夫は、否認を一日で撤回した。

憂色の検察

翌十七日、仙台地検古川支部で検事の服部良一の取り調べがあった。服部は最初、十五日に書いた亀井と母ヒデ宛ての否認の手紙について幸夫に真意を質した。

「この手紙はどういうわけで書いた」

「読んだら分かるでしょう」

「なぜ書いた」

「自分は松山事件の犯人ではないから、よく調べてくれと書いたのです」

「なぜやったと言った」

「警察で、やったと言え、やったと言えと額を突かれたり、肩を押されたりして深夜まで取り調べられました。そのことを同房だった高橋勘市さんという人に話しましたら、ここに来たらやらないこともやったことにして裁判の時に本当のことを言え、と言われましてやったことにしたのです」

「なぜ検察に来てからもやったと言った」

「高橋さんに、警察と検察は仲間同士だから検察に行ってもやったことにしろと言われたからです」

「犯行後、家に帰る途中でトラックが来たと言ったのはなぜだ」

「警察で、馬車か車に遭わなかったか、と言われましたので、知らないと言いましたら、遭わなければならない、と言われました。それでも知らないと言いましたが、警察が馬車か車に遭うはずだ、と再三言うので遭ったことにしようと思い馬車と言いました。そうしたら、そんなものは来ないと言われたので、馬車でなければ車だろうと思い車と言いました。するとハイヤーかトラックか、と聞かれたので、トラックでも来たのかなと思い、トラックと言ってしまったんです」

「船越の方から来たと言ったのはなぜだ」

「警察で、どっちから来たと言われ、最初町の方からと言いましたら、町の方からなど来ないと言われて、じゃあ反対の方からだろうと思ってそう言ったのです」

幸夫は、供述はすべて警察による誘導だと訴えたが、服部はまともに取り合ってくれなかった。

「おまえは何を調べてくれと言うんだ」

ありのままを答えている幸夫は腹立たしかったが、すでに裁判で戦うしかないという気持ちになっていたので黙っていた。

「黙っていたんでは調べようがないじゃないか」と服部はいら立ちを見せた。

服部のいら立ちは検察の焦りの表れでもあった。幸夫の全面的な「自供」を得て、県警は戦後の刑事事件史に残るであろう松山事件の解決に沸き返っていたが、仙台地検には起訴さえ危ぶむ空気が流れていた。幸夫を犯人と特定する証拠が自白以外まったく得られていなかったからである。公判を維持しなければならない検察の立場からすると、捜査があまりに脆弱《ぜいじゃく》だった。

仙台地検古川支部で先輩検事の服部とともにこの事件を担当した検事の大津丞は、法務研修所発行の雑誌『研修』の一九五七（昭和三十二）年九月号に寄せた「ある事件捜査の教訓」と題する小論文で、当時の仙台地検内部の様子を「警察では犯人を検挙し得たという喜びに湧いて居たに反し、検察庁内部に於ては憂色が漂って居た」と綴っている。

大津は小論文の中で、服部から「本件のような証拠の少ない事件は煉瓦積み作戦でいく以外ない」と言われたことを明かしている。

夜間検証

十二月二十日午前二時半から夜間検証が行われた。当日は月齢が事件当夜とほぼ同じで、条件を同じにするため、周囲の家は消灯させた。

幸夫が通ったとされる経路は、途中で街道から山道に入る。道幅は非常に狭く、日中でも誤れば崖下に転落しかねない場所がある。山道の入り口は草木が生い茂り発見するのも困難だった。ここを供述通り下駄履きで上り下りすることが本当に可能なのか、大津は供述の信用性を内心、危惧していた。他の事件で、犯行を自供した容疑者が現場検証の段になって「実は私がしたことではないので指示できない」と否認に転じ、証拠不十分で不起訴にせざるを得なかった経験があったからだ。

しかし、幸夫は、暗闇の中を下駄履きのままちゅうちょすることなく、一見見分けが付かない山道の入り口に飛び上がり「ここから清兵衛さんの家に行ったのです」と説明した。山道に入ってからも下駄履きの幸夫は、足もとを懐中電灯で照らしながら歩く大津たちより速いスピードでつまずきもせず進み、「あの夜はここまで登る途中一度つまずいたように思う」と話すなど、積極的に検証に協力した。

現場到着後も、骨組みだけ残った清兵衛宅を指差して「当日は今晩より暗かったように思う」と話し、木小屋内に棒があるのを見付けて「杉葉を取りに来た時、この棒はなかったと思う」と検察側の意向に沿うような発言を繰り返した。

しかし、夜間検証後、起訴に向け検察の取り調べが熱を帯びると、幸夫は再度無実の訴えを試みている。

「清兵衛さんの奥さんが材木を買いに来た時、自分は家で見ていたことになっていますが、私は家にいなかったんです。その日は午前八時半ごろだと思いますが、近所の上部君の家に遊びに行ったので、奥さんが材木を買いに来たのを知らないのです」

「上部は午前十一時ごろと言ってるぞ」

「いや違う。私はその日午前八時ごろ起きましたが、家には祖母しかおらず、今日はみんな稲上げに行っているから幸夫も手伝えといわれたので、手伝いに行こうと思って朝食を済ませて家を出ました。でも、手伝いには行かず上部君の家に遊びに行ったんです。ですから午前八時半ごろだと思います」

幸夫は、事件が起きた日の午前六時ごろ、自宅の炉端に座っていて、兄や兄嫁から新田の火事のことを聞かされ、自分は知らないで寝ていたと話したことを思い出し「その晩は確かに家に帰っているはずです。調べて下さい」と訴えたが、「鹿島台駅からどうしたんだ」と聞かれると、そのところはどうしても思い出せなかった。

起訴二、三日前には、仙台地検から検事が来た。

「おまえは本当に松山事件をやっていないのか」

「自分は本当にやらないのです」。幸夫は涙を流して訴えた。

「なぜやったと言った」と問われ、警察に自白を強要されたことや、留置場内で高橋勘市から助言されたことを再度説明した。

当夜のアリバイについても再び聞かれた。幸夫は必死に記憶をたどり、行きつけの居酒屋「二葉」の前で智子らに出くわし、立ち話をしたことをようやく思い出した。智子は飲み屋の店員で、幸夫が片思いして、結婚したいとまで思っていた女性だ。

「鹿島台駅を出て、誰か知っている人が飲んでいないかと思って駅前の飲み屋をのぞいてみましたが、知った人がいなかったので家に帰ろうと歩いていました。二葉の前で女中さんが立っていて、「どこに行ってたの」と聞かれ、「小牛田に行って来た」と言いました。すると智子さんも顔を出して、しばらく話して別れ、そのまま家に帰りました。時間は時計を見てないのではっきり分かりませんが、午後十一時ごろではなかったかと思います」

大村ヨネが材木を買いに来たのを目撃していたとされたことについても、あらためてその時刻は上部の家に遊びに行っていて留守だった、と訴えた。

「上部は午前十一時ごろと言っているが」

「違います。午前八時半ごろで、九時にはなってないと思います」

智子と会ったのを思い出すことができ、幸夫は少しほっとした。

運命の電話

大村ヨネの来店時のことは兄の常雄も克明に記憶しており、十二月十四日に取り調べを受けた際、詳細に供述している。

同日の常雄の供述調書によると、十月十六日午前六時半ごろ、常雄は朝食を終えて、家から七、八百メートル離れた斎藤家の田んぼの稲上げに出掛けた。稲上げの作業は常雄と四男、五男の三人で行い、常雄の妻と父の虎治も別の作業を手伝ったが、幸夫は同行せず、まだ寝ていた。作業中に五女が、材木を買いに来た客が待っている、と呼びに来たため、稲上げの作業をいったん中断して常雄は弟二人を連れて帰宅した。時刻は午前九時ごろだった。

帰宅すると大村ヨネが娘と息子を連れてリヤカーで来ていて、常雄はヨネから注文を聞いて製材した。その際、座敷の障子戸が開けっ放しになっていて、家の中が見えたが幸夫はいなかった。祖母のきさに聞くと、朝食を食べて出掛けたとのことだった。ヨネは三十分ほどで材木をリヤカーに乗せて帰って行った。昼食の時も幸夫は家におらず、常雄は遊びに出掛けたのだろうと思い、気にも留めなかった。

一方、幸夫の祖母きさも十二月十九日に検事、大津の取り調べを受けたが、稲上げの日のきさの記憶は常雄と一致しなかった。きさの供述調書によれば、当日きさはひ孫の子守のため家で留守番をしていた。午前中、幸夫が稲上げの手伝いもしないで家でぶらぶらしていたため、昼近くになって手伝いに行くように注意したような覚えがある、というのである。

ただ、注意された幸夫がその後どうしたかや、その日に大村ヨネが来店したかについては記憶がないという。捜査上重要な場面で、当時すでに八十歳近い高齢だったきさの不確かな証言は少なからぬ影響を与えた。

さらに、家族以外にも「目撃者」が現れた。幸夫宅の二軒隣で居酒屋を営んでいたむつ子である。店には、幸夫のつけが千五百円ほどあったとされた。むつ子が一九五五（昭和三十）年十二月二十二日、大津の取り調べを受けた際の供述調書が残っている。

「私の家の隣に斎藤材木店の本宅があり、そこには虎治さんの長男常雄夫婦とその子供三人、常雄さんの弟三人、妹さんとお婆さんが住んでおります。私の隣の家は道路より少し引っ込んでおりますので、私の家から常雄さんの住んでいる家がよく見えます。新田部落の大村ヨネさんの家が火事になった二日前の日、ヨネさんが男の子と女の子を連れて、斎藤さんのところから材木を買ってリヤカーに積んで行くのを見ました。見た時は大村ヨネさんということはわかりませんでしたが、二人の子どもを連れて四十二、三の女がリヤカーを引いてきました。火事のあった日、野菜売りのお婆さんから、私だけでなく近くの人が集まった時に、大村ヨネさんの家が火事になって一家四人が死んだという話を聞き、誰かが「それでは二、三日前に斎藤材木店から材木を買って行ったばかりだ」と言ったので、私の見たリヤカーを引いて行った人が大村ヨネさんだったことがわかったのです」

「リヤカーを引いて行ったのは午前十時か十一時と思いますが、材木を常雄さんが製材する時、私は洗濯物を干していたりして、幸夫さんも家に居るのを私は見ております。私の記憶では幸夫さんも製材を手伝っていたように思うのですが、とにかく家にいたことは間違いありません。製材を手伝ったかどうかは確信がありませんが、いたことについては間違いありません」

物的証拠や決定的な証言がほとんどない中、家族以外のむつ子の証言は、斎藤幸夫の起訴を目指す検察にとって強力な材料となった。しかし、むつ子は後に公判になると、自分の家から斎藤家は見えないし、大村ヨネが斎藤家を訪ねた際に幸夫が在宅していたと述べた部分も「覚えがない」と、証言を覆《くつがえ》すことになる。

一方、五男は事件発生当夜、幸夫が帰宅していたことを証言した。十二月十八日に地検古川支部の大津の取り調べを受けた際の供述調書によると、五男は当時仙台市内の高校に通学していたため、毎朝六時半ごろ家を出て、最寄りの鹿島台駅七時発の列車に乗っていた。幸夫は毎日のように夜遊びし、帰って来るのはだいたい五男が寝た後で、外泊することもしばしばだった。事件の前の晩は、五男と四男は七時半ごろ床に入り、八時半ごろまで布団の中で本を読んだ後、四男が消灯して寝た。その時点では幸夫はまだ帰っていなかったが、五男が翌朝六時に起床した時には、幸夫と四男が寝ていたという。五男は起床後、朝食をとり、いつも通り六時半に家を出た。ただ、幸夫が何時ごろ帰宅して就寝したかは分からないと正直に話した。

幸夫の「自供」では、犯行後、帰宅したのは午前六時前後ということになっているが、その時刻には、ふだん通り起床した五男が布団の中で寝ている幸夫を見ていたのである。

決定的な証拠がないまま日にちが過ぎ、検察が焦りを募らせる中、勾留期限が四日後に迫った十二月二十六日午後、仙台地検古川支部の支部長室の自席にいた服部良一のもとに一本の電話が入った。東北大医学部法医学教室の助教授、三木敏行からだった。三木は、幸夫が「自供」を始めた二日後の十二月八日に県警が押収した、血痕のようなものがある襟当て付きの掛け布団を九日に受け取り、鑑定を進めていた。

電話の向こうで三木が用件を切り出した。

「掛け布団の鑑定結果の見通しがついたのでお知らせします。血は斎藤幸夫のものでなく、被害者四人のものとみても矛盾しないようだ」

物証を欠き、公判維持に確信を持てずにいた検察にとって、決定的な一報だった。三木の電話から四日後の十二月三十日、仙台地検古川支部は勾留期限ぎりぎりで斎藤幸夫を強盗殺人と非現住建造物等放火の罪で起訴した。

しかし、三木鑑定が最終的に終了し、鑑定書が完成するのは一九五七（昭和三十二）年三月。幸夫以外の家族の血液の可能性も考えられたが、三木の電話の時点では家族の血液検査は行われておらず、三木の電話後に家族の血液検査が始まり、起訴の時点でもその結果が出ていなかった。

あくまで、途中段階の見立てでしかなかった医学者の一言が、斎藤幸夫の運命を決めた。その後の裁判の中で三木鑑定は「疑惑の鑑定」とされ、掛け布団襟当ての汚れをめぐる謎は、最大の争点となる。

第五章　死刑判決

罪状認否

一九五六（昭和三十一）年二月七日、松山事件の初公判が仙台地裁古川支部で開かれた。この日朝、幸夫は手錠を掛けられ、他の事件の被告たちと一緒に、古川拘置支所からオート三輪に乗せられた。裁判で本当のことを話せば無実であることが分かってもらえるに違いないと信じている幸夫にとって待ち焦がれた日とはいえ、初めての法廷に緊張していた。

裁判所に着くと地下室でしばらく待機し、開廷時刻の午前十時直前、看守に挟まれて法廷に入った。満員の傍聴席には母ヒデ、父虎治、きょうだいたちの姿があった。近所の人たちも来ていた。家族と会うのは、東京へ家出して以来、三カ月ぶりだった。

ヒデのこわばった表情に、幸夫はたまらない思いになった。留置場で毎日思い出しては心の中で救いを求めていた母が、柵のすぐ向こうにいるのに、駆け寄ることもできない。手錠と腰縄でつながれた自分が悲しかった。

幸夫が被告席に着いて少しすると、裁判長の羽田実、陪席裁判官の今泉勘七、伊藤和男が入廷し、幸夫の手錠と腰縄が外された。黒の法衣を着た裁判官を見て重圧を感じたが、同時に「この人たちは警察官や検察官と違い、真実を分かってくれる。後は自分が本当のことをこの人たちの前で話すだけだ」という気持ちも湧き上がった。検察官席には仙台地検古川支部の服部良一がいた。人定《じんてい》質問の後、服部が起訴状を朗読した。

「被告人は第一、昭和三十年十月十八日午前三時三十分ごろ、現金を窃取する目的で志田郡松山町氷室字新田の大村清兵衛方に押し入ったが、清兵衛ら家族の寝ている姿を見て、かねて面識のある清兵衛に目を覚まされては困ると思い家族全部を殺害したる上、金員を物色せんと決意し、あり合わせたる刃渡八センチの薪割を以って就寝中の清兵衛、同人妻ヨネ、同人の長男、四女の頭部を順次数回ずつ切りつけ即死せしめて殺害し、箪笥の引出しを開けて金員を物色したが現金が見付からなかったため金員強取の目的を遂げず、第二、右犯跡を隠蔽せんがため家屋を焼き払うと決意し、同家にあり合わせた杉葉束、木屑等を右清兵衛の死体の枕元に持ち来て、所携のマッチを用いてこれに点火発火せしめ、よって現に人の住居に使用せざる右清兵衛の所有していた間口三間半、奥行き三間の木造藁《わら》葺平屋建て家屋一棟を全焼せしめ、以て焼燬《しょうき》したるものである。罪名。第一、強盗殺人、刑法第二四〇条、第二、非現住建造物等放火、刑法第一〇九条第一項」

起訴状朗読が終わると、裁判長の羽田が幸夫に聞いた。

「起訴状の事実に間違いはないか」

「公訴事実は全部違います。私はそういうことをしたことがありません」

幸夫は、自分の無実の訴えが世間に、何より母や家族に届くよう、きっぱりと答えた。

その後、服部による冒頭陳述に移った。冒頭陳述は幸夫が「自供」した内容に沿っていた。幸夫にとっては、でっち上げの作文でしかなかったが、はっとする箇所もあった。

一つは冒頭陳述の最後の方にあった血痕に関するくだりだった。幸夫は犯行後帰宅すると、家族に気づかれないように自分の布団に潜り込んだが、掛け布団に血痕が付着していて、血液型から判定した結果、それが幸夫や幸夫の家族のものでなく、被害者の血液型と一致し、その血痕の古さは犯行直後に付着したと推定できるという。どうして事件と無関係の自分の布団に被害者の血液が付いているのか。本当なのか。そんなことがあるはずがない……。幸夫は不信に思いながらも、黙って聞いているしかなかった。

もう一つは動機に関する部分だ。幸夫自身が抱えていた飲み屋のつけの支払いのほかに、幸夫が片思いし結婚を望んでいた居酒屋「二葉」の店員智子が借金を抱えていて、結婚するためにその借金を返済する必要があったとされていた。取り調べ段階では、飲み屋にたまったつけの返済資金を得るのが動機とされたが、検察は初公判でさらに補強していた。幸夫は新たな筋立てに狐につままれた心境になったが、すぐに思い当たった。起訴直前の取り調べで服部から智子との関係を詳しく聞かれたことがあったからだ。

弁護人には、幸夫の家族の依頼で小牛田町の元裁判官、石塚与八郎が付いた。八十歳を超えていた石塚には、長丁場が予想される重大事件の弁護は負担が大きく、最初は引き受けを渋ったが、熱心に頼まれて腹を決めた。

石塚は民事専門の裁判官だったので刑事事件は詳しくなく、当初は警察が自白を強要し、証拠を捏造したという幸夫の主張を素直に信用できなかったが、面会時にみせた幸夫の態度から先入観が消え、無実を確信した。

それは古川拘置支所での数回目の面会だった。幸夫は石塚の質問も上の空で、見るからに落ち着かない様子だった。石塚が不審に思い「急いでいるようだが、何かあるのか」と聞くと、「先生、いま、プロ野球中継のラジオを中で流しているんです」と言う。

死刑になるかもしれない被告が、弁護人との面会より野球中継を聞きたいという不謹慎な態度に腹が立ち、そのまま面会を打ち切ったが、拘置支所からの帰途、幸夫の心理をさまざまに想像してみると、無実だからこそ当事者意識がなく、弁護人との面会より野球中継が気になって仕方なかったのだとの考えに至った。

石塚の妻はこの日のことを後年、幸夫の救援に奔走した人権活動家の小田島森良に打ち明けている。小田島の手記によると、石塚は妻にこう言ったという。

「無実だから他人事のように思ったり、罪になりっこないと考えたりして、あのような態度になったのだな。もし本当に罪を犯したのにやっていないと嘘をついているなら、助かりたい一心で野球どころではあるまい」

その日を境に石塚は、幸夫の無実を立証するため、事件について真剣に調べ始めた。民事専門とはいえ、裁判官出身という石塚のキャリアは、公判にすべてをかけていた幸夫や家族にとって心強かった。初公判を控えた最後の面会では「よし、大丈夫だ」と力強く幸夫を励まし、不安を募らせていた幸夫の気持ちを落ち着かせた。

脆弱な動機

幸夫は一九五五（昭和三十）年の夏ごろ、行きつけの居酒屋「二葉」で働いていた智子を好きになり、結婚したいと思うようになった。九月ごろ、ヒデに、智子と結婚したいと打ち明けたが、ヒデは気に入らないようだった。その後も二、三回話したが、ヒデは「幸せにならないよ。諦めた方がいい」と反対した。「二葉」の主人に智子の身の上を詳しく聞き、借金や苦労の種になりそうな母親の存在を知っていたからだ。

ヒデに反対されても、幸夫はしばらく諦められなかったが、十月に智子が店を辞め、幸夫もすぐ後に東京に家出したため、それきりになった。忘れかけていた話だったが、検察に聞かれたので正直に話した。その時は、智子とのことが動機の補強に使われるなど思いもしなかった。

検察は、「飲み屋のつけ」だけでは動機として弱いと考えていた。確かに、幸夫は行きつけの店の多くにつけがあったが、金額はいずれも少額で、合計しても一万円ほどだったからだ。それに不良とはいえ地元では裕福な斎藤家の次男で、身元がはっきりしていたこともあり、どの店も特に支払いを催促しておらず、強盗殺人をしてまで返済資金を用意しなければならない状況ではなかった。

動機面の補強が必要だった検察にとって、恋愛感情の末の犯行という筋立ては魅力的だった。仙台地検古川支部で服部良一と組んだ大津丞が、前出の雑誌『研修』に寄せた「ある事件捜査の教訓」で、こう書いている。

「H検事の見込み通り、本件動機につき各参考人の取調をした処、何れも借金のある事実は認められるが、強く催促されて居る事は認められなかった。終戦後の凶悪な殺人事件等につき、我々が納得し得ざる様な極めて単純な動機から、人を殺すという事例を経験したのであったが、それにしても、何か隠された動機があるのではないかとの観点から捜査を続けたところ、〝犯罪の蔭に女あり〟との結論を得たのである」。大津の手記から、当時の検察の動機に対する心もとなさが透けて見える。

初公判が閉廷して幸夫が再び手錠をはめられて退廷しかけた時、傍聴席の家族から声が上がった。「頑張れよー」。逮捕後ずっと孤独で心細かった幸夫は、ようやく家族とつながった思いがした。罪状認否でやっていないときっぱり否認し、無実を晴らすため戦っていく覚悟も家族に伝えられてうれしかった。

公判はおおむね一カ月に一度のペースで開かれ、幸夫を取り調べた佐藤好一や亀井安兵衛らも証人として呼ばれた。彼らは、「やったと言え」「人殺し野郎」「火つけ野郎」と罵声を浴びせ続けて自白を強要したことや、その後の誘導尋問はおくびにも出さず、取り調べには何ら問題はなく、自白はあくまでも任意の下で得られたものであると口を揃えた。

一九五六（昭和三十一）年十一月十三日の第十二回公判に証人として出廷した亀井は、自白の前後で幸夫の態度に変化がなかったか聞かれ、「ありました」と答えた。「それまでは下ばかり向いていましたし、つっけんどんな態度でした。自供する前に、私にたばこを所望して自供し始めました。自供調書を取り終わったのは午後十時ごろでしたが、そのころは、非常に安心したようで、朗らかな笑顔さえ見せて、たばこを吸っていました」

十一月二十九日の第十三回公判には佐藤が出廷し、「自白する前は相当に慎重で口数が少なかったが、自白後は何か落ち着いた様子で、はっきりしていたようでした」と述べ、取り調べで額を小突いたことについては「そういうことはなかったです」と否定した。

幸夫は、無実の自分を無理やり凶悪犯に仕立て上げながら法廷で平然と嘘をつく佐藤らを見て、許せなかった。嘘の自白をした後、佐藤が亀井に「これで署長になれる」とうれしそうに言った光景がよみがえってきた。

裁判ですら嘘がまかり通るのか。真実を見抜く力を持っているはずの裁判官の前で佐藤らが平然と嘘をついている姿は、幸夫には絶望的だった。陪席裁判官だった萩原金美に「被告人はこの証人（佐藤）に額を小突かれたと述べていたのではないか」と聞かれたが、ばかばかしくなり「そうです。しかし、証人はそういうことをしないと述べていますから尋ねても無意味です」とやけ気味に答えた。

幸夫が結婚を望んでいた智子の借金を動機に加えた検察は、幸夫の友人や智子本人の証言で立証しようとした。

事件前夜に小牛田の質屋に一緒に行った加藤が証人に呼ばれた。加藤は、幸夫の言動から、智子への結婚願望を感じていたことを証言。さらに、智子が店を辞めた後、「二葉」の主人から「智子に少し貸しがある」と打ち明けられたことも話した。

幸夫と一緒に東京に家出した金沢も証言に立った。金沢は、幸夫と一緒に幸夫の家からコメを盗み出し「二葉」で飲んだ際、智子がいなくて、幸夫が他の店員に「今夜は彼女がいないから、つまらないでしょうね」とからかわれていたことを話した。もう一人の家出仲間の清も「(智子は)幸夫をあまり好いている様子ではない、むしろ嫌っていると思いました」と証言した。東京行きの直前に店に立ち寄って、幸夫のために記念に店のマッチをもらい、列車の洗面所でそれを渡したとき、幸夫が何も言わず涙ぐんでいたことも明かした。

智子も証人として呼ばれた。智子は、幸夫が一九五五(昭和三十)年十月、松山事件の起きる前に来店した際、店の外に呼び出されて結婚を申し込まれたと証言し、その後も二、三回言われたが、幸夫のことは「単なるお客さんと思っただけで、それ以上は考えていませんでした」と、素っ気なかった。店への借金も、あったことは知っていたが、母親が借りたもので金額は分からないと話した。

幸夫は人前で片思いを暴露され、格好がつかなかった。五七年八月二十日の第二十二回公判で智子との関係を質問されると、供述の端々に強がりがのぞいた。

「被告人は智子と恋愛関係にあったのか」

「………」

「智子を好きだったのか」

「好きでした」

「非常に好きだったのか」

「それほど好きでなかったです」

「親から反対されても、自分が家を出ても智子と一緒になろうと思っていたのではないか。被告人は警察官にそう述べているようだが、どうか」

「……」

「智子の話しぶりや態度から、同人が被告人を好いていると思ったことがあったか」

「ありました」

「一緒になろうと智子に話したことがあるか」

「あります」

「何回くらい話したか」

「二、三回話しました」

「智子は何と言っていたか」

「考えておく、と言っていました」

「それで被告人は智子の気持ちをどう思ったか」

「分かりませんでした」

「智子には六万円くらいの前借りがあるということを聞いたことがないか」

「借金があるということは聞いていましたが、その額は二万円くらいと聞いたと思います」

「母から結婚を反対されて、やけになったことはないか」

「やけになるまでにはいかなかったですが、憂鬱にはなったと思います」

「智子ははっきり返事しなかったのか」

め犯行に及んだという検察の描いた構図には無理があった。

幸夫の証言からも、一方的な思いだったことは明白だ。智子の借金が障害になり、それを解決するた
「……」

「智子は被告人を嫌ったような態度をしなかったか」

「そうです」

出廷した同房者

古川署で嘘の自供を唆した高橋勘市が一九五六（昭和三十一）年十二月二十五日の第十四回公判で証言に立った。高橋は宮城刑務所で服役中だった。前科が多く法廷慣れしているせいか、検察官の質問に対する受け答えは淀みがなく、証言も具体的だった。

「証人は後ろにいる被告人斎藤幸夫を知っているか」

「知っています」

「いつごろ知ったのか」

「私は昭和三十年十二月一日から九日まで、横領、窃盗、暴行の容疑で古川警察署の留置場の第一監房に勾留されていました。その間の三日か四日の夜と記憶していますが、被告人が私のいた監房に入って来たのです。その後九日まで一緒にいました」

「入って来た晩の被告人の様子はどうだったか」

「その晩は何も話しませんでしたが、顔が青ざめていて心配している様子でした。そして寝てから深夜に二、三回うなされていました。私が翌朝被告人に、そのことを言うと、知らないと返事しました」

「深夜うなり声を聞いて証人はどう思ったか」

「気味が悪かったです。それで何か大きい事件を犯して来たなと感じたのです。というのは、私は殺人犯と未決で同房したことがありますが、彼らは皆寝てから何かにうなされていたからです」

「翌日ごろ、何か聞かなかったか」

「聞きました。被告人から「あんた、何して来たのか」と聞かれましたので、私の容疑を話して聞かせました。被告人は「自分は傷害事件で来た」と話しました」

「その他のことは聞かなかったか」

「被告人が来た翌日だったか、その翌日だったか忘れましたが、被告人が調べを受けて部屋に帰ってから「自分は松山事件の強盗殺人放火事件で来たのだ」と聞かされました」

「そのころ、証人は松山事件のことを知っていたか」

「全然知りませんでした」

「被告人が警察官に自白して来たというようなことを言ったことがないか」

「六日の日だったと思います。そのようなことを聞きました」

「その前に松山事件のことを聞いたのか」

「そうです。被告人は「俺も悪運が尽きたから白状するかな」と言っていたことも記憶しています。松山事件の内容を話したのは被告人が入って来た翌日の調べを終わって房に帰ってからで、夜だったと記憶しています」

「どんな風に話していたか」

「「事件の晩、小牛田駅前で酒を飲んでから午後九時ごろの列車に乗って十時何分かに鹿島台駅に帰った。それから瓦工場へ行って二時間くらい寝て休んだ。そして翌朝の午前四時ごろ、大村清兵衛という家へ忍び込んで、そこにあった棒で父母、男の子、女の子を四回くらいずつ殴って殺した」と話していました」

「被告人から着衣に付いた血を見ただけで、それが殺された人の血かどうか分かるだろうか、というようなことを聞かれたことがないか」

「あります。被告人が事件の内容を話した時だったと思います。被告人は「殺人してから帰る途中、岩を切って作った道路のところにある堀かあるいは池と言ったかもしれませんが、そこで着ていたズボンを洗ってから家へ帰り、物干竿にかけ、ぬか小屋にしまっておいたんだが、それでもズボンに付いていた血が誰のものか分かるだろうか」と聞いてきました。それで私は、「それは薬を使って調べれば分かるさ」と話しました。その翌日の夜だったと思います。被告人は取り調べが終わって帰って来た私に「やったと白状して来た」と言ってニコニコしていたのです」

「前日ごろの態度と変わっていたのか」

「違うように見受けました。白状してきたと言った後は、とても明るい顔に見えました」

「白状して来たと言ってから、被告人は新聞記者に写真を撮られたというようなことを言わなかったか」

「言いました。階段を上る時と下る時に写真を撮られたと言っていました」

「証人はその時のことを検察官に、被告人が「自分はやったが、写真が新聞に出ると家族に見られて困る」と言ったと述べなかったか」

「そういうことも言いました」

「被告人は公判廷で「高橋勘市から、やらないことでもやったと言うんだ。裁判所に行ってから本当のことを言えばよいのだ」と言われたと言っているがどうか」

「それは被告人の誤解だと思います。被告人が「悪運が尽きたから白状するかな」と言った時、私は被告人に、やったことはやったとして裁判官、検事、弁護士に正直に述べた方がよいというようなことは話してやりましたが、お尋ねのようなことは話しません」

弁護側も質問した。

「被告人は毎日調べを受けていたか」

「入った日から毎晩のように調べられていました」

「証人は被告人から「ひどく調べられたが、どうしたらいいだろうか」と聞かれ、「それならやらないことでもやったことにして、早く刑務所に行った方がよい。そうすれば散歩もできるし本も読める。そして裁判所の公判へ行ったら本当のことを言えばよいのだ」というようなことを教えたのではないか」

「さっき言いましたが、そのようなことは話しません。むしろ私は、本当のことを言って早く未決へ行った方がよいと教えてやりました」

裁判官が質問した。

「証人は被告人から「この罪はいくらくらいの刑になるだろうか」というようなことを聞かれたことはないか」

「あります。私は五、六年の刑で済むと教えたことがあります」

「それは被告人が自白して来たという前か」

「前だったと思います。被告人からは「刑務所の仕事はどうか」とも聞かれたので、私は「仕事は一般社会と同じで何でもある」と教えました。被告人は「それなら刑務所で運転手の免許を取るかな」と言ってました」

再び弁護側から質問があった。

「被告人がうなされていたのは毎晩か」

「毎晩のようでした。とても気味が悪くなり、被告人を起こしたこともあります。被告人は首を吊るまねをしたこともあります」

検察側も追加で質問した。

「被告人から刑期の話を聞かれたのは自白して来たと言った前か」

「そのことは二、三回話したことがありますが、「自白して来た」と言った前にも聞かれたことがあります」

高橋は、幸夫が「自供」した犯行状況をまるで諳んじているかのようにすらすらと証言してみせた。

増えた落書き

公判では、幸夫が古川署の留置中、房の板壁に付けた落書きも争点になった。前述したが、幸夫は古川署の留置場に入れられた後、板壁を爪で引っかいて「志田郡鹿島台町昭和三十年十二月三日入ル斉藤幸夫」と刻んだ。壁には他にも落書きが多くあり、ほんの軽い気持ちで書いたのだが、ここに足される形で「とも子さん　母様おゆるし下さへ」という文言が見つかったのである。検察は松山事件を起こした幸夫が、好意を寄せていた智子と母ヒデに向けて犯行を詫びるために書いたものであると主張したが、幸夫は「とも子さん」以下の部分は自分が書いたものではないと反論した。

裁判長の羽田実は一九五六（昭和三十一）年八月二十九日午後、幸夫が留置されていた古川署の留置場を検証した。この時の検証調書には、担当検事の大津丞と幸夫の主張が真っ向から対立していたことが記されている。

幸夫が留置された房は四室あるうちの第一監房で、広さは約二坪。出入り用の開き戸とのぞき窓があり、天井、壁、床は板張りで、ペンキで薄い樺色に塗装されていた。検証で幸夫は、「志田郡鹿島台町昭和三十年十二月三日入ル斉藤幸夫」の部分を指差し、読み上げて「私が書いたのはこれだけです。右親指の爪で書いたものですが、いつ書いたかは忘れました」「他にもたくさんの落書きがあったが、何と書いてあったかは忘れました」と述べた。実際、壁板の方々に鉛筆書きや彫り書きした落書きがあった。

これに対し大津は「とも子さん　母様おゆるし下さへ」の部分を指差して読み上げ、「この部分も被告人が書いたものだ」と主張。幸夫は「これは書いた覚えがない」と反論した。

検証では、壁に照明を当ててさらに詳しく調べた結果、「母様おゆるし下さへ」の下に「みよ子」、その隣に「早く　兄さんが悪かったのです」という文言も判読された。

裁判所はこの落書きについて、山形大学講師の有井癸巳雄と宮城県警鑑識課技師の佐々木信一に筆跡鑑定を依頼した。

有井は「「志田郡」云々と「とも子さん」は同一人の書であり、「母様おゆるし下さへ」以下のものは、やや類似するものと考える」と鑑定。佐々木は県警の技師でありながら有井より慎重で「潜在する個人的筆癖を追及するには相当の資料が必要で、対象資料は同一種類の記載用具を用いたもの、同一訓読の文字が多く記載されているもの、同一時期に同じような姿勢で記載されたものであることなどが条件として要求される」と指摘した。その上で「本資料の場合はその条件が極めて悪く、一部に類似点もあるが、それが偶然のものであるかどうかを確認することができない」「鑑定事項に示された筆跡の異同については資料条件の不足で結論は得られなかった」と、判定不能との見解を示した。

血痕の謎

幸夫が検察の冒頭陳述で信じられなかったのは、掛け布団に被害者と同一の血液型の血痕が付着していたとされた点だ。この血痕の真偽が、この後二十九年間にわたる公判の最大の争点となる。

問題の掛け布団を鑑定したのは東北大助教授だった三木敏行である。三木は一九五五（昭和三十）年十二月九日に古川署長からの嘱託で、幸夫のものとされた掛け布団一枚、敷布一枚、下駄二足の鑑定を依頼された。鑑定内容は具体的には①血痕付着の有無②付着している場合、人血か否か。人血の場合、その血液型③被害者の血液かどうか——などである。

三木は、嘱託を受けた十二月九日から翌年一月十五日まで鑑定を行い、いったん中断して残りの作業を五七年三月二日から三月二十三日まで行っている。実際に鑑定に要した日数は約二カ月だが、期間にすれば一年以上かかっている。検察が起訴するか否かを決定する際、鑑定途中の三木の「見立て」が引き金になったことは記したが、公判時にも、鑑定はまだ途中だったのである。

三木鑑定の概要は次の通りだ。

掛け布団については①襟当て部分には血痕が認められるが、襟当て部分以外には血痕の存在を立証できない②襟当てには人血が付着していると考えられる③血痕が一名に由来するなら血液型はA型。二名以上に由来するなら全員がA型か、もしくはA型とO型の人が混在したと考えられる④襟当てには微細な血痕が多数散在し、布団の表面側に三十五群、裏面側に五十群ある。右側が多く、中央部はあまりなく、表面より裏側に多い。不規則で、一定の配列は認められない⑤これらの血痕はいずれも少量の血痕をすり付けたり、押し当てたり軽く接触したりすることで生じたもので、血液が噴出、あるいは滴下して生じたのではないと推測されるが特定困難⑥被害者の血液型は大村清兵衛がO型、ヨネと二人の子どもはいずれもA型で、血痕は、清兵衛の血液だけが付着したものではなく、他の三名のうち一名あるいは二名、あるいは三名の血液が付着したか、四名全員の血液が付着した可能性がある⑦血痕付着後、検査時（五五年十二月十二日）までの経過期間は十数日ないし一年。

一方、敷布と下駄については、血痕の付着は立証できない、と結論付けた。

幸夫はもとより同居の家族を含め、鼻血やけがによる出血の痕である可能性も検討する必要があるはずだが、この点についての検討はない。それればかりか、五七年三月二十三日付の鑑定書なのに、この時点でまだ幸夫や家族の血液鑑定を終えていなかった。三木は鑑定書を書き上げた翌四月に証人として出廷し、鑑定内容などを証言した際、裁判長の羽田に幸夫や家族の血液鑑定について聞かれている。

「証人は昭和三十年十二月九日、古川署長から掛け布団の鑑定を嘱託されたか」

「はい。鑑定書を古川署長宛てに提出しています」

「そのころ被告人斎藤幸夫の血液型を鑑定したことがあるか」

「あります。これは掛け布団の鑑定より後であったと記憶しています。これについてはまだ鑑定書を提出していません」

「仙台地検古川支部検事の服部良一から被告人の家族の血液型について鑑定を嘱託されたことがあるか」

「あります。この嘱託を受けたのは掛け布団と被告人の血液の鑑定より後で、昭和三十年十二月末ごろでした。この鑑定についてもまだ鑑定書を提出していません」

三木鑑定は幸夫や家族の血液鑑定が終わらぬうちに、掛け布団の血痕を被害者の血液とみなして矛盾がないと結論を出したのだ。ちなみに、幸夫の血液型はB型。家族はB型かO型で、A型はいなかった。

一方、弁護人の石塚は三木鑑定に疑念を抱いていた。鑑定結果もさることながら、あまりにも長期の鑑定期間だったからだ。正味の所要日数は約二カ月だが、期間にすると一年を超える。地元の事件の法医鑑定を一手に引き受けていた東北大法医学教室でも、松山事件ほどの重大事件となれば、最優先で対応するはずで、時間がかかり過ぎていた。

さらに、八十五群の血痕の付着を指摘した鑑定内容が石塚には信用できなかった。押収時点の掛け布団の状態と鑑定結果がかけ離れていたからだ。

県警が掛け布団を押収したのは五五（昭和三十）年十二月八日。傷害容疑で別件逮捕された幸夫が松山事件を「自供」した二日後である。同日付の捜索差押調書によると、古川署巡査部長の佐藤健三が午後に幸夫宅に行き押収した。その際、兄常雄と祖母きさが立ち会った。常雄は押入れの中のどの布団が幸夫のものか分からなかったが、きさが押入れの下の段の一番上に積んであった布団を指差して「これです」と教えた。斎藤家ではふだん、子どもたちの布団の上げ下ろしはきさがしていた。

きさが指差した敷布団や敷布、掛け布団、枕がその場で広げられたが、常雄の記憶では、掛け布団の襟当てに、三木鑑定が指摘するような多数の血痕など存在しなかったというのである。この時、佐藤が常雄らに血痕を示して問い質すようなこともなかった。常雄の記憶は鮮明で、後のマスコミの取材に「襟当てには真ん中あたりにシミのようなものはあったと思うが、八十数群なんていうものは付いていなかった。それに、あんな上に置いてあれば、血が付いていればもっと前に分かるはずでしょう」と答えている。

警察側の記録にも、常雄の記憶に符合する写真がある。佐藤健三作成の捜索差押調書の添付写真である。そのうちの一枚は、広げた掛け布団の襟当ての一点に認められる染みをアップで写しており、その染みを円で囲み、そこから矢印を伸ばして「血痕」と手書きで記入してある。しかし、周辺にはこれ以外に染みは写っていない。

家宅捜索後の取り調べで、押収した掛け布団を幸夫に示し、確認させた形跡もない。検察は、冒頭陳述で掛け布団に被害者の血液型と一致する血痕が付着していたと指摘しておきながら、掛け布団を証拠提出したのは一年以上後だ。その間、弁護側は速やかな提出をたびたび申し入れたが、鑑定中との理由で聞き入れられなかった。公判で証拠が示されるまで、幸夫側は八十五群の血痕が付いた襟当てを一度も見せられなかったのだ。

石塚は、なかなか証拠提出しない検察側の対応を早い段階から不審に思っていた。石塚は幸夫らに「本当は血など付いていないから証拠にできないのだ」と話していた。

一方、起訴前の取り調べで幸夫が、「ヌラヌラとした」ほど大量の返り血を浴び、家に戻る途中の大沢堤で泥を混ぜて洗ったと「自供」したズボンやジャンパーから血液が検出されなかったのも不自然だった。着衣は、県警鑑識課の技師平塚静夫が鑑定した。五五年十二月九日、県警鑑識課の平塚のもとにズボン、ジャンパーのほかワイシャツ、シャツが運び込まれ、ベンチジンやルミノールなどで検査した。十二月二十二日付の鑑定書によると、ジャンパー、ワイシャツ、シャツに血液は付着しておらず、ズボンは表側の左下に粟粒大の斑痕が一カ所あったが、微量のため人血かどうか判明しないという結果だった。

県警も地検も、平塚の着衣鑑定に注目していた。平塚の着衣鑑定が続いている最中の十二月十五日、幸夫が母ヒデと亀井安兵衛に宛て、否認の手記を書き、十六日に亀井に手渡していたからだ。亀井宛ての手記では、ズボンとセーターに触れ、「係長さん、ズボン、セーターには血はついてありませんでしたでしょう。いやいくらかはついてあった事だろうと思いますが、その血は東京の金沢さん方で店員をしていた時の牛豚の血です」と訴えていた。幸夫が否認に転じる中、県警や地検は、平塚鑑定に期待していたが、結果は思惑と違った。

古畑鑑定

石塚は、裁判所に鑑定のやり直しを申請した。再鑑定の依頼先として希望したのは慶応大学法医学教室だった。この背景には法医学界の力関係があった。法医学界は、戦前から圧倒的な勢力を持つ東大法医学教室と、戦後、急速に実力を高めた慶応大法医学教室に大きく二分されていた。三木は東大法医学教室出身。法医学界で「天皇」と言われ、ABO式血液型遺伝などで世界的権威だった古畑種基の一番弟子だった。古畑は自身の後継者として三木に目をかけていた。実際、三木は東北大から母校に呼び戻され、古畑の二代後となる第五代東大法医学教室教授に就任している。

都内発生の事件の司法解剖では「下町の東大、山の手の慶応」と言われ、慶応大も急速に実績を伸ばし、法医学界で東大に対峙する勢力として存在感を高めつつあった。

一九四九（昭和二十四）年七月、国鉄総裁の下山定則が出勤途中に失踪し、東京・綾瀬の常磐線下り方面線路上で轢断《れきだん》遺体となって見つかった下山事件が起きた。その後続いた三鷹事件、松川事件と合わせ、国鉄三大ミステリー事件と言われる。下山総裁が自殺したのか、他殺だったのかが焦点となり、東大の古畑が死体轢断として他殺説を採ったのに対し、慶応大教授の中館久平は生体轢断として自殺説を主張し真っ向から対立、大論争に発展した。

石塚は、東大法医学教室の影響を受けない鑑定人のもとで再鑑定は行われるべきであり、当時の法医学界の状況下でそれが可能なのは慶応大しかないと考えた。しかし、石塚の期待と裏腹に、裁判所が鑑定人に選んだのは、三木の師である古畑種基だった。当時、古畑は東大教授を退官し、東京医科歯科大学教授に転出していたが、法医学界における権威と知名度は依然圧倒的だった。石塚の希望は裁判所に届かなかった。

五七年六月、松山事件の陪席判事だった仙台地裁古川支部の萩原金美は、書記官とともに問題の襟当て付き掛け布団を携えて、東京・湯島の東京医科歯科大法医学教室の古畑を訪問、鑑定の可否を尋ねた。萩原は、神奈川大学教授に転進した後、マスコミの取材にこの時の古畑とのやり取りを明かしている。

「こんな小さな血痕で鑑定できるのでしょうか」と尋ねる萩原に、古畑は「私ならできる。私にしかできないでしょう」と言い切った。その返事に萩原は「日本一の先生だし、これで大丈夫と思った」という。

古畑の作成した五七年七月十七日付の鑑定書は、石塚が懸念した通り、一番弟子である三木の鑑定を全面的に追認する内容だった。

鑑定書の結論部分にはこうある。①掛け布団の主として襟当ての部分に限り血液が付いている②それは人血である③それは一名に由来するとすれば血液型はA型、二名以上に由来するのであればA型、あるいはO型などの血液が混じっていることも考えられる④血液が付いてから、少なくとも数カ月から一年以上経っていると推定されるが、どのような状況で付いたものか明らかにすることはできない。

さらに古畑は血痕の付着状況に関して、結論の前段部分で踏み込んだ推論を提示した。「一般に小さな多数の血痕は飛散する血液の量、速度、角度などにより、かなり規則正しく付いているものであり、ある程度まで当時の状況を推測することができるのであるが、この場合はあまりにも不規則で、しかもほとんど襟当ての部分にだけ付いているところから、具体的にどのような状況で付いたものかを明らかにすることは極めて難しい」と断った上で、「強いて説明すると、血液がある物体、例えば人の頭髪などに付き、それが二次的に触れたためできたものとも考えられる」と、三木鑑定を越えて、具体的に推理していた。

後に多くの重大冤罪事件で、古畑の誤鑑定がたびたび問題になる。そのことは、あらためて触れるが、少なくともこの時点では、世界的権威の古畑による再鑑定で三木鑑定は強力に補強され、裁判所に決定的な判断根拠を与える結果となった。古畑から届いた鑑定書を読み、萩原は「これで疑いなく有罪を言い渡せると思い、ほっとした」と明かしている。

証言との食い違い

家宅捜索で掛け布団を押収した古川署の佐藤健三が、一九五七（昭和三十二）年九月七日の第二十三回公判に証人として出廷した。

弁護人の石塚は、掛け布団押収時の状況を聞いた。

「掛け布団は、被告人方のどこにあったのか」

「押入れの中に入れてありました」

「押入れの中にたたんであったのか」

「そうです」

「敷布はどうか」

「敷布も押入れの中にたたんでありました」

「掛け布団に血痕が付着しているということで押収したのか」

「そうです」

「血痕の付着している部分は掛け布団のどの辺であったか」

「襟当てに付着しておりました」

「何カ所付着していたか」

「何カ所であったか忘れましたが、相当カ所付着しておりました」

「そのとき誰かに写真を撮らせなかったか」

「撮らせました。写真を撮ったのは当時県警本部鑑識課に勤務していた菅原警部補です」

「敷布には血痕は付着していなかったか」

「忘れました。押収した際に捜索差押調書を作成しております」

「捜索差押調書に添付されてある写真によると、血痕は一カ所しか付着していないようになっているが、血痕が付着していたのは一カ所ではなかったか」

「違います。写真を実物大に写した場合であればよく分かりますが、実物より何分の一、あるいは何十分の一と小さく写りますし、それに、焦点をある一点に合わせる関係から他の部分がぼやけて写らない場合があります」

「しかし、血痕は一カ所しかないようになっているがどうか」

「写真では分からないような血痕があまたあったことは事実です。この写真は一番大きい血痕に焦点を合わせて撮ったものと思います」

「菅原警部補がその場で撮った写真か」

「そうです」

「その時、布団だけ捜して枕は捜さなかったのか」

「記憶にありません。捜索差押調書を見れば分かると思います」

「調書には枕は載っていないがどうか」

「忘れました」

「掛け布団と敷布を押収してどこに持って来たか」

「古川署でなかったかと思います」

「古川署のどこへ持って来たのか」

「私がその布団と一緒に来たように思いますが、どこに置いたかは記憶にありません」

「その後、掛け布団を三木敏行に渡したのか」

「私は上司の命令を受けて証拠品を差し押さえて持って来ただけです。その後のことについては分かりません」

「もう一度尋ねるが、掛け布団を調べてから枕を捜した記憶はないのか」

「記憶ありません」

検察側も質問した。

「掛け布団を押収して来る時、被告人が使用していたものであるかどうか確かめたのか」

「確かめました」

「どういう方法で確かめたのか」

「家族に捜索差押許可状を示した後に斎藤幸夫が使用していた布団はどれかと尋ねたら、幸夫のお婆さんがこれだと示してくれたので、それを押収しました」

石塚は、捜査当局による血痕の捏造を疑っていた。

幸夫の「自供」によると、犯行後帰宅する途中、大沢堤でズボンとジャンパーは泥を混ぜ込み洗ったが、髪までは洗っていない。帰宅後もそのまま布団に潜り込んでいる。そして、その「自供」を裏付ける証拠として、幸夫が使用していた掛け布団の襟当て部分に被害者と同じ血液型の血痕が付着していたとされた。

しかし、そうであれば、掛け布団の襟当てだけでなく、敷布や枕にも血痕がなければおかしいが、三木鑑定では敷布からは血液は検出されず、枕は押収された形跡がなかった。

弟の掛け布団

そもそも、この掛け布団が幸夫のものだったかどうかも怪しい。一九五五（昭和三十）年十二月八日、古川署の佐藤と県警本部鑑識課の菅原が家宅捜索して掛け布団などを押収したが、幸夫の弟の四男が、夜になって自分の布団がなくなっているのに気付いた。長身の四男の布団は丈が長いので、広げてみれば一目で分かった。佐藤らが押収した布団は幸夫のものではなく、四男のものだった可能性が高い。

母ヒデも生前、私たちの取材に「法廷で掛け布団を見たときすぐ分かった。あれは間違いなく弟の布団だった。幸夫のものではない。布団を作った私自身が一番よく知っている」と話していた。

四男は一九五七（昭和三十二）年六月十一日の第二十回公判に証人として出廷。弁護人の問いに、このときの経緯を詳しく証言している。

「昭和三十年十二月八日、被告人の犯罪事件の証拠品として、証人方から掛け布団、敷布などが持って行かれたことがあるか」

「警察の方が来て持って行きました」

「その時、証人は家にいたか」

「朝でしたから、私の他、家族が皆おりました」

「その時持って行かれた布団は誰のものか」

「持って行かれた掛け布団、敷布は私のものでした」

「だれが渡してやったのか」

「私は立ち会わなかったので分かりません」

「その布団はそのころ証人が使っていたものか」

「はい」

「そのころは証人が使っていたものでも、その前に被告人が使っていたことがあったのではないか」

「家では、他人の布団を使いませんから、そういうことはありません」

「そのころ、被告人の布団が別にあったか」

「ありました」

「兄幸夫が東京へ行ったりして不在の時などは同人の布団を誰か使うのではないか」

「誰も使いません」

「証人は鼻血を流すくせがあるというが、どうか」

「はい。時々流します」

「掛け布団を持って行かれたころも流していたか」

「流していました。そして、布団に自分の鼻血がついていることも知っていますし、洗濯しても鼻血の跡が残っていたことも知っています」

検察官と裁判官も質問した。

「証人方では弟は兄より良い布団を使っているのか」

「私は兄より背が高いので良い布団を使っていました」

「その布団は被告人が昭和三十年十月下旬ごろ東京に行くまで使っていて、その後証人が使っていたのではないか」

「違います」

「昭和三十年十二月八日に押収された布団は証人がずっと使っていたものか」

「そうです」

「その布団は証人の家で作ったのか」

「そうです」

「作って使い始めてからずっと証人が使っていたのか」

「そうです。私以外は使っていません」

「すると、その布団に血が付いていたとすれば、それは証人以外の人の血ではないということになるね」

「それは間違いなく私の血です。私以外の人の血は付いていないはずです」

四男は十二月八日の家宅捜索後、「自分の布団がない」と申し出ていた。検察は十二月十六日に四男を古川支部に呼び事情聴取し、翌十七日には家族に別の掛け布団二枚を任意提出させたが、この二枚はその日のうちに返還された。

四男の証言は、幸夫と犯行を直接結び付ける唯一の物証の証拠価値を根本から揺るがす内容だった。八日の家宅捜索の時間も、午後としていた古川署の佐藤健三作成の捜索差押調書と食い違っていた。再審請求審以降、弁護側が血痕捏造説の主張を強める中で、掛け布団の押収後の移動が重大な問題になる。十七日に別の掛け布団二枚が任意提出された時点で、八日押収の掛け布団の鑑定が東北大の三木のもとで始まっており、唯一の物証の証拠価値を是が非でも維持しなければならない検察としては、任意提出の二枚はそのまま返すしかなかったとの見方も成り立つ。

アリバイ

大村ヨネが材木を買いに来た際、幸夫が家にいたと証言した二軒隣のむつ子が、証言を覆した。一九五六（昭和三十一）年七月十日の第六回公判でのむつ子の証言は、前年十二月の最初の証言を事実上撤回する内容だった。

「火事のあった何日か前に、大村清兵衛の妻が被告人の家に来たことを覚えていないか」

「来たのは見ていませんが、材料をリヤカーに積んで行くのを見ました」

「どこで見たのか」

「私が家の前で洗濯物をかけていたとき見たのです。奥さんが材木をリヤカーに積んで、十二、三歳と、七、八歳くらいの子どもがリヤカーの後を押して行きました」

「そのリヤカーはどっちの方向へ行ったか」

「被告人の家から瓦工場の方に行きました」

「リヤカーが通ったのを見たのは何時ごろだったか」

「午前中でしたが、何時ごろか忘れました」

「検察官には午前十時から十一時ごろであると述べているがどうか」

「そのころと思います」

「そのころ、被告人の家に誰かいたようか」

「だいぶ前のことですから忘れてしまいました」

「誰かいたようでなかったか」

「………」

「証人が洗濯物を干している位置から被告人宅が見えないか」

「見えません」

「検察官には「そのとき被告人が向こうの家にいるのを見た」と述べているようだがどうか」

「覚えがありません」

「証人が洗濯物を干している時、リヤカーを引いて行く女を見たというのか」

「そうです」

「そこから被告人の家が見えるのか」

「見えません」

「その材料は被告人方から買って行ったと思うのか」

「材料を積んで行ったので斎藤さんの家からでも買って行くのだろうと思っただけです」

「買うところを見たのか」

「見ません」

「もし、証人が検察官に「その材料は斎藤の家から買って行った」というように述べたとすれば、それは間違って述べたことか」

「そうです」

一方、大村ヨネが材木購入のため幸夫宅を訪ねた際、幸夫が出掛けていた先だった上部が五七年九月七日の第二十三回公判に証人として出廷した。上部の記憶はあいまいだった。

「大村清兵衛方に火事があった二日ばかり前、被告人が証人の家に行かなかったか」

「日にちは分かりませんが、その当時幸夫さんは私の家に来て遊んでおりました」

「毎日のように来ていたのか」

「毎日のように来ておりました」

「被告人が証人方に来るときは何時ごろに来るのか」

「いつも午前中に来ます」

「午前の何時ごろか」

「大体十時ごろと思いますが、はっきり分かりません」

「九時ごろ来るようなことはあったのか」

「九時ごろから十一時ごろまでの間に来ておりました。はっきりとしたことは忘れてしまいました」

この日は上部の証人尋問に続いて被告人質問があった。上部の判然としない記憶に対し、幸夫は自分の行動を覚えていた。

「いま上部の証言を聞いていたね」

「はい。前の晩遅くに家に帰って来たので、日曜日は起きて朝飯を食べたのが午前八時ごろでした。朝飯を食べてからすぐ上部のところに遊びに行きました。彼は縁側で仕事をしており、私が行くと「幸夫さんのところで稲上げをやっている」と言うので私は家の人に見付けられてはうまくないと思い、上部の家に上がって本を借りて読んでいたのです。間もなく上部が近所の雑貨店に買い物に行って帰って来て、「幸夫さんの家では稲上げをやめて製材をやっている」と言われました。午後から一緒に映画を見に行きました」

「お婆さんは「稲上げは、家内総出でやりましたが、私は留守番をしておりました。幸夫が稲上げを手伝わずに、家でブラブラしておりましたので、お昼近く、今日は稲上げだから手伝うんだぞ、と言ったのを記憶しております」と述べているがどうか」

「そういうことはありません。私はその日午前八時半ごろ、上部の家に行ったのですから。なにぶんお婆さんは年寄りですから」

しかし、幸夫は取り調べ段階で、大村ヨネ来店時には上部宅に出掛けて不在だったことに言及しておらず、供述調書では、自宅で寝転んでいたことになっていた。法廷でこの点を質問され、上部の家に行ったことを取り調べで話したか聞かれた。幸夫は「聞かれないので言いません」と答えている。

結審

松山事件の第一審は、一九五七（昭和三十二）年十月九日、第二十五回公判で検察の論告求刑、弁護人の最終弁論、被告斎藤幸夫の最終陳述があり、結審した。

検察側は、まず自白の信用性を論じた。

事件当夜の行動について、幸夫は当初、小牛田町から列車で帰り母の家に泊まったとしていたのが、行きつけの居酒屋に寄ったと供述を変えた。その後の取り調べでも友人の家に泊まったとしたり、小牛田駅から列車に乗ったところまでは記憶しているが、その後のことは覚えておらず、気がつくと翌朝六時ごろ自宅の炉端に座っていたとしたり変化している。「結局アリバイの主張が成立しないので真相を供述するに至ったもので、被告人の主張するような脅迫誘導があったとは認められない」とし、「もし脅迫の結果やむを得ず虚偽の事実を述べざるを得なかったとするには、自白の時期があまりにも早過ぎる」と主張した。

同房だった高橋勘市による唆しについては、「同人（高橋）には警察に対して自白するよりも早く、自己の犯行なることを話している事実も認められる」と否定。大村清兵衛宅に向かう道中の行動、犯行後の帰宅経路、大村清兵衛の家の中の状況などは「経験者でなければ供述し得ないものである」として、警察による誘導を認めなかった。幸夫が取り調べで、記憶していた地元紙の河北新報の記事をなぞったことも「事件に関係のない者が新聞記事を詳細に記憶していること自体奇妙である」と決めつけた。

動機の関連では、幸夫宅の二軒隣のむつ子が、幸夫宅に大村ヨネが材木を購入しに来た際、幸夫が在宅していたのを見たと捜査段階で証言しておきながら、公判で「覚えがない」と証言を翻《ひるがえ》した点について、近所のため「相当の圧迫があった」ためだとし、捜査段階での証言の方が「真相であると認められる」と主張した。

唯一の物証の掛け布団をめぐり、押収された布団が、幸夫のものでなく自分のものであるとした四男の証言は「明らかに虚言」と取り合わなかった。また、古川署の房内の落書きのうち、「とも子さん母様おゆるし下さへ」の部分については、幸夫が書いたことを認めている住所、日付、氏名の筆跡と似ているとした山形大の有井癸巳雄の鑑定だけを取り上げて「母と恋人に対する謝罪の気持ちを板上に記載した」とした。

事件当夜、幸夫は帰宅して寝ていた、とした兄常雄の証言は「後で頭の中で考えて作り上げられた供述」と否定した。

そして最後に「被告人はわずかの金欲しさのために尊い四人の生命を奪ったのみならず、証拠隠滅のために放火し、改悛の情も認められない本件においては何ら情状酌量の余地なきものである」と述べ、「被告人に対しては、相当法条適用して法に定められた最高の刑を科するのが相当と思料する」と締めくくった。法で定められた最高の刑とは死刑である。

これに対し、最終弁論で弁護人の石塚は、幸夫には動機がないこと、大村ヨネの来店時、幸夫は在宅しておらず大村家を狙う端緒がないこと、事件当夜は家で寝ていたこと、一連の自白はすべていいかげんな当てずっぽうで信用できないことを主張。掛け布団襟当てに多数の血痕が付着していながら枕には血痕がなかったのは不合理で、捜査官の作為によって血液が付着した疑いがあるとして、「裁判所は、慎重に調査の上、疑わしきは罰せずの原則に従って、本件を証拠不十分として被告人に対しては無罪の言い渡しをなすべきである」と訴えた。

最終弁論の後、幸夫自身が最終陳述に立った。幸夫は「私が無実であるという真実を裁判官の皆様が見つけて下さることを信じています」とだけ述べた。事件発生から約二年。二十五回にわたった第一審の審理が終了した。

死刑判決

一九五七（昭和三十二）年十月二十九日、判決公判が開かれた。家族は幸夫の無罪を確信し、幸夫の久しぶりの帰宅を心待ちにしていた。

母ヒデは早朝から祝いの赤飯を支度し、無実の身となって帰って来る時のために新調した背広の包みを抱えて、家族揃って家を出た。姉のタミ子も、幼い子ども三人を連れて嫁ぎ先の岩手県釜石市から出てきた。

法廷は傍聴人で埋まった。ヒデたちは傍聴席の前列に座り開廷を待った。しばらくすると、手錠をされた幸夫が刑務官に連行されて現れ、間もなく、裁判長の羽田実、陪席の池羽正明、萩原金美の三人の裁判官が入り、開廷した。

羽田は通常、冒頭に言い渡すはずの主文でなく、罪となるべき事実から読み始めた。内容は、検察の起訴状や冒頭陳述を引き写しただけで、重大な争点だったはずの掛け布団襟当ての血痕の真偽を含め、弁護側の主張はことごとく排除されていた。続く証拠の読み上げでも、大部分を警察、検察の供述調書が占め、家族の法廷証言は採用されていなかった。結審からわずか二十日後に期日指定された判決公判。これだけの重大裁判で、膨大な記録を検討しながら正しい判決を書こうとするには、あまりにも時間が短かった。

羽田が最後に主文を言い渡した。

「被告人を死刑に処する」

閉廷を告げ、早々に退廷していく羽田らの背中に向かい傍聴席から四男が絶叫した。

「裁判長の人殺し」

次女も「幸夫兄さん、幸夫兄さん」と必死に叫んだ。

主文が言い渡された瞬間、虎治は青ざめ、ヒデは全身の血が逆流するような感覚に襲われて気絶しそうになった。涙が噴き出し、顔を両手で覆った。子どもをあやすため廷外に出ていた姉タミ子にも、絶叫する家族の声が聞こえた。「まさか、死刑だったのか。まさか……」。子どもを抱いて呆然と立ち尽くしていると、法廷から出てきた傍聴人の言葉が耳に突き刺さった。

「ふてぶてしい男だよ。自分がやったくせに、判決を聞いてもにやにやして」

幸夫は判決を不服として直ちに控訴した。幸夫にとっても、家族にとっても、この日が裁判所との長い戦いの始まりだった。困難な第一審の弁護を引き受けた老弁護士石塚与八郎は判決後一カ月もせず、急逝した。

第六章　死刑確定

裁判長の交代

石塚与八郎が急逝して、母ヒデは新たに弁護士を探さなければならなかった。生まれて初めて裁判を経験し司法の壁の厚さを思い知らされ、幸夫を救い出すためには、実力派の弁護士に依頼しなくてはならないと分かった。面会で通ううち顔見知りになった古川拘置支所の看守部長は「並の弁護士では無理だ」と耳打ちしてくれた。

看守部長は、国鉄三大事件のひとつ、松川事件の裁判に被告の看守として立ち会った経験があり、同事件の弁護で活躍していた革新系の弁護士を教えてくれた。看守部長の助言に、ヒデもそうしようと考え、弁護費用捻出のため水田を売って五万円を用意したが、最終的には知人の勧めで、検察官出身の仙台市の南出一雄に依頼した。控訴して、幸夫は仙台高裁のある仙台市内の仙台拘置支所に移された。仙台拘置支所は刑場のある宮城刑務所の敷地にある。

控訴審の仙台高裁の裁判長は籠倉正治だった。籠倉は、幸夫やヒデたち家族に思いやりある態度で接した。一審判決に寄りかからず、先入観を排して自分自身の手で事件を一から調べ直そうとした。

籠倉の人間性がうかがえるエピソードがある。実地検証での出来事だ。現場周辺を連れ回される幸夫の後をヒデも付いて回ったが、途中、ヒデを気遣い、近所の農家からゴザを借りてきて広げ、「ここで少し休みなさい」といたわった。さらに事件現場周辺の検証を終え幸夫宅に立ち寄った際、玄関脇の車両にいた幸夫の手錠を外させて「自分の家だ。さ、入れ」と、家に入れた。座敷に上がった幸夫に、籠倉は「先祖に手を合わせなさい」と促したが、幸夫は「いや、合わせません。裁判長さん、私は無実です。無罪判決をいただいてから先祖に報告します」と拒んだ。籠倉は「ああそうか、それもそうだろうな」と理解を示した。

座敷では兄常雄に対する証人調べが行われた。常雄は当時、東京に住んでいて、この日のために帰省していた。調べが終わり、籠倉が「日当を払いますから一筆書いてください」と書類に署名を求めた。常雄が「いいえ、いりません。家のことですから。日当はいただきません」と断ると、籠倉は「そうですか。では、無罪になれば、今日の分も（刑事補償金に）入れてお払いしましょう」と踏み込んだ言葉で応じた。

籠倉の温情ある態度に、幸夫や家族は逆転無罪判決への期待を膨らませたが、その後ほどなくして裁判長が交代してしまった。幸夫らにとって残念な出来事だった。ヒデは「一番印象に残っている裁判官は籠倉裁判長。あのまま、あの人だったらな。私、いまだに忘れられないね。まんず、あの裁判官は印象に残ってるんでがす」と籠倉を懐かしんだ。

裁判長が門田実に交代したのを受け、幸夫は一九五八（昭和三十三）年十二月二十五日付で門田に宛て上申書を提出した。家出して東京暮らしを始めた時期までさかのぼり、興味本位でヒロポンを打ったことなどまで包み隠さず打ち明け、「何卒公正な御裁判を給わりますよう厳にお願い申し上げる次第でございます」と、無実を訴えた。

一九五九（昭和三十四）年三月二十四日の控訴審第三回公判では、幸夫の取り調べに当たった佐藤好一、亀井安兵衛、千葉彰男の三人があらためて証人として呼ばれた。

三人とも、取調室で幸夫に自白を強要したことについて、一切知らぬふりを貫いた。弁護人の南出一雄は、捜査を指揮した佐藤への尋問に重点を置いた。

高橋勘市を同房させたことについて、佐藤は「私の経験からすると、重罪犯人を独房にしていると事故があるため、必ず相棒も入れるものです。その時も多分そういうことから相棒を入れたのではないかと思います」と述べた。

「素直に自白したか」との質問には「素直ではないが、そう無理しなくてもよかったと記憶しています」と答えた。

秘密の暴露や自白の変遷についても、南出は細かく確認した。

「被告人の自白で初めて発見した事実はあるか」

「記憶にあるのは、犯行現場へ行く途中に瓦焼き小屋があって、その釜の入り口付近にわらが積まれてあったので、そこで時間を潰したということ。県道を登って民家の脇の近道を行きも帰りも通ったということ。被害者宅の炉に自在鉤《かぎ》があったこと。発火した燃料について本人が後で物置小屋内の杉葉と小屋入り口付近にあった木屑で燃焼したと言い出したこと。これらのことが被告人の自供で初めて分かりました」

「自供当時、供述したことを後で訂正した部分があったか」

「変わったのは鉞《まさかり》のあった場所です。言った順序は今はっきりしませんが、竈の裏にあったとか、入ってすぐのところの左の壁にあったとか、それから風呂場前にあったとか言ったと記憶します」

「それは自供の後、現場を見せ、それから変わったのか」

「その点は分かりませんが、現場を見せた後、変わったかもしれません」

「竈の後ろにあったと述べたが、現場を見たら間取りや土間その他の位置状況から変わったのではないか」

「初めから変えていたのです」

「着衣を沼で洗ったと供述しているが、それを干した場所を変えたことはないか」

「記憶にありません」

「被告人が自供した時、被害者方の間取りや各自寝ていた状況などを証人の方で教えたか」

「教えません」

「当時の新聞に被害者の寝ている図面が出ていたのではないか」

「出ていたかもしれません」

裁判長も質問した。

「被告人の自供中「犯行後ジャンパーやズボンを大沢堤で洗い、そのズボンをはいているとき船越の方からトラックが来る音がして、見付けられてはと思って隠れた」とあるが、この自供前にトラックが通ったことの有無を調べたか」

「被告人の自供によって調べたところ、初めてトラックが通った事実が分かりました」

「運転手や助手の各供述調書の日付は被告人の自供後だが、実際、自白後に調べたのか。つまり、調べた日の日付を調書に記載したのか」

「そうです」

「自白前に運転手や助手を調べたのではないか」

「前には調べません。自供によって判明したように覚えています」

「被害者清兵衛、妻、子ども二人の寝ていた順序は被告人の自供通り書いたのか。それとも証人の方で「こんな順序でなかったか」と聞いたのか」

「調書は亀井警部が作成したのですが、私も立ち会っていました。しかし供述通り作成したと思います」

南出は、大沢堤でトラックの音がしたので林に逃げたという「自供」にこだわった。

「トラックが通行したのは自供で分かったのか、聞き込みで分かったのか」

「それは今、分かりません。聞き込みで有力な情報が入るとすれば、必ず調書を取るはずですので聞き込みではないと思います」

「有力な情報だと思わなかったのではないか」

「朝早く通ったとすれば重要とみるはずです」

最後に幸夫も質問に加わった。

「あなたは私を突いたり、押したりしたことがないと言うが、私の顔を「やったろ、やったろ」と言って手で突いたり、押したりしたではないか」

「しません」

「間取りをあなたの方でこんなふうになっていたと紙に書いて示したではないか」

「そういうことはありません」

「トラックが来たことを話すとき、あなたは初め馬車か車が来なかったかというふうに聞いたではないか」

「帰る途中や行く途中、誰かと会ったことがないかと聞いたが、亀井警部が聞いたもので、それも馬車とか車とか特定した聞き方はしていません」

さらに南出が質問を引き取り「特定して聞かないにしても、トラックが通ったという答えが出るまで聞いたのではないか」と尋ねると、佐藤は「トラックが通ったことは前に知らなかったから、そういう問い方はしません。もし知っていたら、あるいは聞いたかもしれませんが」と認めなかった。

実際はそうではない。白菜の出荷に向かう途中だったトラックの男性らが、新田方面で火災が起きているのに気付き、停車してクラクションを鳴らして付近の家々に知らせた。トラックが事件当夜、大沢堤を通過した事実は、幸夫の「自供」で発覚したわけではなく、警察は捜査段階で毎日定刻にトラックが大沢堤を通行するとの情報を得て、男性らに幸夫の逮捕前から繰り返し事情を聞いていた。

幸夫は五九年一月二十二日にあった第二回公判で「馬車か車に遭わなかったか聞かれ、そんなこと知らないと言ったら、時間的に何かに遭っていないとおかしいと言うので馬車に遭ったと言ったら違うと言われ、それはどっちから来たかと聞くので鹿島台の方からだと答えたら、馬車でもないし鹿島台の方からでもないと言われたので反対を言えばよいと思って船越の方からトラックが来たと言ったのです」と述べ、「遭わなければおかしいと言っていた警察は初めから知っていたと思います」と訴えていた。

トラックの助手席にいた男性は後に警察の嘘を暴露し、幸夫の主張が正しかったことを明らかにするが、それは死刑判決が確定後のことである。

亀井安兵衛の答弁も佐藤と同じ調子だった。

「凶器の鉞《まさかり》があった場所だが、最初被告人はくどのところにあったと話したか」。くどというのは、竈のことである。

「はい。くどの後ろと言っていました。第一回実況見分のとき、実は風呂の前の方にあったと言い換えました」

「所在が変わったのはどうしてか」

「被告人の心境は分かりません」

「証人が被告人に図を書いて説明したとき、佐藤警部がそれを止めた事実があったか」

「ありません。被告人の供述でも、入るとすぐ、くどがあったということでした」

幸夫も質問をぶつけた。

「あなたは図面を書いて指摘しませんでしたか」

「指摘しませんし、図面なども書きません」

千葉彰男への尋問では取り調べの状況が確認された。幸夫が聞いた。

「私を亀井、佐藤と三人でさんざん責めたではないか。私は「斎藤、やったろ。やったらやったと言え」と肩を押された」

「そういう記憶はありません」

南出は「自供」の録音についても聞いた。

「被告人の自供を録音しているが、重要なときにところどころで中断している。その間に自供を強要したのではないかという疑いを持たれるが、当時の録音状況を知っているか」

「知りません」

門田も「録音のとき、証人も立ち会ったか」と念を押したが、千葉は「立ち会いません」と認めなかった。幸夫がたまらず「立ち会っていたではないか」と割って入ったが、千葉は「立ち会いません」と言い通した。

兄の証言

第三回公判には、幸夫宅の二軒隣のむつ子が再び証人として呼ばれた。むつ子は、捜査段階で、大村清兵衛の妻ヨネが幸夫宅に材木を購入しに来た際、幸夫が在宅したと証言しながら、一審で「被告人方は見えない。覚えがない」と目撃証言を覆《くつがえ》した。しかし、この日の公判では再び証言を翻《ひるがえ》したのだ。

「大村ヨネがリヤカーに材木を積んで引っ張って行くのを見た日、被告人が家にいたのを見ているか」

「その日幸夫さんが家にいたことは記憶しています」

「家にいたのを見たのか」

「今では思い出せませんが、前に調べられた当時、嘘は申しておりません」

「証人の家からは塀があるため、斎藤の家は見えないではないか」

「窓を開けると見えました」

「物干し場からは見えないか」

「はい、物干し場からは見えません」

「窓から斎藤宅の座敷の中が見えたのか」

「座敷の奥までは見えませんが中ごろまでは見えました」

検察官が重ねて幸夫が在宅したのを見たのか聞いた。

「はい。ふだん幸夫さんは家の中にいるので、その日もいたような気がするので、いたようだと話したわけです」

むつ子の話は結局、推測の域を出なかった。

この日は幸夫の長兄常雄の証人尋問も行われた。南出の問いに対し、常雄は事件当夜、幸夫が帰宅して就寝していたことをあらためて証言した。

「証人の記憶では事件のあった晩、弟の幸夫は家にいたか、いなかったか」

「十八日の朝四時ごろは家にいました」

「前の晩は何時ごろ家に帰って来たか分からないか」

「時刻は分かりませんが、前の晩ガタンと戸を開けた音がしたので「幸夫か」と声を掛けましたが、返事をしないで寝たようでした」

「そのとき、幸夫は玄関から入ってきたのか」

「私は寝ていましたからはっきりしたことは分かりませんが、入り口の戸を開ける音がしました」

「証人が気付いたのは、ガラス戸を開けた音がしたからか」

「はい、そうです」

「それで証人は「幸夫か」と声をかけたのか」

「はい、そうです」

「しかし、返事はなかったのか」

「はい」

「その一日か二日前、大村ヨネが証人宅に材木を買いに来た時相手をしたのは証人か」

「はい、そうです」

「どこで話をしたのか」

「玄関を入った勝手のところです」

「そのとき、幸夫がどこかにいたのは気付かなかったか」

「幸夫はその時いませんでした。というのは、その日は日曜日で妻や弟二人と田に稲上げに行っていて、九時ごろでしたか、客が来ているというので帰宅したら大村さんが来ていたのです。十六尺の四寸ものを譲ってくれと言われ材木を見ましたが、製材した品がなかったので、当時道路に置いていた材木を一本運んできて、私と弟二人で製材しました。幸夫はいませんでした」

「幸夫が帰って来た時刻は十七日の夜十二時前後になるのか」

「そのころと思います。時刻は時計を見ませんから分かりませんが、その晩私たちが寝たのは八時半ごろで、それから一眠りした時でした」

「幸夫は帰って来てからどうしたか」

「奥の間に入って寝ていました」

「証人はそれを確認したか」

「はい。私が便所に行った時、障子の隙間から見ました」

「証人が便所に起きたというのは半鐘が鳴ってからか」

「はい」

「障子の隙間から座敷の中が見えたか」

「はい。部屋は薄明るいので見えます」

裁判長も聞いた。

「幸夫の帰って来た時刻が十二時前後だったというのは証人の想像か」

「一眠りした時なので十二時ごろではないかと思います」

「証人が火事だと言って起きた時だが、誰も起きて来ないので家に入って幸夫の部屋をのぞいてみたら幸夫は寝ていたのか」

「はい、そうです」

「他の者もその時起きたのではないか」

「私の女房は起きました」

「女房は朝早く起きるのか」

「はい。当時は四時半ごろ起きていたと思います」

「奥さんは「私が起きたら帰ってきたんだ」と言っていなかったか」

「言いません」

「大村ヨネが材木を買いに来た当時、幸夫は家にいたのではないか」

「いませんでした」

「証人らが田に行くときは幸夫は寝ていたのか」

「はい」

「そして証人が田から帰って来たときには幸夫はいなかったのか」

「はい。障子を開けっ放しにしていましたし、家の中が見えました」

「その時幸夫は寝ていたのではないか」

「いいえ、違います」

「お婆さんは寝ていたと言っているが、お婆さんからそれを聞いていないか」

「お婆さんは私たちが田んぼに行ってから三十分くらいたって幸夫が出て行ったと言っていました」

「事件当夜、障子の隙間からのぞいて見た時いなかったのではないか」

「いいえ、おりました」

「しかし顔を見たわけではなく、布団がこんもり盛り上がっていたというのだろう」

「はい、そうです」

「各人の布団は決まっているのか」

「はい、決まっています」

「今日は兄貴がいないからといって弟がその布団を使って寝ることはないか」

「ありません」

「皆が掛けるだけの布団があるか」

「はい。あります」

控訴棄却

控訴審の公判はわずか四回で結審となり、重大な争点に浮上した、唯一の物証である掛け布団襟当ての血痕についても再検討されなかった。

一九五九（昭和三十四）年五月二十六日、控訴審の判決公判が開かれた。幸夫は出廷までの時間、房内の私物をきれいに片づけた。無罪が言い渡され、晴れて出所できると思っていたからだ。法廷は傍聴人で満員だった。二人の陪席判事を伴って入廷した裁判長の門田実は、すぐに開廷を告げ、判決の言い渡しに移った。期待で胸が一杯になった幸夫に、門田があっさり宣告した。

「主文。本件控訴を棄却する」

その瞬間、幸夫が叫んだ。

「裁判長、それが公正な裁判か。真犯人がいるんだ！　無実を訴えている私の顔をよく見てくれ！」

すると門田が事務的に言った。

「退廷を命じます」

手錠をはめようとする看守たちに幸夫が抵抗すると、門田が冷たい調子で「被告人、最後まで聞きますか」と確認した。

「こんな不正な判決は聞きたくない」

看守は抗う幸夫に力ずくで手錠をはめ、廷外に引っ張って行った。

母ヒデが絶叫した。

「人殺し裁判！　真犯人がいるんだ！　幸夫、まだ最高裁があるぞ」

「幸夫！」

「幸夫兄さん！」

騒然とする法廷で家族は口々に叫び、抱き合いながら泣いた。幸夫を乗せた護送車を裁判所の門で次女が一人、見えなくなるまで見送った。

幸夫が退廷すると、門田は平然と判決文の朗読を再開した。門田の判決は弁護側の主張をことごとく否定した。本格的な取り調べが始まってからわずかな日数で自白しており、取り調べを担当した捜査員の証言からも自白の強要や誘導尋問はなかったとした。加えて「仮に、指で額を押したり肩を押さえたりしたとしても、柔道初段で空手もやり、刺青をしている被告人がその程度のことで精神的拷問を受けたとは考えられない」と決めつけた。

大村一家が寝ていた順番に関する自供は、たまたま読んだ新聞記事を思い出して答えたものだという幸夫の主張も、「新聞記事を見てから約五十日も経てなおこのような細かいことを正確に記憶しているということは、この事件に特殊な関心を持っている者でなければ通常考えられぬことであり、何も関係がないと訴える被告人が、被害者一家が寝ていた順序を正確に覚えていたということ自体かえって不自然である」と退けた。

佐藤好一や亀井安兵衛に誘導され、あるいは一般的な光景を想像しながら口からでまかせで答えた供述内容についても、判決は「思い付きで創作して述べたものとは認められない」「経験者にして初めてよく述べ得るところである」「自供が単なる偶然の一致とは認められない」と、ことごとく真犯人による秘密の暴露と認定した。

大村ヨネが来店したとき、幸夫が在宅していたか、不在だったかについても同様だ。むつ子の証言の変転は問題にせず、兄常雄の証言は、祖母きさ、友人上部の証言と一致しないことを理由に否定し、検察の主張通り幸夫は在宅していたと断じた。

判決は、次のように結ばれている。

「被告人の自白は掛け布団襟当てに付着していた血液により科学的にほとんど決定的に裏付けられ、アリバイに関する被告人の供述は支離滅裂で信用できず、かえってその自白は経験者でなければよく述べ得ないことを供述し、他の客観的証拠に合致し、その自白の内容に何ら不自然不合理なところなく、これらを総合すれば、被告人の自白の真実性を肯認するに十分であって、記録を精査し当審における事実取調の結果に徴しても、特に原審を覆すべき心証を惹起し得ないのである」

幸夫の控訴を棄却した裁判長の門田実はこの二年後、国鉄三大事件のひとつ松川事件の差し戻し審で被告全員を無罪とする画期的な判決を言い渡し、昭和の司法史に名を残した。松川事件の差し戻し審では、徹底的な証拠調べで事件を再検証した門田の真実追求に向けた真剣な訴訟指揮が伝説になっている。しかし、それに先立つ松山事件の控訴審では、捏造が疑われる血痕問題など重大な論点を放置したまま一審判決を踏襲し、わずか四回の公判で結審する力の入らない仕事ぶりだった。

当時の法廷は、テレビ放映されていた。この日の公判も中継され、控訴棄却の判決に幸夫が抗議の叫びを発し、家族が抱き合って泣く様子が茶の間に流れた。

ヒデの「まだ最高裁があるぞ」の言葉は、五六年の劇場公開で大ヒットした、今井正監督による「真昼の暗黒」の名台詞と重なり、視聴者をはっとさせた。五一年発生の強盗殺人事件「八海《やかい》事件」の冤罪闘争を題材にした映画だ。

松山事件は発生から三年以上経過し、世間では、犯人も捕まり終結した事件として関心が薄れていたが、この日の放送で幸夫の孤独な冤罪闘争が、全国に知られることとなった。

南出一雄は、上告の手続きを終えると自ら弁護人を辞任した。一審判決後急逝した石塚与八郎の後を受け控訴審の弁護を一人で引き受け戦ったが、裁判はあっという間に終わり、あまりにも素っ気ない判決に自信を失った。判決から二日後の五月二十八日、虎治、ヒデとともに面会に訪れた南出は「あなたの無実を信じています」と言って幸夫を励ました。

無報酬の弁護

ヒデらは再び弁護人探しから始めなければならなかった。かつて繁盛していた製材所は注文がなくなり、廃業を余儀なくされた。常雄は東京で何とか職を見つけて引っ越し、他のきょうだいも去って、実家に残ったのは虎治とヒデ、祖母きさの三人になった。斎藤家は事実上一家離散に追い込まれた。

破産同然の窮状で、ヒデたちは弁護士費用の当てがなく途方に暮れていた。見かねた古川市の親戚が、同市出身で東京で弁護士事務所を開いていた守屋和郎がたまたま帰省していたので相談すると、引き受けるという。しかも、斎藤家の事情に同情して無報酬での弁護を申し出た。家計がひっ迫し、先の見通しがまったく立たず、立ちすくんでいたヒデにとって、守屋の善意は思いもよらぬことだった。

守屋は東大法学部出身の元外交官で、欧州の大使館に勤務した。戦後、弁護士に転身し、兄とともに東京で事務所を開業していた。古武士のような風貌で、緻密で粘り強い仕事ぶりが評判だった。六月八日、守屋は幸夫と初めて面会し「君の無実を晴らすために全力を尽くす」と約束し、励ました。

拘置所を出た守屋はその足で松川事件の救援活動で知られていた日本国民救援会宮城県本部の活動家、小田島森良を訪ねた。初対面の挨拶もそこそこに、守屋は単刀直入に切り出した。

「きょう初めて斎藤幸夫に面会して来ました。まだ裁判の記録は見ていないが、南出先生や両親の話から、この事件は明らかに冤罪だと考えられます。南出先生のご苦労はよく分かります。私一人の力では容易ではない。ついては、正義と真実のために戦っておられる松川事件の弁護団から応援をお願いできないですか。なんとか力になってくださいませんか」

守屋はそれだけ言うと手土産の菓子折りを置いて帰って行った。

松川事件の救援活動で多忙を極めていた小田島だが、無償で困難な弁護を引き受けた守屋の力になりたいと思った。長丁場の裁判を戦い抜くためには、強力な弁護団が必要だった。小田島は松川弁護団の中核メンバーだった岡林辰雄と大塚一男に連絡し、支援を求めた。松川事件の裁判が最高裁判決直前の大詰めで、弁護団の多忙さを知っていたため返事は待たされるだろうと思っていたが、予想に反し岡林からすぐに連絡が来た。島田正雄、安達十郎、倉田哲治の三人を派遣するという。

幸夫にとって初めての弁護団ができた。一審からずっと一人の弁護人で戦ってきた幸夫は勇気づけられた。守屋も三人の仲間を得て大いに心強かったが、弁護団は初会合から早くも壁にぶつかった。過去の裁判記録が手元に一冊もなかったからである。幸夫の自白の変遷が克明に記録された取り調べ段階での調書類や捜査員、証人たちの証言、唯一の物証とされた掛け布団の襟当ての三木・古畑鑑定など、何一つなかった。

弁護団が裁判所の壁を穿《うが》ち、幸夫を死刑台から救い出すためには周到な作戦を練らなければならない。そのためには、裁判記録の写しが手元に揃っていることが大前提だった。コピー機など普及していない時代である。手書きで写すと気の遠くなる膨大な作業だが、守屋は迷わず筆写の作業に踏み切ることを決断した。当時、松山事件の裁判記録はすべて最高裁に移管されており、守屋は筆耕人という筆写の専門家を雇い、連日最高裁に通わせて、重要な記録から順に書き写させた。

自身は宮城県に頻繁に足を運び、関係地を歩いては実地調査を繰り返した。掛け布団襟当ての血痕の謎を解明しようと法医学を独学で勉強して、専門家とも堂々と渡り合えるほど専門的な知識を習得し、他の弁護士たちを驚かせた。

誓いの酒

無報酬で弁護を引き受けた守屋たちに、多額の資金負担をさせていることに、ヒデは申し訳ない思いになり、残りの田畑や家を売って少しでも費用を工面したいと申し出た。守屋は「家を売ってしまったら、幸夫君が無罪になって帰って来た時、どこに住むんだ。金の心配は無用だ」と言ってヒデを制した。

しかし、実際には筆耕人を雇っての筆写作業などにかかる費用は、個人の持ち出しで負担する域を超えていた。このため守屋は小田島に、日本国民救援会中央本部に財政支援の橋渡しをしてくれるよう頼んだ。小田島も守屋の負担の大きさが気になっていたため、依頼を受けて上京し、救援会中央本部の難波英夫に相談した。

難波は戦前から新聞記者の傍ら部落解放運動を中心に社会運動に従事した。当時は救援会のリーダーで、二人は親しかった。「弁護団の手元に過去の裁判記録がまったくない。どうしても写しを取ることが必要なんです。費用を貸してもらえませんか」

難波は「無実の人を見殺しにしてはいけない」と財政支援を即決した。

小田島は難波の言葉がうれしかった。団体は資金難で、自身の生活もままならない中、難波は三万円の提供を決めた。小田島は借用書を書き、「いつか必ず無罪を勝ち取ってお返しします」と礼を述べると、難波は屈託ない笑顔でそれを受け取った。その夜、小田島は難波の自宅に泊まった。妻と二人暮らしの借家はボロボロの家だった。妻は酒を用意して待っていた。

二人は酒を酌み交わして互いの近況や社会状況について語り合い、苦しくても活動を続けようと誓い合って床に就いた。小田島は、夫の遠来の友をもてなそうと苦しい家計からなけなしの金をはたいたに違いない難波の妻の優しさがありがたく、すべてを犠牲にして戦う仲間のあまりにも貧しい暮らしぶりに、布団の中で声を押し殺して泣いた。

弁護人の良心

上告審に当たり、幸夫が一九五九（昭和三十四）年八月二十二日付で提出した上告趣意書は実に三万五千字に上る長大なものだった。県警での佐藤好一、亀井安兵衛、千葉彰男の三人による厳しい取り調べや同房の高橋勘市の唆しで嘘の自白をするまでの経緯を細かく書き起こした。

事件当夜は帰宅してふだん通り寝室で寝ていたこと。大村ヨネが来店時は不在だったこと。飲み屋のつけや智子の借金返済の資金を得るのが動機とされたが、つけの支払いを催促されていたことはなく、智子の借金も本人からは聞いておらず噂で耳にしただけで、具体的な金額も知らなかったことを詳細に説明した。また、掛け布団襟当てについて、警察が押収した布団が弟のものであるとあらためて主張。さらに押収時に三、四カ所しかなかった血痕らしきものが、検察から法廷に証拠提出された時点で多数に増えていたのは何を意味するのかと問いかけ、押収後の布団の所在や一年以上もかかった三木鑑定、その後の古畑鑑定の疑わしさを指摘した。

趣意書の最後で幸夫は「不利なことは隠し法廷に出さない、そして真実は曲げて作り変える、これが検察のやり方だ」と強く批判。「私は無実で死刑になりたくない」と訴えた。

守屋は八月二十七日付で提出した弁護人としての上告趣意書の後段で、真犯人についての自身の見方を踏み込んで書いた。守屋が真犯人と考えていたのは、大村家と同じ集落に住み、大村ヨネと関係を持っていた木谷親子で、弁護を引き受けて以降、事件を調べ直す中で確信を深めた。

趣意書で守屋は、親子の素行に加え、事件現場から発見された極めて毒性の高い農薬「パラチオン」の瓶について捜査を尽くさなかった怠慢を批判した。木谷家の畑では杉の苗を育てており、その害虫駆除に用途が合致するのに、警察は指紋も調べていなかった。守屋はこの親子を実名で告発したい気持ちに激しく駆られながら、弁護士の良心から、ぎりぎりのところで思いとどまり匿名を守った。

上告と棄却

十二月二十一日、虎治とヒデは拘置所に面会に出掛け、早めのクリスマスプレゼントとしてケーキを差し入れた。幸夫は「ケーキなどいりませんよ」と言ったが、内心は両親の愛情がありがたかった。間もなく獄中で五回目の年越しを迎える。一九五九（昭和三十四）年も死刑囚という身分のまま死と向かい合わせで終えるのかと思うと、やりきれない思いだった。皇太子ご成婚で沸いた一年だったが、獄中の幸夫は暗いトンネルの中だった。

六〇年九月二十日、最高裁で一度だけ弁論が開かれた。最高裁が上告を棄却する場合は弁論を開く必要がないが、原審を破棄する場合は弁論を開かなければならない。上告審では弁論が開かれるか否かで判決が予想できるとされるのはこのためだ。しかし、死刑事件は例外で、十分に審理を尽くした上での最終的な司法判断であることを示すため、上告棄却でも弁論を開くのが通例とされる。

弁論で守屋は、掛け布団襟当ての血痕に関して、猛勉強で習得した知識を駆使して捜査当局による捏造の疑いを主張した。血液は二、三分から長くても三十分ほどで乾燥して水分を失う。午前三時台に犯行に及び午前六時ごろ帰宅したのであれば、この間三時間前後あり、襟当てに付着するとは考えにくい。また、多くの血痕が丸型の形状を示しているが、上方から滴下された場合でなければ丸型にはならないなど、緻密な分析を示し、一審の仙台地裁古川支部が三木・古畑鑑定の鑑定項目に血痕の付着方法を含めなかった不備を厳しく批判。「血痕の付着方法についての再鑑定が差し戻しの理由になるものと確信する」と訴えて、弁論を結んだ。

上告審から担当した守屋ら弁護団は、厳しい時間的制約はあったが、問題点の掘り起こしが相当できた手ごたえを感じていた。実力派の弁護団を得て、ヒデたち家族も期待を膨らませた。裁判長の島保が前年の松川事件の上告審で仙台高裁への差し戻しを支持していたことも大きな望みだった。

しかし、現実は無情だった。六〇年十一月一日、最高裁第三小法廷に、島の声が響いた。

「主文。本件上告を棄却する」

その瞬間、傍聴席のヒデが絶叫した。

「もう裁判なんて欲しくない！」

判決文は簡素で、読み上げはあっという間に終わった。最高裁にも訴えを退けられ、とうとう幸夫の死刑が確定したのである。島らが重厚な扉の向こう側に引き揚げるのをヒデは呆然と見つめ、その場にうずくまった。

最高裁を出て日比谷公園までたどり着くと、ヒデはまたへたり込んだ。

「幸夫が殺される。いよいよ死刑になってしまう」

混乱するヒデに守屋が言った。

「お母さん、再審がある。再審の道が残されている。再審を請求して戦うんだ。虎治もヒデも元気を出せ！」

ヒデは再審という言葉を聞いたことがなかった。

「再審って何ですか」

「再審ってのはね、裁判をやり直すんだ。だけど再審はものすごく厳しい。生半可では勝てないが、お母さんが頑張らないで誰が頑張るんだ」。松川事件の被告やその家族たちの長い法廷闘争を支えた島田正雄が、ヒデを励ました。島田はヒデに、松川の被告の家族たちが、全国行脚して冤罪を訴え続け、彼らの必死の訴えに徐々に救援の輪が広がっていった話を聞かせた。

再審の道があることを知らされても、ヒデはなかなか気持ちを立て直せなかった。裁判を続けるとなれば、さらに多額の費用がいる。これ以上、守屋たちの好意に甘えるわけにはいかない。そのことばかりが頭の中を堂々巡りしていた。しかし、可能性が残されている以上、幸夫を死刑台から救い出すために親としてどんなことでもしてやらなければならない、という思いも強まっていった。

第七章　救援活動

「川」と「山」の出会い

斎藤幸夫の無罪を信じて、後に仙台市をはじめ全国各地に「松山を守る会」が結成され、救援活動の裾野は広がっていく。一九八四（昭和五十九）年七月に再審無罪判決が出るまでに集まった無罪判決要請の署名は七十三万人を超え、カンパは計約六千万円になった。こうした全国的な救援活動のきっかけをつくったのが、守屋を松川事件弁護団とつないだ小田島森良である。

小田島は福島県出身で、地元の商業学校を中退後、新聞記者になった。戦争に反対する記事を書いたため治安維持法違反で検挙され、四一年から終戦までの間を獄中で過ごした。

四九年八月、故郷、福島県の松川町を通過中だった青森発上野行きの列車が脱線転覆し、蒸気機関車の乗務員三人が死亡する事故が起きた。松川事件である。

捜査当局は確たる証拠がないまま、近隣で解雇や工場閉鎖反対の闘争をしていた国労福島支部幹部と東芝松川労組幹部ら二十人を逮捕、起訴した。一審の福島地裁は五〇年十二月、五人を死刑、十五人を無期懲役から懲役三年六月とする判決を下した。

事件発生直後から、ＧＨＱや警察による政治的謀略との説が流れた。雑誌に無罪論を発表した作家の広津和郎の呼びかけで、宇野浩二、吉川英治、川端康成、志賀直哉ら文学者仲間の支援活動が起こり、世間の関心も高まっていた。

小田島は、松川事件の審理が仙台高裁に移ったころから、松川事件対策協議会の専従となり、裁判を陰から支えてきた。松山事件で死刑判決を受けた斎藤幸夫が無実を訴えていることは気になっていたが、松川事件の救援活動で手一杯の状態だった。しかし、五九年の正月のある出来事が、彼を幸夫に向き合わせることになる。

この年の一月四日、松川事件の被告に年初の面会をするため、小田島が仙台市内にある宮城刑務所を訪れると、待合室で松川事件の弁護団の一人で、幸夫の控訴審の弁護も担当していた南出一雄と出くわした。

小田島森良

正月で面会者が多く混雑していたが、刑務所の係官が顔見知りの二人を見つけ、「小田島先生と南出先生、今日は時間がかかりそうですから、どうぞ事務室でお待ち下さい」と気を利かして声を掛けた。松川事件の被告たちとの面会で八年間も刑務所に通っていた小田島を、係官たちは弁護士と思い込み、「先生」と呼んでいた。二人は、係官がいれてくれた茶を飲みながら年賀の挨拶を交わし、雑談をして時間をつぶしていたが、南出がふと、小田島に聞いた。

「小田島君、何度も選挙に出た君が、政治活動をやめて松川に打ち込んでいるのはどうしてだね」

小田島は、自分の故郷で起きた事件であることや、治安維持法によって投獄され苦しい思いをした自分自身の経験を話した。さらに、南出と同じく松川弁護団に参加し、仙台弁護士会の会長でもあった袴田重司の松川事件の公判での発言を引用して自分の信念を説明した。

「袴田弁護士がこう言っています。世の中が変わって革新が政権を取ったとき、自民党員だった人がおまえはかつて自民党だからという理由でやってもいない金権汚職の罪に問われることが許されないように、共産党員であろうとなかろうと、無実の罪で有罪、死刑にされることは絶対許されない」

袴田自身は、自民党の宮城県の幹部でもあり政治的には保守だったが、松川事件の被告たちの訴えに心を動かされ何度も被告たちと面会するうち、全員の無罪を確信し、松川事件控訴審の弁護団長を引き受けていた。思想信条を越えて無実の被告を救うために奔走する袴田を小田島は信用していた。

小田島の言葉に、南出は姿勢を正して「君に助けてもらいたいことがある」と切り出した。

「松山事件の斎藤幸夫は調べれば調べるほど無実だ。僕はそう確信している。しかし、検察の有罪立証が実にたくみに作られていて、裁判所もそれに乗っかって死刑判決だ。僕一人で控訴審を闘っているが容易ではない。君も松川で忙しいだろうが、松川は有利に進んでいて仙台高裁に差し戻しになるのが確実だから、少し暇が取れたら松山を応援してくれないか。「川」と「山」が違うが同じ「松」だ。是非頼むよ」

先に順番を呼ばれて出て行く南出の孤独な後ろ姿に、小田島は何かしないではいられない気持ちになった。

やがて小田島の順番になった。面会室に入り、面会相手の松川事件の被告、二ノ宮豊に斎藤幸夫のことを聞いてみた。無期懲役の判決を受けていた二ノ宮はこの時、上告中で、死刑囚の幸夫らと同じ宮城刑務所の敷地内にある仙台拘置支所に収監されていた。

「松山事件の斎藤幸夫を知っている?」

「ええ、知ってますよ。彼も無実の罪らしいですね」

「どうしてそう思う?」

「俺の房の前が運動場なんです。運動で外に出されると、たいがいは二、三人集まっておしゃべりしているんですが、その中にいつも一人でしょんぼりしている男がいて、どういう人間だろうと気になっていたんです。彼がたまたま俺の房の近くまで来たことがあったんで、声を掛けたんですよ。『俺は松川事件の二ノ宮だが、こっちに来てくれないか』って。『君はいつもしょんぼりして誰とも話をしないが、どうしてなんだ』って聞いたんです。そうしたら、『俺は人に裏切られてきた。家《うち》があんなに親しくしていた警察にでっち上げられ、古川署では同房の前科五犯の男にだまされて嘘の自白をしてしまった。裁判ですべて明らかになると思っていたが、神様のように信じていた裁判官にも裏切られ、無実の罪で死刑の勲章をもらってしまった。もう人を信用して気安く話などできない』と言ってました」

面会では用件以外の会話は禁止だが、同席した看守は小田島らを制止せず、メモも取らずに聞こえぬふりをしていた。

二ノ宮との会話以降、幸夫に変化があった。二ノ宮をはじめ、収監されていた松川事件の被告たちと日増しに打ち解け、彼らとの交流を通じて、無実の人間に罪を着せる国家権力に対する怒りが湧き上がってきたのだ。

小田島は別の日の面会で、二ノ宮から幸夫の正義感の強さを感じさせる、こんな話も聞いた。

幸夫が入浴のとき、一緒になった暴力団幹部の男が「あいつら、列車を転覆させておいて大きな顔をしていやがる。早く死刑になっちまえ」と松川事件の被告たちの悪口を言った。ひるんだり、媚を売ったりすることなく、獄中で堂々と振る舞う松川事件の被告たちは、男にとって不愉快な存在だったのだろう。

男から話しかけられた幸夫が「いや、あれはでっちあげだ。あの人たちは無実だ」と言い返すと、けんかになり、幸夫は男を突き飛ばした。男は軽いけがをし、幸夫は五日間、懲罰を受けたというのだ。

やくざ者の不満には伏線があった。松川事件が冤罪である疑いが強まり、国家による謀略事件として国際的にも注目を浴びるようになると、暴力的だった看守たちの態度が一変した。被告たちが不当な扱いを受ければ、それが壁の外の熱心な支援者に伝えられ、逆に強烈な抗議行動を受けるからだ。松川事件の被告たちの影響力で、宮城刑務所、仙台拘置支所では、面会や生活上の規制が緩和されていった。このため、それまで強面《こわもて》で周囲を威圧し、横暴に振る舞っていた暴力団員らは、面子《めんつ》をつぶされた格好になっていたのだ。

二ノ宮は「斎藤君は俺たちのために懲罰にあってしまった」と申し訳なさそうに打ち明けた。二ノ宮の話を聞き、小田島の心中で、南出の「彼は無実だ」という言葉がいよいよ真実味を帯びてきた。だがそれでも小田島は幸夫に面会する気持ちにはなれなかった。生涯忘れられない重い出来事が影を落としていたからだ。

ある死刑囚の記憶

松山事件が起きた一九五五（昭和三十）年ごろ、仙台拘置支所に広田金蔵という死刑確定囚が東京拘置所から移送されてきた。広田は茨城県の金融機関で起きた強盗殺人事件で死刑判決を受けたが、無実を訴え、支援団体もない中で再審請求を申し立てていた。

たまたま東京拘置所で隣の房だった三鷹事件の被告が、広田を気の毒に思い、日本国民救援会の存在を教えると、広田はすぐ救援会中央本部に手紙を書いた。広田が仙台拘置支所に移されたのを受け、救援会中央本部から宮城県本部の小田島に連絡が入り面会した。

その後、小田島は松川事件の被告たちと面会のたびに広田にも会い、差し入れをして励ますようになり、事件の概要を知る中で広田の無罪を確信するようになった。小田島のもとには、広田から無実を訴え、救いを求める手紙がたびたび届いた。

小田島が後年、手記の中でその一部を紹介している。

ある手紙では「松川事件や三鷹事件のように背後に頼む力のある被告の裁判は大衆の耳目を集め、衆目監視の中で正々裁判が行われましたので、新たに無罪の人も出ましたが、社会的に無力な、しかも強盗殺人という罪名の被告には誰一人として無罪を強く主張し、または真相究明に協力してくれる人はありません」と孤独な闘いの過酷さを訴え、また別の手紙では「仙台に移されてびっくりしましたのは、私ども周囲の同囚は皆、死刑確定者ばかりですが、六、七人に一人は無実者です。このように数多くの被告は冤罪に泣いておりますが、裁判は真実が通らないようにできていて、検事に迎合した偽証の証人を主役とした芝居であると極言しています」と冤罪の多さを告発した。

「私が犯人でないことをわかりつつも、裁判所は一度下した判決を誤りであったと言えば法律の権威がなくなるとして警察や検事の面子を立て、我々弱い人間を罪に落とすのです。しかし真実は最後まで訴えて闘います」「裁判のでたらめは、誰より裁かれる被告が一番よく知っております。いかに立派な法律があっても、それを施行するのに人を得なければ狂人に刃物を持たせるのと変わりありません。裁判官に人物を望むのは私一人のみでなく被告全部の希望であります」と裁判所を痛烈に批判する書簡もあった。

広田は再審請求が棄却された後、恩赦願いを出していた。五五年九月の面会で、小田島は広田から興奮気味に報告を受けた。「二審の裁判長から手紙が来たんですよ。事情を書いて送ってくれと」。小田島はこの機を逃してはなるまいと救援会中央本部に連絡し、本格的な救援活動を求め、承諾を取り付けた。広田にそれを知らせるはがきを出した三日後だった。「本人不在（死亡）につき返送する」という付箋が付けられてはがきが戻ってきた。小田島が自転車で拘置支所に急行すると、悪い予感が的中した。九月十六日に広田の死刑が執行されていた。享年三十八。救援会との接触を知った法務当局が面倒な展開になることを嫌い、刑の執行を早めたのではないかと小田島は思った。

「私にも妻と三人の子供がおります。無実を叫んでいる妻の悲しみを思うと死んでも死にきれません」と書かれた広田からの最後の手紙を前に、小田島は激しく自分を責めた。いま、自分が冤罪を訴えている斎藤幸夫と面会すれば、広田と同じ悲劇を呼び込むことにならないか。そう考えると面会に踏み切れなかった。

小田島は考えた末、まず両親に会ってみることにした。松山事件の控訴審判決の翌月、五九年六月、「仲間」という劇団が仙台市内のホールで上演する松川事件を題材にした演劇に虎治とヒデを招待するため、招待状のはがきを速達で送った。はがきに一筆添えた。「松川事件は、若い元国鉄労働者に対する警察の強制、誘導による嘘の自白からでっち上げられました。松山事件の斎藤幸夫氏も同じだと思います。参考になると思いますから、ぜひお出で下さい。その際お話をお聞かせください」

夢中の叫び

上演当日、会場は、松川事件の支援者や一般の市民で満席になった。

演劇が中盤にさしかかり、事件で最初に逮捕され、一審で無期懲役の判決を受けた赤間勝美が、警察の取り調べで拷問や誘導を受け、嘘の自白をする場面になった時だ。

「赤間さん、頑張って。自白しないでー。赤間さん、嘘の自白しないでねー」

突然、客席で一人の女性が立ち上がり、舞台に向かって叫んだ。ホールはざわめき、観客が一斉にその女性を見た。

小田島は既に同じ舞台を観ていたこともあり、客席に入らず、ホールの事務室で締め切りが近付いていた松川事件の救援ニュースの原稿を書いていた。そこに国鉄労組東北地方本部の幹部が駆け込んできた。

「今日、誰か福島から松川の家族が来ていますか」

「いや、今日は誰も来ていないよ」

「そうですか……。じゃあ誰だろう」

そこに、見るからに着慣れない背広姿の男性と、白絣の単衣に羽織姿の女性が訪ねて来た。女性が、小田島の送った招待状を差し出したので、二人が虎治とヒデだと分かった。先ほど叫び声を上げたのはヒデだった。

ヒデは「警察の自白のでっちあげは、どこでも同じなんですね」と演劇の感想を話しながら一枚のしわくちゃになったパンフレットを取り出した。「赤間自白、法律はいかにまげられたか」の見出しがあった。小田島がこの年の春、古川市の街頭演説会で一部十円で販売したものだった。

「どうしてこれをお持ちですか」

小田島が尋ねると、ヒデは古川に出掛けた際、たまたま小田島が街頭演説をしている前を通り掛かり、興味を持ったので購入したという。

「それまで私も列車転覆は国鉄の労働者たちがやったと思いましたが、嘘の自白で死刑判決をでっち上げられたと演説でしゃべってるんで、ウチの幸夫と同じだと思って。これはあなたの演説を聞いて、あなたから買ったんですよ。その時三十円カンパして帰ってからも家中で何度も読み返したんで、こんなになってしまって」

小田島はヒデたちの実直な人間性に触れ、幸夫にそれまで以上に強い関心を持った。専従で救援運動に従事していた松川事件は最高裁で差し戻しになる公算が高まり、小田島の仕事も一区切りつきそうな見通しが立ちつつあった。

「松川が差し戻しになったら、一回現地を訪ねてみましょう」

松川事件という有名事件で冤罪の被告たちを救うために世論を喚起した小田島の申し出に、虎治もヒデも勇気付けられた。「川」と「山」が出会い、一緒になった瞬間だった。

幸夫からの手紙

演劇から何日かして、小田島のもとに一通の手紙が届いた。差出人を見ると斎藤幸夫だった。

〈謹啓

突然の御手紙を差し上げます御無礼をお許し下さい。私は松山事件の被告人として裁かれております斎藤幸夫で御座います。

先日、両親面会の折り貴方様のお便りをお聞き致し早速拝見させていただきました。

松川事件の被告の方々の無実のため権力と闘っておられます事、お察し致します。私も、当拘置場で松川事件の被告の方々と接し、一日も早く青天白日の身となられますよう、無実を叫ぶ一人として祈っておりました。

私は古川警察署に於いて取調官の精神的拷問、脅迫等によって身に覚えのない松山事件の自白をさせられました。法廷に於いてそのことを訴えましたが、証人に立った取調官の偽証を真実なりと認められ、一審、二審も死刑を言い渡されてしまいました。

立身栄達、自己保全のため無実の者に犯行を押し付け、なんら良心に恥いることもなく法廷に於いて偽証を申し述べる、これが警察官の姿、権力を持つ人間の姿なのでした。又偽証を真実なりと認めるあき盲《ママ》同然の裁判官。

裁判、それは権力を持つ人間同志《ママ》の仲間意識裁判なのでした。私は法廷は神聖なり、裁判官とは神なり、と教えられ、信じておりました。然るに、裁きの庭に立って体験したものは、偽証で固まった真実のない甚だしいものでした。

この様な裁判によってどれだけの人間が無実で苦しみ、どれだけの人間が死刑になっていったのでしょうか。私も万一このまま闇から闇にほうむられたならばと考えますと気が狂いそうで、居ても立ってもおられません。

どうしたら無実を晴らす事ができるか、どうしたら真実が判ってもらえるだろうかと、一日として精神に安らぎを覚えた事は御座いませんでした。この点、松川事件の被告の方々も同様だろうと思います。無辜の者にしか判らない苦しみでしょう。

私の両親は、古川警察署に「真犯人はいるのだから再調査してくれ」と再三、再四申したそうですが、警察側では私が帰って来たら再捜査すると言ったそうです。それで「若し、自分の子供が死刑になったらどうする」と申したら、「死刑になった後に真犯人が現れた場合は金がもらえる」と言ったそうです。

人の命は金で買われるものではありませんね。なが々《ママ》とおしゃべりをさせてもらいました。では、このへんで失礼を致します。

敬具

〈昭和三十四年六月十六日〉

幸夫からの手紙は、小田島の中で、かつて広田金蔵からもらった手紙と重なった。何をぐずぐずしている。無実の青年が死刑にされていいのか。一刻も早く死刑台から救い出せ――。小田島には広田の檄が聞こえた気がした。無実の人間を再び殺させてはいけない。小田島にもう迷いはなかった。

六月十九日、小田島は初めて幸夫に面会した。面会室に入ってきた幸夫はジャンパー姿だった。表情は明るく健康的で、犯罪者の印象ではなかった。会話も初対面と思えないほど弾んだ。花壇の手入れが楽しみになっていることや家族が熱心に面会に来てくれること、松川事件の被告たちとの交流、大ファンの巨人の長嶋茂雄の話など、話題は尽きなかった。自分の失敗談を話す時、照れて右手で後頭部をかく仕草に、小田島は幸夫のひょうきん者の一面も感じた。別れ際、小田島が言った。

「私は君の力になりたい。まず、なぜ無実なのに嘘の自白をしたのか、その経緯をつぶさに書いてくれませんか。取り調べがどんなものであったのか、できるだけ詳しく書いてください」

小田島は、幸夫が持っているという控訴審判決の写しも一緒に送ってくれるよう頼んだ。

もともと幸夫は書くことが好きだったことに加え、松川事件の救援運動で活躍した小田島が自分に救いの手を差し伸べてくれるということがありがたく、依頼を快諾した。幸夫は久しぶりに、家族以外の人間の温かさに触れた気がした。

面会を終え建物の外に出た小田島は、花壇の花に気が付いた。赤い花びらが初夏の陽光に照らされて鮮やかだった。幸夫が手入れをしている花だろうか。その美しさに生命の輝きを思い、無実であるのなら何としても救い出さなければならないと思った。

数日後、小田島のもとに幸夫から分厚い書簡が届いた。万年筆書きの細かい文字がびっしり並び、事件に巻き込まれた当時の自身の状況や警察での佐藤好一らの取り調べ、高橋勘市に嘘の自白を唆された経緯、検察側の立証を鵜呑みにして被告の訴えを無視し続ける裁判所への批判が、しっかりとした文字と文章で詳細に綴られていた。長大な書簡にもかかわらず構成もしっかりしており、新聞記者だった小田島は、書き物としての完成度の高さに驚いた。

書く訓練をしたわけでもない普通の人が、これだけの文章を短期間に書き上げることはできない。小田島は、幸夫の賢さを感じた。面会ではお調子者の性格が感じられたが、手紙には知的な面が滲み出ていた。小田島は幸夫の無実に対する確信を深めると同時に、検閲しながらも手記や裁判資料の郵送を許した拘置所の対応がありがたかった。斎藤幸夫について拘置所の職員も、内心では無実だと感じているのではないかとの思いが頭をよぎった。

初めての現地調査

一九五九（昭和三十四）年八月十日。松川事件で最高裁が原判決を破棄し、仙台高裁に差し戻した。小田島が松川の専従になって約十年が経っていた。裁判は仙台に場所を移して続くが、最大の山場は越えた。全国の世論を喚起し、救援の先頭に立ってきた小田島は大きな達成感を感じると同時に、これからの自分の使命を考えた。

小田島は、虎治、ヒデとの約束を果たすため八月二十七日、松山事件の現場を訪れた。しらみつぶしの現地調査の有効性を小田島は松川事件で体験していた。幸夫の再審無罪まで延べ百回を超えた現地調査の出発点となったこの日の様子を小田島は後年、手記に詳述し、晩年まで懐かしんでは思い出話をした。

小田島と、松川の救援仲間だった黒田正二が鹿島台の駅に降り立ったのは午後早い時間だった。改札を出ると虎治がボロボロの自転車で迎えに来ていた。三人は挨拶もそこそこに虎治の案内で幸夫が「自供」した通りの道順を歩き始めた。駅前は人もまばらだったが、夜になると近くの亜炭鉱の作業員や幸夫のような地元の若者がたむろするという。

「警察は幸夫が飲み屋のつけの払いに困ってやったと言うが、どこからも催促されたことはないのっしゃ」と虎治は、語尾に「のっしゃ」と付ける方言で話した。

十五分ほど歩き、東北線の踏切を渡って船越街道に入ると、赤レンガの煙突が二本見えた。虎治が「あの煙突が、幸夫が途中で休んだと警察が言っている瓦工場です」と教えた。工場は幸夫の家と目と鼻の先だった。すでに生産を停止していたが、煙突のほかに炉などの設備がそのまま残っていた。虎治が話し始めた。

「幸夫は、時間が早かったので時間を潰そうとここに忍び込んで三時間休み、午前三時ごろ出発したと自白したことにされているのっしゃ。時計も持っていなかったのに時間が分かるわけない。この辺は農家ばかりで早起きで、幸夫もそんなこと百も承知なのに、わざわざ起き出す時間に出かけるなんて……。それで明るくなってから、六時ごろ帰ってきたというのっしゃ。鹿島台に着いたのが夜十一時で、大村さんの家までならゆっくり歩いても四十分で着く。どこか寄り道しないと辻褄が合わないから捜査官が瓦工場で道草を食わしたのっしゃ。しかも瓦工場の話は三回目の自白調書になって初めて出てくるのっしゃ。門田裁判長は警察官の証言は信用できると言うんですから、あったもんでない」

船越街道を進み、大沢堤を過ぎて割山に差し掛かったあたりで虎治は二人を崖に分け入る獣道に導いた。獣道の入り口は農家の軒先の切り立った斜面で、一見しただけでは道であるとは気付かない。「自供」は、ここを懐中電灯も持たずに下駄履きで上ったことになっていた。笹藪を掻き分け進み杉林を抜けると見通しが開け、新田の集落が見渡せた。

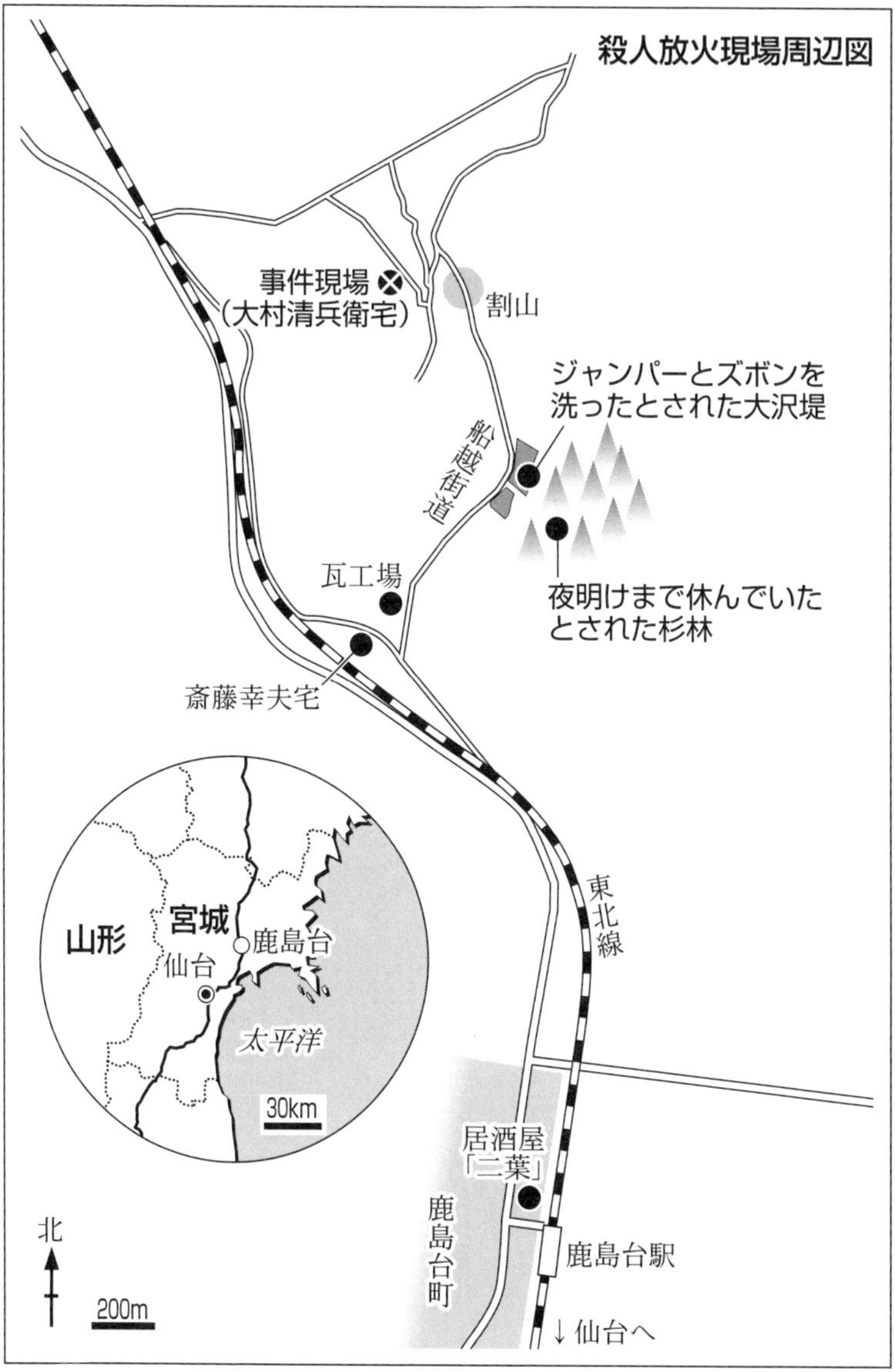
殺人放火現場周辺図
事件現場
（大村清兵衛宅）
割山
ジャンパーとズボンを
洗ったとされた大沢堤
船越街道
夜明けまで休んでいた
とされた杉林
瓦工場
斎藤幸夫宅
東北線
山形
宮城
鹿島台
仙台
太平洋
30km
居酒屋
「二葉」
鹿島台町
鹿島台駅
北
200m
↓仙台へ

大村家の焼け跡には、まだ焦げた材木の切れ端などが散乱していて、焼け残った風呂場だけがぽつんと立っていた。さらに視界を転じれば、大村家の先には大屋敷があり、周辺にもぽつぽつと立派な構えの農家が見えた。虎治が言う。

「大村家は集落で一番貧乏な家と言われていた。人を殺してまで金を取る気なら、あそこの立派な屋敷を狙うのが普通なのっしゃ。事件前に大村家の奥さんが台所の建て増し用に材木を買いに来たんです。自白では、その時家にいた幸夫がそれを見て、あの家には金がありそうだから盗みに入ろうと思い付いたことにされている。ところが、家にいた一番下の妹は、兄ちゃんは遊びに出掛けていて家にはいなかったと言ってるのっしゃ」

供養碑があった。建立者として松山町、消防団と並んで古川警察署と刻まれていた。これを見て黒田が「へえ、警察が供養碑とは……」と驚いた風につぶやいた。近くの農家の犬が、三人に向かって激しく吠え立てた。「この辺りは昔から犬が多い。人が通ればこうして激しく吠えるはずなのに、幸夫の自白には犬に吠えられたというのが一度も出ていない。近所の人たちからも、犬の吠え声を聞いたという話はないのっしゃ」

現場周辺を見終わった三人は鹿島台の幸夫の家へ向かい、途中、大沢堤のところで足を止めた。「自供」では、返り血を浴びたジャンパーとズボンを土手の土を擦り付けて洗ったことになっていた。池には水が満々と溜まっていた。その水面を見つめながら小田島は自白にあった光景をイメージした。水中から鯉がぴちゃっと飛び跳ねた。

「裁判で検事は、ここで洗ったというジャンパーとズボンをずっと証拠として出していないのっしゃ。洗ったから血が消えてしまったというが、これは最初から血は付いていなかった証拠だ。それと幸夫の自白では、ここで服を洗っていた時、トラックが来たんで見付かってはいけないと、向こうの杉林に逃げ込んで二時間も隠れていたというのっしゃ。そんな馬鹿な話が一体あるもんでねえ。林の中の道は昔から隣の部落の通り道になっている。ここから家まで歩いて十分だ。トラックが通り過ぎたら、暗くて人目につかぬうちに逃げ帰るのが当たり前だ」。小田島は虎治の話を聞きながら、事件当時の天候を考えていた。東北の十月後半の明け方で気温は相当低い。その中で濡れたジャンパーとズボンを着て二時間じっとしていられるだろうか。

「火事があったことを聞きつけて見に行く人たちもいたろうに、誰も幸夫君を見たという人はいないのですか。そんな時間に濡れた服を着て、下駄を手に持って裸足で走っていれば、怪しいと思いますねえ」と小田島が尋ねると、虎治は「この道は通勤者が結構通るんで、警察は新聞配達人などみんな調べたけど、姿を見た人は誰ひとり出て来ないのっしゃ」と答えた。黒田が「そりゃ、そうですよ。警察がでっち上げた幻の幸夫君なんだから」と即妙に言い、三人は初めて笑い合った。

瓦工場を過ぎて、少し歩くと斎藤家に着いた。家ではヒデがビールを冷やして三人を待っていた。ヒデは待ちきれなかったように、掛け布団について語り始めた。

「布団は幸夫のではないんです。弟の布団なんです。私が作ったんで分かるんです。弟は背が高いんで、幸夫のとは長さが全然違います。それに血痕もおかしい。押収には常雄が立ち会って、その時は襟当てに一カ所だけ三センチくらいの鼻血を洗い落としたような痕があったそうです。弟は鼻血をよく出すんです。それが、裁判で証拠に出されたら八十数群だって。そんなことありますか。そんなにたくさん血が付いていたら、洗濯のとき放っておくはずがありません」

ヒデの話を聞きながら、小田島は三木敏行の鑑定書、さらには三木鑑定にお墨付きを与えた国内法医学界最高峰の古畑種基の鑑定書を厳密に再検討する必要を強く感じていた。

話し込んでいて夕方になった。帰ろうとする小田島に虎治が三千円を渡そうとした。東北線で仙台から鹿島台まで百円だった時代である。交通費というには多すぎた。

小田島は固辞したが、虎治は頑固で「そう言わずに使って下さい」と言って聞かない。困った小田島はしばらく考えて、その金で幸夫のため救援の冊子を作ることにした。「では、ありがたく使わせていただきます」。そう言って受け取ると、虎治もヒデもうれしそうだった。

小田島と黒田は帰りの列車の中で、この日の現地調査で浮かび上がった問題点を整理しながら、冤罪の可能性が極めて高いことを話し合った。「驚くべきでっち上げだ」。黒田はそう言って、塩釜で先に降りた。

現地調査から戻ると小田島はすぐに印刷業者にA5判四十ページの冊子を三百部発注した。タイトルは「私は無実の罪で死刑判決を受けた」。幸夫の獄中手記と仙台地裁古川支部の判決文。事件現場周辺の地図も入れた。松山事件に関する最初の刊行物となった。同時に、小田島にとって「川」から「山」へと仕事の舵を切る節目になった。小田島による執念の斎藤幸夫救援闘争が始まったのである。冊子の「はしがき」に、覚悟が滲み出ている。

〈全国民の注視のなかで、最高裁は歴史的な松川裁判の原判決破棄、仙台高裁差し戻しの判決を下した。真実と正義を愛する広範な国民の力が、ついに一、二審のデッチ上げ裁判を破棄させ、全員無罪をかちとる第一歩を踏み出した。

この十年間にわたる苦難にみちた松川のたたかいは、日本国民の基本的人権を守る闘争として、壮大な規模で発展し、とりわけ国民の関心を裁判に向けるという点で、画期的な役割を果たした。

自由と人権を守る運動に松川が果たした役割は歴史的に特筆されるべき事柄である。

日本国民救援会宮城県本部は、最近、宮城拘置場に在監中の仙台高裁で死刑判決を宣告された所謂松山事件の被告斎藤幸夫氏（上告中）から次のような手紙を受け取った。

「身に覚えのない強盗殺人放火事件で死刑の判決を受けたが、それは強制と誘導によるウソの自白での無実の罪である」という訴えである。

松川列車転覆事件も年若い労働者に加えられた強制、誘導によってつくりあげられたウソの自白からデッチあげられた政治的謀略事件である。私たちは斎藤被告が果たして無実の罪かどうかは、まだつまびらかにすることはできない。詳細に事件内容の検討をしていないからである。

だが、もし斎藤被告の悲痛な叫びが真実であるなら、由々しい重大問題である。

「人命は地球よりも重い」と一裁判官がいった。三鷹事件の最高裁判決のときの少数意見のなかでの言葉である。

最近の刑事裁判の傾向を見るとき、冤罪は決して少なくなく、従って、私たちは裁判の判決に対して無条件に信用することなく、疑ってみる権利を保留している。これは松川裁判から得た厳粛な教訓である。

日本国民救援会は、ここに獄中からの斎藤被告の訴えをそのまま刊行し、世の識者の批判と検討をお願いするものである〉

第八章　再審請求

針の穴にラクダ

斎藤幸夫は、最高裁で上告が棄却された約四カ月後の一九六一（昭和三十六）年三月三十日、死刑判決を出した仙台地裁古川支部に再審請求した。再審とは判決が確定した裁判をやり直す制度である。刑事裁判では被告人の利益のためのみに行うことができ、確定判決での証拠や証言が虚偽や偽造されたものだと証明された場合や、新証拠が発見された場合など、具体的な要件が刑事訴訟法で定められている。しかし、制度はあるものの実現するのは至難で、しばしば聖書の文言を引いて「針の穴にラクダを通すより難しい」と言われるほどハードルが高い。

幸夫が再審請求に当たり、理由として挙げた項目は主に以下のようなものである。

第一に、古川署で嘘の自白を唆した高橋勘市の第一審での証言は虚偽であること。第二に、有罪判決の証拠とされた掛け布団襟当てに付着している血痕は、幸夫の頭髪に付着した被害者の血液とされたが、それがあり得ないことは明らかで、血痕は捜査機関が捏造した虚偽の証拠であること。第三に、幸夫が犯行当時着用していたとされるジャンパーとズボンには当初から血液が付着していなかったことが鑑定で証明されており、犯行後ズボンに手を触れたら血液でヌラヌラとしていたという趣旨の自供は虚偽であること。

当時、松山事件は小田島の力添えで、日本国民救援会が救援活動に本腰を入れ始めていたこともあり、特に革新系の弁護士の間で有名事件になっていた。翌年には、後に中核を担う青木正芳が弁護団に加わった。徐々に厚みを増す支援体制に幸夫も家族も大いに心強かった。

死刑事件で再審請求があると、法務大臣が刑の執行を避ける傾向があると守屋はヒデに教えた。「大丈夫だ。再審請求中は法務大臣はめったに執行の判子を押さないから」

だが、守屋にそう言われても、ヒデは毎日、心配でならなかった。緊張が解けず、裏山でカラスがけたたましく鳴くと不吉なものを感じて、「幸夫に死刑が執行されたのではないか」とじっとしていられなくなった。家を飛び出して拘置所に向かい、面会室で元気そうな幸夫を確認して「ああ、良かった。幸夫は今日も無事だった」と、胸をなで下ろした。

襟当ての写真

常雄ら家族は、全国各地の労組を訪ね、集会で支援を呼び掛けるオルグに回り、幸夫のアリバイや捜査のでたらめさを訴えた。救援のためのカンパも集まり始めた。小田島は家族を動員したオルグの一方で現地調査を重ね、一九六三（昭和三十八）年十月の第十二回調査には百二十八人、翌年三月の第十三回調査には百二十七人が参加した。死刑囚の家族が必死に無実を訴える姿をマスコミも注目し、芸能人のゴシップ中心の女性誌まで斎藤一家を取り上げ、松山事件は全国的に知られていった。

再審請求審で弁護団は、唯一の物証とされた掛け布団襟当ての血痕の検証に全力を注いだ。これまでの裁判でも問題提起はしてきたが、掘り下げ方が十分でなかった反省があった。守屋は独学で法医学の知識を深める中で、血痕に科学的に説明がつかない矛盾が存在する事実にたどり着き、徹底的な検証が突破口になると確信していた。

最大の疑惑は、東北大法医学教室の三木敏行が襟当てを鑑定して計八十五群の血痕があると結論付けたのに対し、事件後に警察が幸夫宅で掛け布団を押収した際に撮影した調書の添付写真には、赤線の矢印で一カ所だけ指して「血痕」とあった点だ。襟当ての状態について、あまりにも大きな違いがあった。弁護団は、襟当てに第三者が不正に工作を加えたとの見方を強め、それが証明されれば襟当ての血痕は有罪の物証から一転、無罪の物証に変わると考えていた。しかし、世間の関心が高まるにつれ裁判所は態度を硬化させ、確定判決の中身を洗い直そうとしなかった。弁護団は血痕をめぐる矛盾を科学的に解明するため、検察に写真のネガをはじめとする検察官の手持ち証拠の開示を求め、裁判所にも検察に開示命令を出すよう要請したが聞き入れられなかった。仙台地裁古川支部は血痕にまつわる謎を解明することなく、こう結論づけた。

「押収当時に撮影した襟当ての写真には確かに一個の斑痕を矢印で指示して「血痕」と記載されているが、写真を拡大鏡を用いて仔細に観察すると、その外にも斑痕様のものが観られるし、三木敏行の鑑定書及びその付属写真によると大部分の斑痕は極く微小で色彩もうすいものであり（略）、これを小さな一枚の写真にし、斑痕を数多く明瞭に映し出すことは困難であると認められるから、前記写真の写り方とその記載を根拠にして襟当てに押収当時一個の斑痕しか存在しなかったということはできない」

つまり多数の血痕が実際に存在するが、小さかったり色が薄かったりして写らなかっただけだというのだ。「請求人の供述するような状況のもとにおいて請求人の頭髪に付着した血液が本件襟当てにあるごとく左右両端部分にも広く散在的に多数付着し、しかも襟当ての外側にも同様に付着するものであろうかという点については少なからぬ疑問を感ぜざるを得ない」と弁護団の問題提起に一定の理解を示しながらも、それ以上踏み込むことはせず、「かかる血痕の付着を生ずることが絶対に、あるいは高度の蓋然性をもってあり得ないことであるという証拠はない」と退けた。

弁護団は、幸夫に嘘の自白を唆した高橋勘市の偽証も立証しようとした。仙台高裁の控訴審判決は「被告人が高橋に打ち明けたという本件松山事件の内容が、被告人の警察官に対する自白とまったく符合している点からみて、高橋の証言は措信するに足ると認められる」と証言の信用性を認めたが、弁護側は、古川署管内で犯行を繰り返し〝常連〟のような存在だった高橋が自分への見返りを期待して、なじみの刑事の意を汲み、うその自白をするよう幸夫を唆《そそのか》したと主張した。高橋の偽証を明らかにすることは、自白の誘導、強要を立証する上で不可欠だった

こうした状況の中、高橋の偽証の立証につながる有力な新証言が見つかった。幸夫に嘘の自白を唆したことを高橋自身から聞いたという証言がみつかったのだ。高橋が一時期働いていた古川市の農家の男性が六二年五月、松山事件を特集したラジオ番組の中で、高橋から直接聞いた話として告白していた。

高橋は宮城刑務所を出所後、古川に戻り、農家などの日雇い仕事を転々とした時期があり、男性の所はそのうちの一軒だった。男性の証言は、松山事件対策協議会が製作した記録映画「松山事件」にも使用された。映画のシナリオに証言の録音テープを文字にした内容が残っている。

「斎藤とかいったかね。その斎藤と一緒に入っていて話したんだっけね。その時、斎藤は「おまえやったんだべ」と言われても、全然しないと言うんだけど、毎日拷問にかけられて、いつでも泣いて来たとか。そしたら高橋は「なあに、いいんだ。やったと言え。そして裁判所に行ったら、やんねえと頑張ればいいんだ」ということを、おらは直接耳にしたわけっしゃ。おらばかりでなく家内や家にいる若い者四人でしゃ。「ああ、俺が証人になってやるから、やらなくてもやったと言ってしまえ」と言ったらしいですよね。その斎藤に教えたらしいんですね」

さらに男性は「高橋は斎藤幸夫が犯人だと言ったんですか」との質問に、「いいや、犯人でないと言ってるんだね。あいつは全然やってないと高橋も言ってるんだね。あいつはやるはずはないのしゃと言

っているんですね」とも語っていた。

弁護団は高橋勘市から直接証言を得るため、再審請求直後から行方を捜した。古川にいるとの情報を得て調べたが、六一年九月に知人女性と会ったのを最後に行方不明になっていた。諦めかけた時、情報が入った。高橋は江戸川区で強制わいせつ事件を起こして現行犯逮捕され、東京拘置所に収監されていたのだ。六三年七月六日、拘置所内で裁判官による高橋への証人尋問が行われた。裁判官は林義一。弁護団は主任弁護人の守屋和郎のほか青木正芳、島田正雄、倉田哲治、安達十郎の計五人。検察側は検事の外山林一が立ち会った。

「被告人斎藤幸夫は「悪運が尽きたから白状してきた」と言ったのか」

「そうです。そう言うてました」

「証人は前に古川の裁判所で証言したことを覚えているか」

「覚えています」

「その時は「悪運が尽きたから白状するかなあ」と言ったと述べているがどうか」

「そうでないと思います。「白状してきた」と」

裁判官は驚いた。二審の高裁判決が認定した事実関係と時系列がまったく逆だったからだ。高裁判決では、松山事件が自分の犯行であることを幸夫が高橋に打ち明けたことになっていた。「衣服に付いた血は洗っても誰のものか分かるか」と尋ねる幸夫に、高橋は「薬を使って調べればわかる」と教えた。幸夫は「俺も悪運が尽きたから白状するかな」と言い、翌日の夜、取り調べが終わって帰房した際「やったと白状してきた」と明るい表情で話した、などとされていた。

自白の任意性にかかわる極めて重大な証言が変化し、驚いた裁判官をよそに高橋は平然としていた。これだけではない。幸夫が房内で打ち明けた話として「(殺害時に)男か女か忘れたが、「おじちゃん、助けて」と言われたと言っていた」という新証言が加わり、凶器も一審で「棒」と言っていたのが「縁側に大工道具だか、その傍に薪割か斧があり、それで叩いたと言っていた」と変わった。さらに、まったく言及していなかった放火方法について「マッチと聞いた。杉葉のまるめたものを持って来て撒き散らし、その上に一斗缶の油をかけて火を着けたと言っていた」と詳細に証言した。

自白後の態度に関する証言も変化した。一審では「白状してきたと言ってニコニコしていた」としていたのが、「自白後もうめき声を上げ、歯ぎしりをし、身体を痙攣させていた」となった。いずれの証言も、一審時より時間が経過しているのに具体性が増したが、裁判官が自白前後の幸夫の発言の変遷を正確に確認しようとすると、「(頭の中が)滅茶苦茶になり、分からなくなってしまいました」などと逃げた。

幸夫側はこの年三月に高橋を偽証罪で告訴していた。そのことを高橋が知ったのは、この証人尋問の約十日前だった。仙台地検の検事が東京拘置所を訪れ、高橋を取り調べた際に知らせた。検察側は、証人尋問前に高橋の取り調べは行わないと弁護団に説明していたが、実際には尋問前に接触していたのである。そのことは、高橋自身が尋問で明かした。幸夫の自白の任意性を大幅に補完する内容に変化した高橋の証言を聞きながら、弁護団は検察への不信を深めた。

証人尋問の最後で、弁護団の検察不信を決定付けるやりとりがあった。高橋が幸夫と同房になった際、高橋が話した逮捕容疑のことだ。一審で高橋は、当時の容疑として「横領、窃盗、暴行」を挙げていた。この日の証人尋問で弁護団があらためてこの点を確認すると、いったんは「窃盗、詐欺、暴行」と答えたが、検事の外山が「窃盗、詐欺、暴行と述べたが、窃盗と横領ではないか」と問い直すと、何かを思い出したようにあわてて「そうです。先ほど言ったのは間違いでした」と言い直した。容疑から暴行が消えていた。

不審に思った弁護団が高橋の前科回答書を調べたところ、「三一・一・一八、古川簡裁、横領、窃盗、懲役一年六月（三〇日参入）六犯、上訴権放棄」とあり、答弁で最初に挙げた暴行が確かに消えていた。弁護団は、検察と高橋の間で取引があったとの疑念を強めた。

血痕の謎

弁護団の無罪立証の努力も空しく、仙台地裁古川支部は事件を再検証しないまま一九六四（昭和三十九）年四月、請求を棄却した。幸夫は仙台高裁に即時抗告した。即時抗告審で弁護団は、掛け布団襟当ての血痕が押収時に本当に付着していたのかどうかの検証に力を入れた。

東北大の三木敏行の鑑定では八十五群の血痕が付着していたとされたが、押収に立ち会った兄常雄の記憶では、襟当て中央部にシミのようなものはあったが、八十五群もの血痕はなかった。また、襟当てに血痕が付いているなら枕や敷布にも同様に付いていなければおかしいのに、警察はこれらを押収さえしていなかった。警察の家宅捜索差押調書添付の写真も、襟当ての一部を大写しにしたもので、全体を写した写真がなく、大写しにした写真も、一つの斑点を赤インクで丸く囲み、欄外に矢印で「血痕」と書き込んであるなど、八十五群の血痕をめぐる謎が一審以来未解明のままだった。

法廷では、掛け布団の押収を担当した捜査員らが証言に立った。五五年十二月八日に幸夫宅に行き、掛け布団を押収した古川署巡査部長（当時）の佐藤健三は、押収時の血痕の付着状況について「なんでも真ん中にちょっと大きなのが一つ。全部に米粒かゴマ粒大のものが相当部分に付着していたのが認められ、その他もやもやしたもの、血痕のような擦れているものが認められました」と証言した。しかし、三木鑑定が指摘した、血痕は襟当ての右側に集中し中央部はほとんどないなどの点には言及はなかった。

宮城県警本部鑑識課現場係の警部補だった菅原利雄も証言に立った。菅原は、佐藤に同行し、押収時に鑑識課の二眼レフカメラ、ローライコードで撮影した。十二枚撮りフィルムが入っていたが、既に七、八コマ撮影済みで、四、五コマしか残っていなかった。家宅捜索差押調書に添付された掛け布団襟当ての部分写真はこの時に菅原が撮ったものだ。

血痕の付着状態に関して菅原は「付着した面積については言えませんが、汚いという意味ではなく、何度も洗って汚れたような、白布に肉眼で見える非常に小さい黒っぽい褐色の薄ばんだものが、ある面積に一つだけでなく見て取れました」と証言し、湾曲した点線が数条交錯している図をその場で描いて「硝酸銀で検出された指紋に似た形状だった」と説明した。しかし、菅原が描いた形状は三木鑑定書の記述には存在しない。菅原証言も佐藤証言同様、三木鑑定書が指摘した斑痕の大きさなどの特徴的な点に関する言及はなかった。

捜査当局による血痕捏造の疑念を深めていた弁護団は、菅原の記憶を細かく確認した。

「目立って大きな点はなかったですか」

「比較的よく目立つ汚れみたいなものがあったように思いますが」

「いくつくらいありましたか」

「それは、私が書いたような点々に比べるとまるっきり少ない数でした」

「襟当ての写真を見ると、この点を映し出そうと意識して撮ったのですか」

「接写レンズがあればそれで撮影できたのですが、なかったものですから可能な限り撮ろうということで撮ったのです」

「点を撮るつもりではなかったのですか」

「初めから点を写そうとは思っていませんでした」

「襟当てについて写真を撮った後で、詳しくどのような状態にあったかを観察したことはありませんでしたか」

「それはですね、鑑識とかそのような立場にあるものですから、例えば液体についても、こういうふうにしたらこんな風に付くじゃないかと、それを前提として考えますから。確信はしませんが、そんなとで見たのではないかと思います」

「三木先生に渡す前にその布団を見ていますか」

「それ以外にありません。時間がなかったものですから」

「襟当ての血痕の付着状況を紙に書いたが、それは布団を写真に撮る時に見た感じで書いたのですか」

「それもありますが、その他にも……」

「その他にも、とは」

「三木先生に渡す時に見た際、前に見た時の感じはこんなような状態でございます、くらいのことは言ったんではないかと思います」

「その時見た感じで、それに基づいて書いたということですか」

「そうです。それから現場で見た時に考えたことによってです」

家宅捜索差押調書の添付写真に「血痕」と朱色で書き込みをしたのは菅原でなく佐藤健三だが、この一点の「血痕」をめぐって佐藤と菅原の見解は異なっていた。二人は後年、マスコミの取材にそれぞれ違う見解を述べている。佐藤の話は「写真は実物大でないし、焦点がぼやけてしまって他のは写らなくなるのじゃないか」と曖昧だが、菅原の説明は具体的だった。

「障子を通した斜光線でよく見ると血痕がたくさんあった。擦り付けたような細かいのが。でも、写真には写らない。上から覗く二眼レフを物件から一メートル二十センチくらい離して撮ったのだから。あの一点のシミは、現像液か何かの汚点でしょう。調書を作った人の勘違いじゃないかな」と、独自の見解を示した。

興味深い冊子が残っている。タイトルは「現場鑑識と布団襟当の血痕　松山事件再審無罪事件を顧りみて」。菅原が退職後、掛け布団やネガをめぐる疑惑を含め、自身が関わった松山事件の捜査上のさまざまな問題について出版を目指して書き上げた原稿だ。鑑識一筋の人生を歩み、宮城県警で「鑑識の神様」の異名まで取ったほどの専門家である。達筆な筆文字やイラストに菅原の出版への執念が滲むが、望みは叶わなかった。菅原は手記の中で、掛け布団押収当日の経緯を明らかにしている。

それによると、五五年十二月七日、出張先の菅原に、上司の鑑識課長の高橋秋夫から「明日午後から松山でガサがあるから行ってみたらどうだ」と電話があった。ガサとは家宅捜索のことである。

翌日、菅原は昼前に松山派出所に出向いたが、すでに捜索は終了し、古川署員は所轄に引き揚げた後だった。菅原は、捜査本部が捜索の時間を早めたのだろうかと怪訝に思いながら古川署に行くと、ちょうど署長室で捜査会議中だった。中では刑事係長の亀井安兵衛が斎藤幸夫の自供内容を報告していた。菅原が松山事件の捜査会議に加わったのは、この時が初めてだったという。

亀井は、幸夫の「自供」として、犯行後帰宅し寝床に入ったが、後から何かに追い駆けられていると錯覚して恐ろしくなり、敷布団の上に座り、うつ伏せになって掛け布団の襟当て部分を後ろ手に引っ張り上げて頭からかぶったと説明。しかし、午前中の家宅捜索で布団も調べたが、血痕らしいものは発見されなかったと報告した。

菅原は布団に入った際の幸夫の頭髪の状態が気になり、亀井の報告が一通り終わるのを待って尋ねた。「衣服を洗った際、髪は洗ったのですか」。すると髪は洗っていないという。髪を洗っていないのであれば、幸夫が「自供」した体勢から考えて、掛け布団の襟当てに必ず血痕があるはずだと考えた菅原は即座に「布団をもう一度調べるべきだ」と鑑識の立場で進言した。菅原の見立てでは、洗い晒した木綿の襟当ての表面は繊維の糸目がささくれ立っており、そこに髪の毛が接触したとすれば、走っているうちにかいた汗でふやけた返り血がささくれ立った木綿繊維の先端に付着し、形状的には硝酸銀で指紋を検出した時のような点線状を呈しているはずだった。

菅原は佐藤健三とその日二度目の捜索に向かった。菅原は佐藤に「もし掛け布団の襟当てに、点線状の血痕がなければ、亀井係長の説明した供述内容が違うか、布団が当時使用したものでないかもしれない」と自分の見方を伝えた。

結果は、菅原の証言によれば、自身の見立て通りの血痕が多数あったというのである。菅原は手記の中で「唯一の証拠は私が見つけた。捜査会議の席上で二度目の捜索をするよう強く進言して、唯一の証拠物件である血痕付着の掛け布団襟当て（布団本体と共に）を押収することが出来た」と記している。

消えたネガ

弁護団は検察に対し、菅原が撮影した問題の写真のネガを証拠提出するよう要求した。血痕と図示された斑痕は、ネガに細工が施されたものである可能性も考えられたからだ。しかし、検察側は「ネガは紛失した」と回答した。弁護団は、血痕は押収後に捏造されたとの疑いを強くした。撮影者の菅原は、撮影後のネガの取り扱いについて法廷で詳しく聞かれたが、答弁は曖昧で、所定の保管袋に入れずに自分の机にしまったまま、転勤の際に他の書類などと一緒に処分してしまった可能性が高いと説明した。

宮城県警きっての鑑識官である菅原が、重大事件の重要な証拠物をそのようにずさんに取り扱うことは考えられなかった。実際、ネガ紛失をめぐる法廷での証言に、菅原自身も納得していたわけではない。所定の方法通り保管した記憶があったからだ。しかし、警察組織を守るため個人の不始末にして問題を処理することを望んだ上司の意向を渋々受け入れたと手記では明かしている。

手記によると、当時菅原が属していた宮城県警鑑識課現場係では、参考資料として後々まで保管するものは事件ごとに大判の茶封筒に入れて係員の後ろの鎧戸式の木製キャビネットにしまっていた。それら茶封筒のことを鑑識課では「メモ袋」と呼び、二つあるキャビネットのうち向かって左側の上段がメモ袋の定位置だった。

松山事件の袋は二つあり、中の資料類で相当分厚く膨れていた。問題のネガもこのうちの片方の袋にしまってあったが、その二つの茶封筒が、松山事件発生から一年半ほど経ったころ、無くなっているのが分かったというのである。現場係の部屋は捜査課の隣で、外部者の出入りがある場所ではない。当時、鑑識課で菅原と同僚だった人物が、私たちの取材に応じ語ったことによると、写真類と他の書類を一緒の封筒で保管するメモ袋方式は、菅原の発案だったという。それまでは証拠物は現場係、写真は写真係で保管していたが、両方一緒の方が見るときに便利だとの菅原の考えで、事件ごとにひとまとめにして保管する形に変更された。鑑識のエースだった菅原の意見に異論は出なかったという。

弁護団から証拠提出を求められた仙台高検は、県警に対し徹底的なネガ捜しを指示した。県警では、鑑識課員が重点的に調べられた。菅原は刑事部長から「ネガはどこさやったんだや」「大事なもんを私物化して、分かんねえべや」などと執拗に責められたが、納得がいかなかった。菅原は手記にこう書いている。

「私物化したのでもなければ、（略）〝反古袋〟に放り込んだのでもない。現場鑑識メモ袋の二冊のうちどちらかに大事に収納し、鑑識課長の席から見えるキャビネットの中に保管したのである。警察がグルになってネガを消滅させたと被告側が主張している。組織の力で不利な証拠を覆い隠したと言っているのだろう。それを私一人の責任で失くしたことにすれば、ある程度警察の威信が保てると熟慮した上で、私の不始末であったらしく言葉を作ったのである。詮議の席には複数の捜査幹部が列席しており、私が刑事部長に発言しようとすると、「まあまあ適当に」というシグナルを送っていたのは忘れない」

菅原は、保管時点では自分の撮影した写真が調書に使われるとは想定していなかったという。家宅捜索はオブザーバー的に参加しただけで、撮影の指示や依頼はなく、自分の判断でとりあえず撮っておいた。後になって捜索差押調書に添付したいとの要請があり引き伸ばしたと釈明した。

さらに菅原は、もう一つ興味深いエピソードを明かしている。菅原の記憶では、家宅捜索の際にカメラに装塡していたフィルムは使いかけで、撮影済みのコマには講習会や結婚式の光景が映っていたという。しかし、このうち結婚式の写真のことを菅原は忘れていた。フィルムが行方不明になった後、ある人物から「あの時、結婚式に出ていたんですか」と言葉をかけられて思い出したというのだ。なぜこの人物がネガの中に結婚式の写真が含まれていたことを知っていたのか、菅原は不審に思ったという。

菅原はメモ袋の中身として「十二コマのネガとそれらを紙焼きした印画」「現場観察記録報告書の下書き」「松山事件関連の理化、写真のメモ書き」「現場に関する資料」を挙げ、これらから知り得ることとして①ネガの内容と菅原自身の行動②関係した各種活動、作業の時間③法医学教室との往来④課内の理化学室の関係行動⑤裁判記録に漏れがある一審の菅原自身の証言内容——の五項目を挙げた。「ネガよ、もう一度戻れ。ときどき夢の中にも現れる」と記した一文からは、組織から責任を押しつけられた怒りとやりきれない思いが読み取れる。しかし、その菅原も既にこの世になく、ネガの行方は闇に葬られたままだ。

血痕の真相に迫ろうとした弁護団の苦労も空しく一九六六（昭和四十一）年五月、仙台高裁は斎藤幸夫の即時抗告を棄却した。幸夫は最高裁に再び望みを託して特別抗告したが、最高裁も三年の時間をかけながら、六九年五月、特別抗告を棄却した。

八年越しとなった初めての再審請求審は、唯一の物証とされた掛け布団襟当ての血痕の疑わしさに迫った点で一定の成果があったものの、司法の厚い壁に再び跳ね返されて終わった。八年もの時間を費やして再審の入り口にも辿り着けない現実に、幸夫と家族は「針の穴にラクダを通す」と表現される再審の困難さを痛感した。

逮捕から約十四年。逮捕された当時は、不真面目で世間知らずの不良青年だった幸夫だが、死刑囚として死と隣り合わせの孤独な日々を送る中で内省を深め、救援に奔走する家族や応援してくれる見ず知らずの市民の優しさに感謝する心が芽生えた。さらに小田島や松川事件の被告らに触発され、権力の不正や社会の不公正と闘う強い精神を持つようになっていた。かつての不良青年は獄中で人間的に成長した。

働き盛りの男が仕事も与えられず、先の見通しがない閉ざされた空間の中で人生の時間をやり過ごさなければならないのである。気力が萎え、自暴自棄になり、すべてを諦めてしまっても不思議でない。しかし、精神的に成長した幸夫は冷静だった。必死の叫びに耳を傾けようとせず、真実の検証に一歩も踏み込まない司法に対し支援者の抗議は激しくなっていたが、幸夫自身はどれだけ時間がかかろうと、必ず生還できると信じていた。間近で見た松川事件の被告たちの無罪が大きな勇気になっていた。

幸夫は再び一から再審請求に挑むことを決め、翌月、仙台地裁古川支部に第二次再審請求をした。

写真の矛盾

第二次請求審で弁護団が精力を注いだのが、血痕が写っているとされた掛け布団襟当ての写真の再検証だった。東北大の三木敏行の鑑定は八十五群の血痕が襟当てに付着しているとしたのに、県警鑑識の菅原利雄が押収時に現場で撮影した写真には、明確な斑痕は「血痕」と書き込みがなされた一カ所しかなく、他の箇所はことごとく不鮮明で数も少なかったからだ。

弁護団は、写真工学が専門の千葉大学工学部教授、石原俊に再現実験を依頼した。三木鑑定書が指摘した通りに布上に八十五群の血痕を再現し、菅原が法廷証言した押収時の条件で撮影を試みたのである。その結果に弁護団は驚いた。石原が撮影した写真には微細なものを含め、多数の斑痕がはっきりと写っていたのである。

菅原が現場で撮影した写真には鮮明な斑痕は一カ所しか写っておらず、その後の三木鑑定では八十五群の血痕が確認された現実をどう理解すればいいのか。押収時の襟当てが三木鑑定の指摘する通りの状態なら、石原による撮影のように、はるかに多数の斑痕が写っていなければおかしい。押収時に多数の血痕はなく、鑑定に着手する前に捜査当局が被害者と同型の血液を人為的に付着させ捏造したのではないか。そう考える以外、合理的説明がつかない。弁護団は石原鑑定が新たな突破口になると自信を深めた。

石原鑑定に、検察は危機感を募らせ、宮城県警にも動揺が広がった。写真を撮影した菅原利雄は手記で、鑑識の専門知識に基づいて反論を展開し、石原鑑定を「根拠滅裂」と強烈に批判している。

例えば再現実験の条件について。石原は三木鑑定に基づいて襟当てを復元したというが、襟当ては押収時に相当古ぼけていて、ぼろ切れ同然の状態だった。それなのに新しい布地に斑痕を再現して撮影している。これでは写り方が違って当然だと主張し「学者連中が信憑性の価値のない作品作りをやっていることを想像するとナンセンスである」とこき下ろした。

撮影条件も、石原は菅原と同一のカメラで十分の一秒のシャッタースピードで撮影したとしているが、自分が現場で撮影した際は三脚がなく、首から紐で吊るしたローライコードの二眼レフカメラを手で持って、掛け布団のほぼ真上から二十五分の一秒のシャッタースピードで撮ったと説明。「鮮明度においてまったく条件違いの十分の一秒で細かいところまで焦点を合わし、新しい白木綿を使って都合の良い被写体をこしらえて鑑定写真を偽作したのであろう」と一蹴した。

菅原の批判は裁判所にも向けられ、「英米の裁判は経験の豊かな者の証言を最も信用しているようだが、日本の裁判はまだまだ「学者の意見」を尊重しすぎているようである」と記した。

一九七一（昭和四十六）年六月、三木敏行に鑑定に出す前に、幸夫のジャンパーやズボンを調べた県警鑑識課技師の平塚静夫に対する証人尋問が行われた。平塚は、ジャンパーやズボンには「最初から血液は付いていないような感じだった」と述べた。また掛け布団についても、見た限りでは血痕と思われるものはなかったと証言した。

七月には、ジャンパーとズボンの血液反応がいずれも陰性だったとする鑑定書を六九年に提出していた千葉大法医学教室の宮内義之介と木村康の証人調べがあり、あらためて「血痕は最初から付着していなかったと認められる」という趣旨の証言をした。

さらに弁護団は局面打開の突破口として家宅捜索差押調書に添付された掛け布団襟当ての写真鑑定をした千葉大の石原の証人尋問に期待した。しかし裁判所は石原の尋問期日をいったん指定しておきながら、弁護団に連絡もないまま一方的に期日を取り消し結審した。裁判長太田実による石原の証人尋問をめぐる乱暴な訴訟指揮が、即時抗告審で幸夫に思わぬ追い風を吹かせることになる。

七一年十月、仙台地裁古川支部は再審請求を棄却した。幸夫は仙台高裁に即時抗告したが、この時、弁護団はあわや時間切れとなるハプニングに見舞われた。即時抗告の期限は請求人に決定が送達された翌日を一日目と数えて三日間と定められている。弁護団の元に棄却決定が郵送で届いたのは十月二十八日の夕方だった。このため弁護団は三十一日が期限と数えて、三十日の正午に打ち合わせのため集まった。地裁古川支部に確認することがあり書記官に電話した際、棄却決定の通知書面の送達の話になり、書記官が思わぬことを口にした。

「本人のところには前日に着いてますよ」

弁護団はあぜんとした。幸夫が二十七日に受け取っていることが事実なら三十日が期限で、この日のうちに手続きをしなければ即時抗告ができなくなる。拘置所に急行して幸夫に確認すると、確かに二十七日に着いていた。

どうしてこんなことが起きるのか。打ち合わせで分担を決めて即時抗告の申立書を仕上げる予定にしていた弁護団は一転、大混乱に陥った。即時抗告の期限が切れたら、その瞬間から幸夫は再びいつ死刑が執行されてもおかしくない状況にさらされるのである。拘置所から事務所に戻った青木らは手分けして、大あわてで申立書の執筆に取り掛かった。自分の担当の章を書き上げた弁護士は他の弁護士を手伝い、あるいは手付かずの章の執筆に回るなど、全員無心で黙々と書き続け、気が付けば午後九時になっていた。

書き上げた書面は二万一千字になったが、急ごしらえのため書き込み不足が否めなかった。しかし、いくら充実した申立書を書いても、時間切れになれば元も子もない。補足が必要な部分は補充書で追加することにして、弁護士らはタクシーに飛び乗り、古川を目指して国道4号をひたすら北上した。

それにしても不可解だった。普通に考えれば、裁判所の担当者は幸夫宛てと弁護団宛ての封書を同時に発送しているはずだ。古川から仙台なら、午後早い時間に郵便ポストに投函すれば翌日に着く。仙台中央法律事務所も拘置所も同じ仙台市内である。市中心部から距離がある郊外の拘置所への配達が、市中心部の法律事務所より遅くなることはあり得ても、その逆は考えにくかった。

弁護団は、裁判所が時間切れを画策して恣意的に発送のタイミングをずらしたのではないか、との疑念を抱いた。タクシーが地裁古川支部に着いたのは、十月三十日午後十一時を回り、日付が変わるまで一時間を切っていた。即時抗告手続きはこうしてぎりぎり間に合った。

当時の古川支部の書記官は後年、新聞記者に「ずらして送るなどということはないし、誰からもそんな指示はなかった」と疑いを否定した。裁判長の太田実も「事務のことは一切関知していない」と取り合わなかった。

五五年十二月の逮捕から十六年。働き盛りの二十代、三十代を死刑囚として独房に閉じ込められて過ごした幸夫は、自由を奪われたまま気がつけば、四十歳になっていた。

第九章　家族の戦い

立ち上がった兄

家族の中で最初に立ち上がったのは長男の常雄だった。

常雄は、家業の製材業が事件のせいで立ち行かなくなったため、上京して調布市のコンクリート会社に就職し、労組の書記長をしていた。就職の際、弟のことを明かしておらず、その後も隠していたので、職場で常雄の身の上を知る者はいなかった。

ようやく安定しかけた自分や家族の生活と、死刑囚の兄という立場の狭間で常雄は毎日悩んでいたが、無実の弟が死刑にされそうになっているのに、傍観していていいはずはないと思った。弟の無実を世間に訴えなければならない。なりふり構っていられないと目が覚めた。特に弟のアリバイを知っている自分には、何が何でも救い出す責任があるという思いが強くあった。松川事件の裁判で、全国の労組を通じて喚起された世論のうねりが局面を大きく動かした先例を小田島森良から聞かされていたことも背中を押した。

死刑が確定した最高裁判決からほぼ一カ月後の一九六〇（昭和三十五）年十二月二十二日、労組の仲間たちに弟のことを打ち明けた。告白する前、幸夫の逮捕後に地元鹿島台で味わった世間の無情な変化が頭をよぎった。打ち明ければ仲間たちは離れていき、自分は孤立して職場にいられなくなるだろう。家族も、噂が広がって暮らしていけなくなるかもしれない。

しかし、杞憂に終わった。同僚たちは常雄の告白に耳を傾け、同情し、怒りを共有してくれた。一緒に戦おうという熱気が職場に広がった。弟が逮捕されて以降、国も世間も信じられなくなっていた常雄には、理解を示し励ましてくれる仲間がありがたかった。労組は翌日、臨時集会を開き、幸夫の支援を決議した。後に全国に拡大する救援活動の最初のつぼみは、地元宮城ではなく、遠く離れた東京郊外の中小企業の労組で芽吹いたのである。

翌年の正月明けには常雄の会社の労組が中心となり、調布市で署名活動がスタートし、月末には幸夫救援の運動体として「松山事件対策協議会」の準備会が発足した。翌月には常雄らが約一カ月の署名活動で集めた六百人分の署名を法務大臣に提出した。

調布市での救援活動が徐々に定着し、それまで準備会にとどまっていた対策協議会が六月、正式に発足。その協議会を援護射撃するように日本国民救援会が全国大会で幸夫の支援を決議した。この決議は救援会宮城県本部事務局長だった小田島森良が中央本部に熱心に働き掛けた成果だった。

松川事件の救援に携わり冤罪を晴らす難しさを体験していた小田島は、弁護団の規模が大きくなったくらいで突破できるほど壁は薄くないことを知っていた。

小田島の人生は、国家権力との戦いだった。新聞記者だった小田島は、戦時中に戦争反対の論陣を張って治安維持法違反で投獄され、受刑者の孤独な精神状態を身をもって体験していた。まして幸夫は死刑囚である。死の恐怖にさらされながら、無実を冤罪者自身が証明することの困難さを小田島は救援経験を通して理解していた。

戦いに勝利するためには、松川事件と同様に世論を喚起する以外方法がない。小田島は、全国の労働組合への働き掛けを通じて救援運動を盛り上げた松川事件の戦い方が有効だと考えていた。東京では常雄の告白をきっかけに、対策協議会ができ、小田島がイメージする、労組を足がかりにした救援活動がスタートしたが、拘置所にいる幸夫を日々励まし、弁護団と日常的に連携を取っていくためには、地元に救援活動の拠点が必要だった。

小田島は仙台市で救援組織を立ち上げることを決めた。東京に遅れること十カ月、六二年四月、仙台に斎藤被告救援会が発足した。後に幸夫の救援活動の本部機能を担い、弁護団とともに幸夫の再審闘争を強力に支えた松山事件対策協議会の前身である。仙台市公会堂（現・仙台市民会館）で開かれた発足式で小田島が事務局長に就任した。

再審の戦いは長丁場になる。生半可な覚悟では突破できない。自分もかかわる以上は松山事件に集中し、生活のすべてを斎藤幸夫の救援に注ぎ込まなければならない。小田島は自ら事務局長に就くことで退路を断った。発足式では、斎藤家の末娘の五女が専従で事務局に入ることも決まった。まだ十六歳のおかっぱ頭の少女だった。

世間の目

幸夫の家族が戦う相手は、検察や裁判所だけではなかった。「世間の目」という、もうひとつの敵がいた。

話を少し戻す。一審の仙台地裁古川支部で死刑判決が出ると、地元鹿島台町の住民たちの態度が一変した。それまでは、幸夫が無実を訴えていたこともあり、近所づきあいのよしみで同情的だった人たちが、判決後ことごとく冷淡になった。

昭和三十年代の田舎町である。大抵の人々が、裁判官は絶対に間違わず、常に真実を見抜くと純朴に信じていた。実際、幸夫自身が、留置場で同房になった高橋勘市に「裁判所で本当のことを言えばいい」と言われ、疑うことなく助言に従って嘘の自白をしたのだ。

当時、小学生だった五女は学校でいじめられた。

「おまえの兄ちゃんは人殺しだ」

級友たちは容赦ない言葉を浴びせ、石を投げつけた。

一審判決は、検察側の起訴内容を全面的に認め、大村清兵衛宅に狙いを定めたのは、妻ヨネが斎藤材木店に来店した際、在宅した幸夫がそれを見て大村家に金があると考えたと決めつけた。ヨネが来店した時、五女は家にいて、兄たちがおらず、祖母きさに言われて田んぼに出ていた常雄を呼びに行った。「お客さんが来た」と伝えると、「幸夫がいるだろう。幸夫にやらせろ」と言われ、「幸夫兄ちゃんは遊びに行っていない」と答えたことをはっきりと覚えていた。

「学校に行きたくない」と登校を嫌がると、母親のヒデが激しく叱った。

「泣くな。おまえが学校に行かなくなったら兄ちゃんはどうなる。一層、疑われるでないか。兄ちゃんが何もやってないことをおまえは知っているでないか。堂々と学校へ行け」

事務局に入った当時、五女は地元鹿島台の中学を卒業後、進学せずに都内の病院で住み込みの看護婦見習いとして働き始めたばかりだった。就職が本意だったわけではない。本人は進学を望んでいたが、幸夫の裁判費用がかさみ家計が最もひっ迫した時期と中学卒業が重なり、経済的事情からヒデの説得を受け入れて進学を諦めたのである。

ヒデの子どもたちは幸夫も含め、皆学業は優秀で、五女も勉強がよくできた。このため事情を知る中学校長が気の毒に思い、ヒデに「金は自分が出すから高校を受けさせてやってくれ」と援助を申し出たが、ヒデは「進学すればその後も金がかかる。払ってやる余裕はうちにはない。合格したらかえってかわいそうだ」と断った。

救援会発足に際してもう一つ大きな出来事があった。後に主任弁護人として再審無罪判決を勝ち取る青木正芳が弁護団に加わったのだ。青木は東北大法学部出身で、弁護士登録をしたばかりだったが、大裁判になりつつある地元の死刑事件の弁護団入りを志願した。

一方、小田島は既に一般の参加者を募る形で松山事件の独自調査を始めていた。二年前に幸夫の父虎治の案内で歩いた鹿島台駅から瓦工場、事件現場、大沢堤、斎藤家に至る「自供」によるコースを、今度は小田島が案内役になって歩いた。

仙台市の救援会発足の前年、一九六一（昭和三十六）年四月の初回は弁護団、家族、救援会、常雄が住む調布市の労組関係者など「身内」中心だったが、八月の第二回は松川事件の救援関係者ら顔ぶれが広がり五十人が参加した。十月の第三回は六十八人に増えた。田舎の農村を大人数が行く光景を目にするようになった住民たちは、冷ややかな態度を装いながらも、ただならぬ空気を感じていた。

当時の日本は高度経済成長路線を驀進する一方、石炭から石油へのエネルギー転換の煽りを受け、炭鉱閉山に伴う労働争議が頻発し、公害問題も起きていた。労働者や市民の間で膨れ上がった不満と怒りは、労組などを受け皿に社会運動となり、やがて彼らの熱気は生活防衛にとどまらず、反戦平和や差別撤廃など社会問題にも影響を与えた。

松川事件の裁判もその一つだった。被告や家族の訴えが労働者、市民の正義感を揺さぶり、全国的な救援活動のうねりに発展し、司法の厚い壁を突き崩した。松川の救援活動に従事した小田島は、世論を喚起することで、必ず変化を起こせると確信していた。

救援会の専従になった五女は小田島に連れられてオルグで全国を回り始めた。初めての演説は福島県二本松市で開かれた松川事件の集会だった。人前で話をすることさえ経験がない田舎育ちの少女である。大勢の参加者を前にして足が震え、しゃべろうと思っても極度の緊張からなかなか声が出てこない。

「私は斎藤幸夫の妹です。お兄さんはやってません。よろしくお願いします」と言うのが精一杯だった。

そんな五女も回を重ねるごとに度胸がついてきた。大村ヨネが材木を買いに来た時、幸夫は不在で、田んぼに出ていた常雄を自分が呼びに走った話などを披露し、ずさんな捜査や兄の無実を力強く訴えるようになった。六二（昭和三十七）年十二月には、五男も仕事を辞めて、救援会の活動に合流し、五女と手分けしてオルグに回り始めた。大手企業に就職した四男は、他のきょうだいのように人前でマイクを握ることはなかったが、収入が途絶して貧しくなった実家の両親に毎月多額の仕送りを続け、生活を支えた。

離婚

常雄らきょうだいが意を決して救援に立ち上がるのを見ながら、夫の仕事のため岩手県釜石市で暮らしていた長女のタミ子は自分も行動しなければと居ても立ってもいられない思いだった。タミ子もまた、他のきょうだい同様に正義感の強い性格だった。学生時代から政治や社会の問題に関心を持ち、女性の政治参加や社会進出に関する本を熱心に読むなど、母ヒデに似て知的で進歩的な女性だった。

加えてタミ子には、幸夫が事件に巻き込まれたことに、他のきょうだいとは異なる特別な思いがあった。事件の少し前、父虎治と衝突して家出した幸夫を居候させていた時期があったからだ。結果的に仕事が見付からず、ヒデが連れ帰ったが、タミ子は「自分があの時、仕事を見つけてやれていれば、幸夫はあのまま釜石にいて事件に巻き込まれることもなかった」と自分を責めた。

タミ子には癒えない心の傷がある。それは、三女がオルグで釜石市を訪問したことがきっかけだった。三女は、タミ子の夫が勤務する製鉄所の労組などが開いた集会で支援を呼びかけるため、前日、製鉄所の社宅のタミ子の家に泊まった。久しぶりに再会した姉妹はその晩、すっかり変わってしまった家族の運命を慰め合い、語り明かした。タミ子も集会に参加するつもりでいた。翌日、出発しようとした時だ。夫が思わぬことを言い出した。

「集会には行かないでくれ」

「えっ、どうして?」

「会社の連中はおまえが幸夫君の姉だということを誰も知らない。集会に行けば分かってしまうじゃないか。俺の立場もある」

むしろ「頑張って来い」と応援してくれると思っていたタミ子にとって、夫の言葉は予想外だった。かつて幸夫の居候を許し、自分と同じように弟の無実を信じているとばかり思っていた夫の本心を知り、タミ子はショックを受けた。

「でも、みんな必死でやってくれているのよ。それなのに何もするなと言うの。何もしなければ幸夫が殺されてしまうのよ」

三女も懇願した。

「私にとってはお義兄《にい》さんもお義兄さん、幸夫さんもお兄さん。でも、今助けなければならないのは殺されかけてる幸夫兄さんでしょ、お義兄さん!」

「行かせて!」。必死で食い下がるタミ子に夫は冷たく言い放った。

「駄目だ。おまえが行けば俺の出世の妨げになる」

夫の自己保身の言葉に、タミ子の中で張りつめていた糸がぷっつり切れた。もうこの人とは暮らしていけない。夫の真意を確認するため、努めて冷静にもう一度聞いた。「あなたは、自分と血を分けたきょうだいが幸夫と同じ目に遭っていたら見殺しにできる?」。夫は何も言わなかった。

タミ子は離婚の意志を固めた。役場で離婚用紙をもらい書き入れて、夫に突き付けた。

「離婚してください」

「駄目だ」

世間体が大事な夫は、初め同意しなかったが、タミ子は「私は出て行きます」と譲らず、最後には夫も離婚を受け入れ判を押した。タミ子は三人の子どものことだけが気掛かりだった。三男はまだ小学三年生だった。

タミ子は、子どもたちに話した。

「お母さんはどうしてもやらなければならない仕事があって、家を出て行かないといけなくなったの。和己（仮名）はまだ小さいから、和己だけはお母さんが連れて行くね」

子どもながら、事態の深刻さを感じ取った中学一年の長男孝一（仮名）が必死に訴えた。

「和己を連れて行くなら、俺たちも一緒に行く」

それまで母子のやり取りを聞いていた夫がたまらずに口を挟んだ。

「子どもたちにとっては親がばらばらになるだけでも可哀想なのに、兄弟までばらばらにするな。子どもたちの面倒は俺がみる」

自分のこの先の生活を考えると、タミ子は反論できなかった。

「三年経ったら迎えに来るからね。それまでは三人、いい子で待っててね」

タミ子はそう言って一人で家を出た。大きくなったら、きっと自分の決断を理解してくれる。そう思いながらも、申し訳ない気持ちで一杯だった。遠ざかる釜石の街の風景を列車の車窓からぼんやり見ながら、追いすがる息子たちの顔を思い出して涙が止まらなかった。東京オリンピックが開催された六四（昭和三十九）年のことだった。

タミ子は上京し、東京の対策協議会を拠点に各地をオルグで回り、救援活動に本格的に合流した。子どもたちに「三年で迎えに行く」と約束したことを忘れたことはなかったが、現実の生活は一人食べるのがやっとで、約束は果たせなかった。

母の執念

幸夫のきょうだいたちを救援に駆り立てたのは、母ヒデの執念と行動力だった。小田島に「幸夫君を救うには世論を喚起する以外ない。そのために家族が全国を回って真実を訴えてほしい」と言われるまでもなく、ヒデは息子を救うためなら何でもする覚悟でいた。

一九六二（昭和三十七）年七月、ヒデは、法務大臣に直接訴えるため、小田島らとともに東京・霞が関の法務省に乗り込んだ。法務大臣は、元大蔵官僚で後に第一次田中角栄内閣で大蔵大臣を務めた植木庚《こう》子《し》郎《ろう》である。

救援活動が本格化する中で気心が知れた新聞やテレビの記者たちが、ヒデを追いかけて法務省に押しかけ応援団のような雰囲気だった。マスコミを従えていた効果は大きかった。衆人環視の中では役人もヒデたちを高圧的に排除するわけにいかず、しばらくしてヒデだけが大臣室に通された。ソファに座り、緊張しながら待っていると、植木が現れた。

「私は宮城県から来ました死刑囚の斎藤幸夫の母です。大臣、息子は人殺しなどやってません。無実です」

ヒデはそう切り出し、事件の概要と幸夫が逮捕された経緯を説明した。

「このままでは幸夫は無実のまま死刑にされてしまいます。どうか幸夫を殺さないでください。大臣にも子どもさんがいらっしゃるでしょ。もしご自分のお子さんが私の息子のように犠牲にされたら大臣はどう考えられますか。お願いです。息子を助けてください」

すると、うつむきがちに黙って話を聞いていた植木が口を開いた。

「お母さん。お話はよく分かりました。そう簡単に刑の執行はしません。担当検事がよくよく調べてからでないと書類を大臣室に持って来ないのですよ」

「国民を犠牲にするようなことはしないでください」

「誤りのないようにやっていきます」

短時間の面会だったが、ヒデは大きな手応えを感じた。

面会を終えて出てきたヒデを記者たちが取り囲んだ。

「お母さん、一人で大臣と会って話してくるなんて、堂々たるもんだなあ」。馴染みの記者が感心すると、ヒデは「何も悪いことしてねければ、どこさ行ったたってどーんとやればいいんでねえか」と、大仕事をやり遂げた自信の表情で言った。

斎藤ヒデ

しかし、ヒデに理解を示し幸夫の死刑執行回避を約束した植木も、この一週間後には内閣改造で大臣室を去った。法相への直訴の後、ヒデを一段と救援活動に駆り立てる出来事があった。それは、ある死刑囚からの励ましの手紙がきっかけだった。法相との面会の翌八月のことである。

手紙は五女宛てで末尾に「藤本松夫拝　四十歳」とあった。ハンセン病をめぐる差別事件として有名な「藤本事件」で死刑判決を受け、再審請求を繰り返していた藤本松夫からの手紙だった。

「必ず必ず、松山事件の真実な訴えは神仏が、お取り上げ下され、検事や裁判官達にも認めさせる日がありますので、頑張って下さる様に御願い致します。お兄さんの勝利も私の勝利も社会の世論の力が一番大事な事です」

五一年、熊本県水源村（現・菊池市）の村職員の男性宅にダイナマイトを投げ込み、男性と子どもにけがを負わせたとして藤本が逮捕・起訴された。藤本は一貫して否認を続けたが、一審で懲役十年を言い渡されると、直後に留置場を脱走した。その後、被害者の男性が殺されているのが見付かり、村内で発見された藤本が殺人罪で逮捕された。藤本家は貧農の母子家庭で、藤本は小学校を一年間通っただけで家の農作業を手伝っていた。そこへ突然村役場からハンセン病患者であると通告され、療養所への入所を命じられた。本人には心当たりがなく、自身で病院を回り、ハンセン病でないことを証明する診断書も出されたが、役場は聞き入れず、無理やり施設に収容した。役場に藤本をハンセン病患者であると密告したのが被害者の男性だったとされ、強い怨恨から殺害したと断定された。

ハンセン病患者に対する偏見、差別が強烈だった時代である。公判は療養所内の特設の法廷で開かれ、裁判官や検事、弁護士が証拠物や調書を取り扱う際は、ゴム手袋をはめたり、鉄製の菜ばしのようなものでつまんだりした。

証拠調べは十分なものではなかった。検察が犯行時の着衣と断定し、被害者の血液が付着しているとしたズボンを、藤本は逃走中の着衣であると主張。血痕も、逮捕時に警察官に拳銃で撃たれた際、出血した自分の血であると訴え対立した。被害者と藤本の血液型は同じA型だったが、大雑把な血液型の鑑定しか行われなかった。

結局、五七年に最高裁で死刑が確定した。ハンセン病患者の救済運動が拡大する中で藤本に対する救援の輪も広がったが、再審請求は第一次、第二次とも棄却された。五女宛てに手紙が届いた当時は三度目の再審請求中だった。九月にも藤本から五女に便りが届いた。

「拘禁生活は苦しくとも、真実を主張して闘っている幸夫氏を心から尊敬しております」

手紙の日付は九月十一日。結局この手紙が最後になった。この直後に第三次再審請求が棄却され、死刑が執行されたからだ。

刑の執行は関係者を通じてヒデにも伝わった。冤罪を訴えている者でも殺される。再審請求が途切れた瞬間が危ない。ヒデはそのことを藤本が身をもって教えたように感じた。小田島にとって無実を訴え救援を求めながら死刑台に散った広田金蔵が忘れられない存在であるのと同じく、ヒデにとっては藤本松夫が生涯忘れられない存在になった。

モダンガール

斎藤家の子供たちは皆、自立心と責任感が強く、行動力があった。たくましく育ったのは、ヒデの厳格な教育のためといっていい。次男の幸夫だけが例外だった。ヒデが初めて母や夫の干渉を受けず自分の愛情を存分に注げるようになり、甘やかして育てた結果だった。

幸夫が松山事件に巻き込まれ、それまで裕福だった一家の生活は一変した。家族は離散し、家計も破綻した。ヒデは息子の冤罪を晴らすためになりふり構わず戦う強い母として世間の同情や好奇の視線を浴びるようになったが、自分の人生が大きく変わってしまったことに内心では持って行き場のないやりきれなさという苛立ちを感じていた。

ヒデは自分の由緒正しい家柄が誇りで、よく自慢した。ヒデには兄や姉もいたが、親族内の事情から斎藤家を継ぎ、製材職人だった虎治が婿《むこ》入りした。ヒデの父斎藤常吉は理容師だった。母きさの実家の小林家は宮城の古川に代々続く旧士族の家柄で、斎藤家と遠縁の間柄だったという。

常吉は腕のいい職人で、ヒデの幼少期は鉱山で栄えた秋田県小坂町で理髪店を営み繁盛していたが、ヒデが六歳の時に病死した。きさは常吉の死後、子どもたちを連れて実家に戻ったが、実家は既に弟の代になっていて、きさたち親子が歓迎されることはなかった。

きょうだいは子守仕事などでこき使われ、ヒデと末の弟は、祖父にしつけから読み書きまで厳しく教育された。兄は外航船の船員になり、長女は結婚して転居、次女も仕事を見つけて家を出た。末の弟は東京の親戚に引き取られ、一人古川に残ったしっかり者のヒデを一家の跡取りにする話が親族会議で決まった。

十代のヒデには夢があった。アメリカに渡って飛行機の客室乗務員になることだ。大正時代に東北の田舎の娘が抱く夢としてはあまりにも現実離れしていたが、本人は本気だった。そのため、東京でバスガイドになり、働きながら英語を習得して、二、三年したら渡米するという具体的な計画まで練っていた。そこに跡取りの話が降りかかってきたのだ。

「このまま家に留まっていたら親戚たちに押し切られる。そうなったら自分の人生はおしまいだ。こうなったら逃げ出すしかない」。そう思い、家出を決意した。古川から小牛田に出て、そこから仙台、東京を目指したが、先回りし小牛田で待ち構えていた親戚二人に連れ戻された。それでも諦めきれず、再び家を飛び出したが、二回目も親戚たちに阻まれて失敗に終わり、親族会議で決めた通りに結婚させられた。ヒデが十九歳のときである。

「俺、外国さ行きたかったでがす、本当にねえ。アメリカさ行くには英語勉強せねばどうにもならないから、勉強してたんだ。だどもそいつもとうと駄目になって、結局、親戚の人らが相談して婿をもらったんでがす。俺、嫌だったあ。ぎりぎり結婚させられてね。犠牲の結婚だったんだもの。俺の人生、これで終わりだなあと思ってね。諦めきれなかった。逃げれば捕まるっぺし、どうにもなんねえっちゃ。これも俺の人生なんだなあと思っては、本当に嫌んだったけんど諦めたんでがす。あん時外国さ行ってたら、こんな苦労することあんべっちゃって。後悔したっちゃ、本当に」

私たちのインタビューに答え、ヒデは夢破れた遠い日を思い出して語った。世間にどう映ろうと、それがどんなに困難なことであろうと、自分の進む道を自分で定め、信念を持って全力で突き進む。ヒデのそういう芯の強さは子どもたちに引き継がれた。

辻立ち

一九六九（昭和四十四）年三月。ヒデは仙台市の繁華街のど真ん中で辻立ちを始めた。

仙台市青葉区一番町の老舗デパート「藤崎」本店脇の青葉通りに面したアーケード街入り口。現在はファッションブランド、ルイ・ヴィトンのショップになっているが、二〇〇六年まで額縁店の森天佑堂だった。地元では「モリテン」と呼ばれ、待ち合わせなどに便利なおなじみの場所だった。

ヒデはその森天佑堂前にたすきと鉢巻をして立ち、行き交う人たちに息子の無実を訴えた。第一次再審請求で最高裁の決定を二カ月後に控え、対策協議会の小田島らの街頭宣伝活動は熱を帯び、毎日昼休みには協力労組のメンバーも加わって支援を訴える演説と募金活動を続けていた。小田島はヒデも一緒に街頭に立ってくれるよう依頼した。何でもやる覚悟のヒデは「やりまっしょ」と引き受け、自分一人での辻立ちを自ら申し出た。

森天佑堂前は市中心部の繁華街の真ん中だが、仙台駅からは徒歩で十分ほどの距離があり、天候によって人出にばらつきがある。このため、対策協議会の中には確実に人の往来が見込める仙台駅前の方が効果的だという意見もあったが、ヒデはその場所にこだわった。

　仙台駅から青葉通りを来ると、森天佑堂を過ぎた先に検察庁の庁舎がある。裁判所も至近距離で、通勤する検察官や裁判官が通る。彼らに自分の訴えを聞かせたいと考えたからだ。森天佑堂前を定位置に決めたヒデは以降、オルグで他県に行く日を除きほとんど毎日、一人で辻立ちを続けた。

　救援活動の盛り上がりで事件の認知度が高まったとはいえ、実際に市民の中に飛び込んでみると浸透がまだまだ十分でないことにヒデは気付いた。街角の関心の度合いは、労組関係者が動員をかけられて集まるオルグとまったく違った。当初ヒデをがっかりさせたのは、多くの人が依然として一文字違いの松川事件と混同していたことだった。

「あら、松川ってもう終わったんじゃないの」

「いや、松川は福島です。私は宮城の松山事件の方です」

「ああ、あの死刑囚のお母さんですか」

　足を止めて声をかけてくる通行人と、こんな会話をすることが多かった。ヒデは、それまでの何年にもわたる救援活動の苦労を思うと、地元宮城でさえその程度の認知度しかないことに悲しくなったが、落ち込んでも始まらないと気持ちを奮い立たせ、関心を示してくれる市民に過去の捜査や裁判の経緯を根気よく語り続けた。

　通行人の中に幸夫の裁判に関係した裁判官や検察官を見つけると臆せず声をかけたが、彼らは聞こえぬふりをして足早に通り過ぎた。「なんで逃げんだあ。話しようでないの」と呼びかけても、足を止める者はなかった。冬場にはこんなこともあった。ヒデのところに珍しく仙台高検の検事が寄って話しかけてきた。

「お母さん、こんな寒い時に体壊すから、もう止めなさいよ」

ヒデの体を案じるように言いながら、本心は目障りな辻立ちをやめさせたいのがありありと見て取れた。ヒデは厭《いや》みたっぷりに言い返した。

「ああ、どうもありがとうございます。いつもお世話になりましてねえ」

「もう止めなさいって。体に障《さわ》るよ」

「いいや止めねね。幸夫のようなことがもう二度と起きないよう正しい捜査をしてください」

「よく分かりました。分かったからもう止めなさい」

ひるまないヒデにあきれた様子で検事は立ち去った。

街頭に立っていると珍客も多かった。宗教団体の信者にはさすがのヒデもてこずったという。最初は一般の通行人のように近付いてきて、話し込むうち入信を進められた。

「署名していいかね。あんた、死刑囚のおっかさんだべ」

「ええ、そうです。お願いします」

「あんた、こんなところさ立って何になるんだい」

「どういうことですか」

「こんなとこさ立ってても何にもなんね。こんなことしたって息子さんは助かんねえよ。それより信仰しなさい」

「ああ、そうですか。それはどうもご親切に。なかなか暇がなくってねえ。そのうち暇になったら考えます」

やんわり断りながら、心中は不愉快で仕方なかった。神仏は信じないと心に決めていたからだ。ヒデは生前、私たちにこう話していた。

「一審の判決出る時も控訴審の時も、苦しい時の神頼みでね、さんざんお参りしたんです。夜中に音したんでは子供たち目覚ますと思うから、九時ごろまでにポンプで水汲んでバケツに溜めとくんです。そして十二時くらいに起き出してね。下着一枚になって水かぶんだ。その一つかぶるときの何とも言えねえ冷たさねえ。でも、二つ、三つとかぶってたら体がホッとあったかくなってくるから不思議だね。それから家出てずっと山の方さ行くんでがす。事件があった集落の方。お稲荷さまです。白狐明神さま。あのころはいまみたいに自動車もめったに走んないから真っ暗で、一寸先も見えねえんだものねえ。ただ遠くに田んぼの虫の声がするだけで。で、お稲荷さまの階段上って、神様に「何もやってねえ幸夫を助けてください」ってお百度参りするんでがす。そんでそれが済むと家さ帰って来てね、なんも知らねふりして床さ入って寝るんだ。そんなこと毎日続けました。そんでもあんな死刑判決でねえ。それだから俺、この世には神も仏もないって一切信仰しないんだ。やっぱり自分は自分の力で生きなくちゃねえんだばと。それから俺、気持ちが変わって来たんでがす。一つ一つ積み重ねて来て、今のように気が強く変わって来たの」

宮城県警の佐藤好一に出くわしたこともあった。森天佑堂近くの御茶屋に買い物に立ち寄ったときだ。

「佐藤さん、しばらくだな。忘れたかい、斎藤幸夫のおふくろだよ」

ヒデが声を掛けると佐藤はひとごとのように「おお、おっかさん。裁判、いい方に向かってるね」と言った。ヒデは馬鹿にされたように思い、冷静でいられなかった。

「もとはと言えばあんたがでっち上げたんでねえか。捜査会議で九人が反対してんのに、あんた一人が頑張って幸夫を別件逮捕したんでねえか。よくも俺たち家族をひどい目に遭わせてくれたな」

「いや、あの事件は俺一人でやったんでねえ。みんなで調べたんだ」。佐藤はそう言うとそそくさと店を出て行った。

礼儀正しいヒデを商店街の人たちは温かく見守った。毎朝着くとまず森天佑堂に顔を出し、「おはようございます。今日もお邪魔します」と挨拶を欠かさなかった。帰る時も「どうもお邪魔しました。ありがとうございました」と言って頭を下げた。店の夫婦は「お母さん、ご苦労さま。体に気をつけてね」と見送った。

ヒデは日ごろ静かに見守ってくれていることへの御礼も兼ねて、できるだけアーケード街で買い物をするよう心掛けていた。顔見知りになった通行人からの差し入れも途絶えなかった。「お母さん、おなかすいたでしょ」と食べ物を置いていく人。夏には「これで汗拭いて」とハンカチ、冬には「風邪引かないでね」と手袋やマフラーのプレゼントが多かった。

オルグで辻立ちを休んだ日や、都合で早めに切り上げた日は、顔見知りになった買い物客が心配して森天佑堂に入って来て、「お母さんは今日どうしたんですか」と尋ねた。主人が「他に用があるから引き揚げたよ」と言うと「ああ、そうか」と安心して帰って行った。

ヒデの辻立ちはいつしか名物になり、中高生からお年寄りまで、市民の間に応援の輪が広がっていった。森天佑堂の主人に「お母さん、みんなが心配してくれて幸せだねえ」と言われ、ヒデはその通りだと思った。名前も知らぬ大勢の人々の善意がありがたく、長年、冷酷なものとばかり思ってきた世間の温かさを知り、感謝する気持ちになった。森天佑堂前を通る検察官たちは、世間の関心の高まりを感じ取り、辻立ちを止めないヒデを複雑な思いで見つめていた。ヒデの辻立ちは、一九八四（昭和五十九）年に再審無罪判決が出るまで十五年続いた。

警察官の謝罪

辻立ちの前を通りすぎる検察官らは冷たい態度を崩さなかったが、捜査関係者の中には思わず本心を吐露した者もいた。

一九六二（昭和三十七）年三月ごろのことだ。ヒデは鹿島台駅近くで、事件発生当時古川署にいて家宅捜索で掛け布団を押収した佐藤健三を見かけた。ヒデは反射的に大声で呼んだ。その時の様子を後年、インタビューで明かしている。

「佐藤健三さんでないかね」

「おお、おっかさん、しばらくだな。ずいぶん老けたね」

「あんたたちでないか、俺をこう老けさせたのは。幸夫を自白させたものの何の証拠もないので布団に誰かの血をくっつけて証拠を偽造したんだろ。家は破産するし、家族はばらばらにされて、あんたたちを恨まない日は一日もないよ。幸夫を死刑台に乗せるなら、あんたたちを乗せてやりたいよ」

「おっかさん、それはお門違いだ。鑑定でそう出たんだから恨むなら鑑定人を恨んだらええでないか」

「何言ってるか。あんたたちが被害者か誰かの血を持ってきて振り掛けたんだろ。だから鑑定にそう出たんでないかい」

ヒデにそう言われ、しばらく黙り込んでいた佐藤の口から思わぬ言葉が漏れた。

「おっかさん、すまない。布団が四男のものだと聞いて、すまないと思ってる。申し訳ねえ。堪忍してくれ」。佐藤は謝った。さすがのヒデも突然のざんげに驚いたという。

「あんたたち、ほんとは幸夫が犯人でねえこと、分かってんだろ。なのにどうして法廷さ出ると嘘ばかり言う。俺は分かる。ほんとのことしゃべりたいんだろうが、警察官だからしゃべられねえんだろ。それは分かるけっども、俺の身になってみろ。悔しいよ」

「申し訳ね」

「佐藤さんよ、佐藤好一や亀井安兵衛や、あの時の連中みんな出世したのに、なんであんたは出世しねえんだ」

「俺、馬鹿なんだ。堪忍してくれ」。佐藤はそう言って、逃げるように立ち去った。

その後、しばらくしてヒデは佐藤健三が塩釜署に転勤になったと耳にして、鹿島台の駅前で偶然遭遇した時の佐藤のざんげを思い出した。佐藤の良心に訴えれば、法廷で真実を証言してもらえるのではないか。佐藤から新証言を得られれば、膠着《こうちゃく》する再審請求審の突破口を開くことができるはずだ。そう考えたヒデは、塩釜の労組にオルグに行ったついでに塩釜署を訪ねた。佐藤はヒデを、空いていた二階の刑事課の取調室に案内した。顔見知りの巡査部長がお茶を運んできた。

「おっかさん、しばらくだな。まあ、お茶でも飲んで」

「警察のお茶なんぞ飲みたくないけど、せっかくあんたが出してくれたからいただくよ」

巡査部長が出て行き、部屋にはヒデと佐藤の二人だけになった。

「佐藤さん、法廷に出てほんとのことしゃべってくれ。このままでは無実の幸夫が殺されてしまうんだよ。あんたにも子どもがいるんだから親の心が分かるだろ。証人になってくれ。証人になって布団のことをしゃべってくれ」

「いや、俺は布団のことは分からない」

「前に鹿島台の駅前で俺にしゃべったことを、あのまんましゃべればいいんだよ」

「おっかさん、俺は警察の人間だよ。それはできね」

「そんなら警察辞めて本当のことを法廷で述べてくれ」

「それはできねえ。俺、布団のことなんかしゃべった覚えねえ」

「あんた、このあいだ俺に申し訳なかったと謝ったでないか」

「いや、そんな覚えはねえ」

「俺は幸夫を犠牲にするわけにいかねえ。証人になって本当のことをしゃべってくれ。あんたが警察辞めても、俺が必ず生活立つようにしてやる。だからしゃべってくれ」

「できね」

激しい押し問答が延々続いた。すると突然、佐藤が座ったまま上半身を腰から深く折って机の下に頭を突っ込み、大声でわめいた。

「警察官なんて嫌《や》んだ、嫌《や》んだー」

ガラス越しに、お茶を運んできた巡査部長が書類を見るふりをして中の様子をうかがっているのが見えた。

「俺、あんたの子どもまで一生付きまとってやるから、そう思ってろ」

激高するヒデに佐藤は「おっかさんにどんだけ言われようと、俺はなんもしゃべれねえ」と言って頭を垂れた。

大立ち回り

再審の険しい道のりを思い知らされ、ヒデの警察への恨みは強まる一方だった。特に捜査幹部が全員反対する中、幸夫の逮捕を独断専行した佐藤好一と、佐藤とともに取り調べを担当して嘘の自白をさせた亀井安兵衛の二人への恨みは大きかった。ヒデが石巻地区の労組にオルグに出掛けた時のことである。訪問先の労組書記長が思わぬことを口にした。

「斎藤さん、息子さんに嘘の自白をさせたっていう刑事、亀井安兵衛っていう人でしたよねえ。今、石巻の署長してるよ」

それを聞いてヒデはじっとしていられなかった。

「書記長さん、申し訳ねえが今日の組合回り、休ませてくれ」

「斎藤さん、どうしたの」

「俺、これから石巻署さ行く。行って亀井と話する」

ヒデの殺気立った様子にただならぬものを感じた書記長は「ほんなら俺も一緒に行ってやっから」と同行を申し出た。自分の出世のために無実の幸夫を殺人犯にした男が、県内屈指の重要所轄の署長になり、目と鼻の先のところにいる。ヒデは興奮していた。

石巻署の庁舎に入ると、受付で「亀井署長さん、おいでですか」と面会を申し入れた。「どちらさんですか」と聞かれ、「鹿島台のほえた婆が来たって言えば分かります」と伝えた。しばらくすると「どんぞー」と案外すんなり署長室に通された。

「おうっ」

亀井は以前にも増して居丈高な調子だった。ヒデも負けない。

「おうっ」

「なにしに来たんだがや、おっかさん」

「何だとー。てめえに用あっから来たんでねか。俺の子ども返せ」

「なんべっちゃ。もう死刑決まったんだべっちゃ」

「決まったんだと。そんなもん、まだ決まってね。よくも人の子を地獄に落として、自分は出世して満々としてられるなや」

「なあに、決まったものを」

「この野郎、子ども返せ」

ヒデが声を荒げると亀井も口をつぐんだ。

「あんたたち、捜査する時、誰を目標に捜査した」

「誰って誰」

「なんだや、てめえの胸に聞いてみたら早いでねえか」

「誰え」

「なら俺が言ってやる」。そう言ってヒデは、捜査段階で痴情説の最有力容疑者とされていた男の名前を挙げた。すると亀井は下を向き、少し間を置いて「もう決まったんべ」とぶつぶつ言いながら、ヒデの方からは死角になって見えない机の脇の通報ブザーを押した。すぐに屈強な警官が入って来た。

「署長、お呼びですか」

「この人、松山事件のおふくろさんなんだけっども、用ねえから出してけんねえか」

指示された警官がヒデの腕をつかみ、「けえれ、けえれ」と連れ出そうとした。

「てめえ、この野郎。てめえに用あって来たんでねえ。この署長に用あって来たんだ。なんだ、けえれとは」

「いいからけえれ、けえれ」

「この野郎」。無理やり引きずり出そうとする警官の手をヒデが振り払った。

「おい、今、ぶったな。公務執行妨害だ」

「ぶってねえ。痛えから手振り払っただけだろが」

「公務執行妨害だ」

「おお上等だ。そんならどこへでもいいから連れてけ。売られた喧嘩だ、買ってやる。こら子ども返せ。この野郎」

収拾がつかなくなりかけた時、同行していた労組書記長が見かねてヒデを制した。

「おっかさん、もう帰ろ」

書記長に言われてヒデも正気に戻り、そのまま署長室を出た。大騒動は部屋の外まで まる聞こえで、庁舎中の視線がヒデに集中した。興奮が収まらないヒデはバツの悪さを感じるどころか、ここぞとばかりに大声で訴えた。

「皆さーん、俺の語ること聞いてけらんさい。皆さん、テレビだの新聞だの見て知っておられるでしょう。俺は松山事件の無実の死刑囚の母親です。俺の子どもは、ここの署長の亀井安兵衛の出世のために死刑にされかけてるんです」

署長室で大立ち回りをした挙句、庁内に響き渡る大声で話すヒデを、来庁者たちはあっけに取られて見ていた。

勲章への怒り

捜査を指揮した佐藤好一をめぐっても、ヒデを激高させる出来事があった。一九六五（昭和四十）年三月、長年の刑事としての実績が評価され、警察官の表彰制度の中でも高位の警察功績章が授与されたのである。ヒデはそれをテレビニュースで見て知った。斎藤家にとって最も許せない仇である佐藤が名刑事として功績を称えられて表彰されたというのだから見過ごせるわけがない。すぐに自宅を割り出して押し掛けた。

「佐藤さんはおりませんか」

「いないです。どちらさまですか」。玄関に出てきた妻が聞いた。

「俺のこと、分からねすか」

「松山のお母さんですか」

「そうです。なんだや、あんたの旦那は。私の息子を犠牲にして、自分は最高の賞をもらって光栄の至りだなんてしゃべってるのテレビで見たけど、あんまりでねえの。あんたも子ども持つ親なら少しは俺の気持ち分かんでしょ。佐藤さん帰ってきたら謝ってもらいたい」

佐藤の妻も言い返した。

「うちのお父さんはそういう人ではありません」

「あんたは自分の亭主だからそう思うだろうが、俺はあんたの亭主に息子を犠牲にされてんだ。あんたも親なら分かんでねえの」

「帰ってください」

「帰れっつうなら帰る。今後来る時はマイク持って来て、まわりさ大声でふれて回ってやっから、そう思ってろ」

そう捨てぜりふを吐いて引き揚げたが、その後佐藤からは何の連絡もなかった。無視されたままで怒りがおさまらないヒデは、再び佐藤の家に押し掛けた。すると今度は妻でなく、二十歳くらいの娘が出てきた。

「あんたこと責めるんでないの。警察にもう二度と国民を犠牲にすることをさせてはいけないから、あんたからお父さんによく話してください」

娘の態度は意外だった。ヒデに向かって、手をついて「よく分かりました」と深々と頭を下げたのである。礼儀正しい娘の態度に、ヒデはかえって気の毒になり、それ以上責めるのをやめて帰った。

佐藤好一はその後、幸夫の第二次再審請求の即時抗告審が続いていた七二年、宮城県警を退職し、三十二年余の刑事人生を終えた。八〇年には、勲五等双光旭日章（現在の旭日双光章）を授与され、八五年には、刑事時代に手掛けた主な事件の手柄話をまとめた『哀しい殺人者たち　捜査実話シリーズ宮城編』（立花書房）を上梓した。宮城県警本部長や東北管区警察局長を務めた高田朗雄が序文を寄せ、「これから捜査を志す青年警察官はもとより現に捜査に携わる人々にとって捜査の基本なり刑事の根性を習得する上で貴重な実務書であるとともに県民の皆さんにとっては「捜査とは何か」を理解するうえで恰好な読み物」と持ち上げた。

佐藤はあとがきで、執筆に当たっての心構えとして「私は、捜査の「きれいごと」だけを書くのでは意味がない、と考えた。警察も人間の集団である以上、ミスや市民に非難される行為、心の醜さ、といったことから逃れられない。そういう事柄があれば、当然書かなくてはならない。それを避けたのでは、単なる自慢話、苦労話になってしまい、後輩諸君や一般読者の参考にはならないのであろう」と書いている。しかし、本編で佐藤が誇らしく披露している十二話の「実績」の中に松山事件は入っていない。

佐藤は松山事件について一言も振り返らないまま「書き終えて、ようやく、刑事としての私の人生に区切りがついたような気がする」と締めくくった。

再会

タミ子は離婚して夫のもとに置いてきた三人の息子のことがずっと気掛かりだった。救援活動に忙殺されながらも、頭の隅では子どもたちが元気に暮らしているか考えない日はなかった。救援組織が結成されたのを受けて、名古屋市を訪れたときのことである。たまたま名古屋大学で文化祭が開かれていて、映画「真昼の暗黒」が上映されているのを知った。今井正監督による八海事件を題材にした社会派の問題作だ。タミ子たちは「文化祭の映画にこういう作品を選ぶ実行委員会は意識が高いはずだ。会場で支援を訴える時間をもらえるかもしれない」と考え、実行委を訪ねた。

実行委の幹部はタミ子の話に理解を示し、上映の合間の短い時間だったが、壇上から支援を呼び掛けることを許してくれた。映画の内容とタミ子の訴えが重なり、観客の反応は上々だった。訴えを終え、机を借りて会場の片隅で署名集めを始めてしばらくした時である。一人の女性がタミ子に話しかけて来た。

「失礼ですが、あなたは結婚しておられますか」

「ええ、まあ」。タミ子は初対面の人物にいきなり立ち入った質問をされて不審に思い、あいまいな返事をすると、女性はさらに聞いてきた。

「お子さんはいらっしゃいますか」

「ええ、いますが」

「そのお子さん、孝一君っていいませんか」

タミ子は思わず「えっ、どうして子どもの名前を知っているんですか」と大声になった。

「私、高校の担任なんです」

タミ子の中でずっと閉じ込めていた子どもたちへの思いが噴き出した。

「孝一は元気ですか?」。夢中で聞いた。

「ええ。今はちょっと学校を休んでいますけど」

「弟たちは」

「元気ですよ」

タミ子は居ても立ってもいられず、そこで署名を打ち切り、女性を食事に誘った。近くの店で女性から聞かされた子どもたちの近況はショッキングな内容だった。彼らは、釜石から転勤になった夫に連れられて名古屋に引っ越していた。夫は再婚し、ギャンブルにのめり込んで借金をつくり、取り立てに遭っているという。長男が高校を休んでいるのは、父親の借金返済を助けるため印刷工場で働いているからだった。

「私の方から夏休みに連絡を取ってみたんですよ。工場のお盆休みがあるなら会って話をしないかって。そうしたら会うって言ってくれて。その時、おうちの事情を話してくれたんです。松山事件のことや、お父さんとお母さんが離婚された経緯も伺いました」

夫や子どもたちの生活ぶりを知らされ、タミ子は申し訳ない気持ちでいっぱいになった。三年で迎えに行くと言って出てきたが活動に夢中で、約束が果たせないままになっていた。事情がどうあれ、子どもを不幸な境遇に置くことは親として許されない。一日も早く迎えに来なければ。タミ子は息子の担任との偶然の出会いに運命的なものを感じ、そう誓った。

「今度、名古屋に来られる時は、私の家に泊まってください。私、妹と二人暮らしですから遠慮はいりません」。苦しい胸中を察して温かい言葉をかけてくれた女性の優しさがタミ子はありがたく、心の中で手を合わせた。

次の名古屋市行きが決まり、タミ子は女性に連絡した。孝一は高校に復学していた。女性は、タミ子の来訪を伝えて会うことを勧めたが、孝一は「今のお母さんに悪いから」と断った。

それから二年ほど過ぎたころだった。東京のタミ子に、仙台で救援活動をしていた岩下美佐子から電話が入った。

「タミ子さん、あなたの長男が今、鹿島台のお母さんのところに来ているのよ」

連絡を受けてタミ子は急いで宮城県に向かった。鹿島台の実家に着くと、すっかり大人びた長男がいた。八年ぶりの再会だった。いろんな思いが交差して、言葉が出て来ない。「どうしたの」。興奮を抑えてやっと切り出した一言は、気持ちと裏腹に自分でもあきれるほど素っ気なかった。孝一は高校を三年の途中で中退し、競艇選手になっていた。

「弟たちを大学に行かせるために稼がないといけないから」

父親の借金返済を助けるために高校を休学して工場で働き、今度は弟の学費を稼ぐため中退して競艇選手になった。どうして何の罪もないこの子が、これほどまでに自分を犠牲にして苦労を背負い込まなければならないのか。タミ子は孝一の暗い青春を思うと不憫でならず、無責任な元夫に怒りを覚えた。

同時に、離婚の際、自分が子どもを手放さなければ、こんな目に遭わせることもなかったと思うと、親きょうだいだけでなく、その子や孫の代まで巻き込み一族を不幸に陥れた松山事件が恨めしかった。

タミ子は翌日、仙台の集会で大勢の参加者を前に挨拶に立った。

「八年前、私が捨てた長男が今日、この会場に来ています。中学一年だった息子が八年経ち、こうしてこの場に一緒に来てくれるまで大きくなりました」。タミ子は話しながら涙が止まらなかった。会場のあちこちで鼻をすする音が聞こえた。

集会が終わり、二人は東京まで一緒に帰った。

「どうしておばあちゃんのところに行く気になったの。元気にやってるの」

すると孝一は思わず泣き言を漏らした。

「今の母さんとうまくいってないんだ。面倒みてくれ、面倒みてくれって口を開けばそればっかりでつらい」

「私もあんたたちを引き取りたいけど、今はまだそれができないの。ごめんね。今のお母さんも、あんたたちの面倒を見てきてくれたんだから尽くしてあげて。もうしばらく我慢してね。必ず一緒に暮らせるようになるから」

その後、タミ子は長男の高校時代の担任だった女性と再会した。孝一が中退した時、女性は産休中だったという。孝一は競艇に行くか行かないか決めきれず別の男性教師に相談したが、親身な助言は得られなかった。教師から「自分のことは自分で決めろ」と半ば突き放され、弟たちを支えるため競艇行きを決め、高校を辞めたという。女性は「私がいれば、中退は絶対に思いとどまらせた」と悔やんだ。

それからさらに二年ほど経ち、孝一からタミ子に「平和島で試合があるから会いたい」と連絡があった。一家の状況はさらに悪化していた。後妻が出て行き、父親は会社を辞めて安アパートに引っ越し、弟二人と貧しい暮らしをしているという。それを聞いてタミ子は、これ以上子どもを放っておいてはいけないと思い、活動を休んで名古屋市に向かった。

孝一から教えられたアパートの部屋を訪ねると、三男の和己（仮名）が一人でいた。「大きくなったね」。タミ子は胸がいっぱいで振り絞るように話し掛けると、和己はうれしそうにニコッと笑った。部屋は汚れ、食材らしいものも見当たらない。

「食事はどうしてるの。ちゃんと食べてる？」

「メリケン粉を溶かして煮て食べてる」

見るとメリケン粉がわずかにあった。一家の困窮はタミ子の想像を超えていた。タミ子はわずかに残ったメリケン粉で水団を作って食べさせた。和己は成績は上位だったが学費が払えず高校に行かなくなったという。

子どもたちのあまりにも貧しい暮らしを目の当たりにしてタミ子は、名古屋市に引っ越し、子どもたちの近くで暮らすと決めた。弟の命はもちろん大事だが、今は母親として子どもたちを守らなければならない。アパートの近くに部屋を借りた。夫の手前、自分が毎日顔を出すわけにはいかないため、近くのビジネスホテルの経営者に一カ月分の食費を渡し、毎日食事を食べさせてやってくれるよう頼んだ。

自分は月に一度、夫のいない時に掃除に行くことにした。母親がそばに来て精神的に安定し、生活も改善して、和己は再び高校に通い始め、卒業した。タミ子は和己の卒業を機に三人を正式に引き取り、東京で念願の親子での暮らしを始めた。理系志望だった和己は浪人後、難関の東北大に進んだ。

タミ子は、不甲斐ない父親に代わって長年、一家の大黒柱として弟たちの面倒を見てきた孝一を自由にしてあげたかった。

「長い間、本当にありがとうね。あんたが頑張ってくれたおかげだよ。もう、あんたも我慢しないで自分の本当に好きな道に進んでちょうだい。まだ若いんだもの。今からだって遅くないよ」。孝一にはもともと学校の教師になる夢があった。タミ子は、一番苦労をかけた孝一に何としても自分の夢を叶えさせてやりたかった。

タミ子の言葉で孝一も挑戦する気持ちが湧き、二十八歳で競艇選手を引退した。アルバイトをしながら大学入学資格検定を受け、都内の私立大の夜間部に進んで教員免許を取得。数学の教師になって夢をかなえた。和己は奨学金を受けながら猛勉強して大学院に進学。博士課程の途中で就職したが、その後他の大学で博士号を取得し、会社では役員になった。

タミ子は後年、和己に「どうして僕らを置いていったの」と聞かれたことがある。

「三度のごはんを食べさせてやれなかったからだよ」と話すと、和己がつぶやいた。

「三度のごはんなんかより勉強させてくれさえすればよかったんだ」。それを聞いてタミ子は、それほどまで学問がしたかった息子に、安心して勉強に打ち込む環境を与えてやれなかった自分をあらためて責めた。

第十章　獄中生活

死刑執行場

母親のヒデやきょうだい、小田島森良らの懸命の救援活動や弁護団の再審請求などを中心に、これまで幸夫の周囲の動きを追いかけてきたが、幸夫自身は拘置所の中で何を思い、日々どのような生活をしていたのだろうか。時間を少しさかのぼって、たどってみたい。

幸夫は一九五五（昭和三十）年十二月の逮捕から五七年十月二十九日、一審の仙台地裁古川支部で死刑判決を受けるまでの約二年間、接見禁止で、家族と面会できず、手紙を書くことも許されなかった。

死刑判決を受け、幸夫は初めてノートと鉛筆を手に入れた。それまでは、自分が見聞きしたことをすべて頭の中にたたき込もうと必死だったので、自由に物が書けるようになった喜びはひとしおだった。しかし判決後、三カ月間いた古川拘置支所では、筆記用具を勉強以外に使うことは許されず、日記を書くこともできなかった。その後、控訴して仙台市の仙台拘置支所に移ってから、ようやく日々の出来事をメモできるようになった。

本格的に日記をつけ始めたのは、控訴審の仙台高裁判決を控えた五八（昭和三十三）年十二月からだ。最高裁で死刑が確定した直後の六〇（昭和三十五）年十二月までの二年間、大学ノートに日々の思いや出来事を克明につづった。幸夫はノートの表紙に「徒然」と題を記している。

私たちの手元にいま、この「獄中ノート」のコピーがある。取材の過程で、幸夫本人から受け取ったものだ。二年間の記録の中から、抜粋して紹介する。

囚われの身にとって、世間で祝い事が続く年末年始はとくにつらい時期だ。一九五八（昭和三十三）年の大みそかと翌日の五九年元日の気持ちを幸夫はこう記している。

〈十二月三十一日　水　くもり
昭和三十三年も今日限り。そして今まさに除夜の鐘を聞かんとして居る時、過ぎし日をふりかえってみるも、身に覚えのない犯行を押しつけられた憤りだけがこみあげてくる。
!!　無実で死刑になってたまるか　!!〉

〈昭和三十四年元日　木　くもり
鉄窓四度目の新年を迎えた。
正月といっても、誰もが浮かない顔をしている。無理もない。自由のない正月だもの。ましてや、一舎の収容者は死刑確定囚だもの。俺は今年こそ帰らねばならぬ。帰してもらわねばならぬのだ。自由なる社会へ。そして我が家にだ。
新年を迎へし獄にいわい餅よろこびも湧かぬ我は無実〉

幸夫は仙台拘置支所の三舎に入れられた。未決囚が収容される独房が並ぶ一角である。二舎は雑居房で、先ほど記した通り、一舎には死刑の確定した者が収容されていた。

〈一月十二日　月　晴れたり曇ったり
母が面会に来てくれた。

兄よりメリヤスを送られたから、と、差し入れしてくれた。（略）
ところで今日は、拘置場の浴場修理のため、受刑者側の浴場に行った。一舎の傍の非常門を通って間もなく、十坪ばかりの木造建物があった。
「あれが死刑執行場だ」とささやく声が聞えた。
この建物を死刑囚達は、どんな思いで見て行ったのだろうか〉

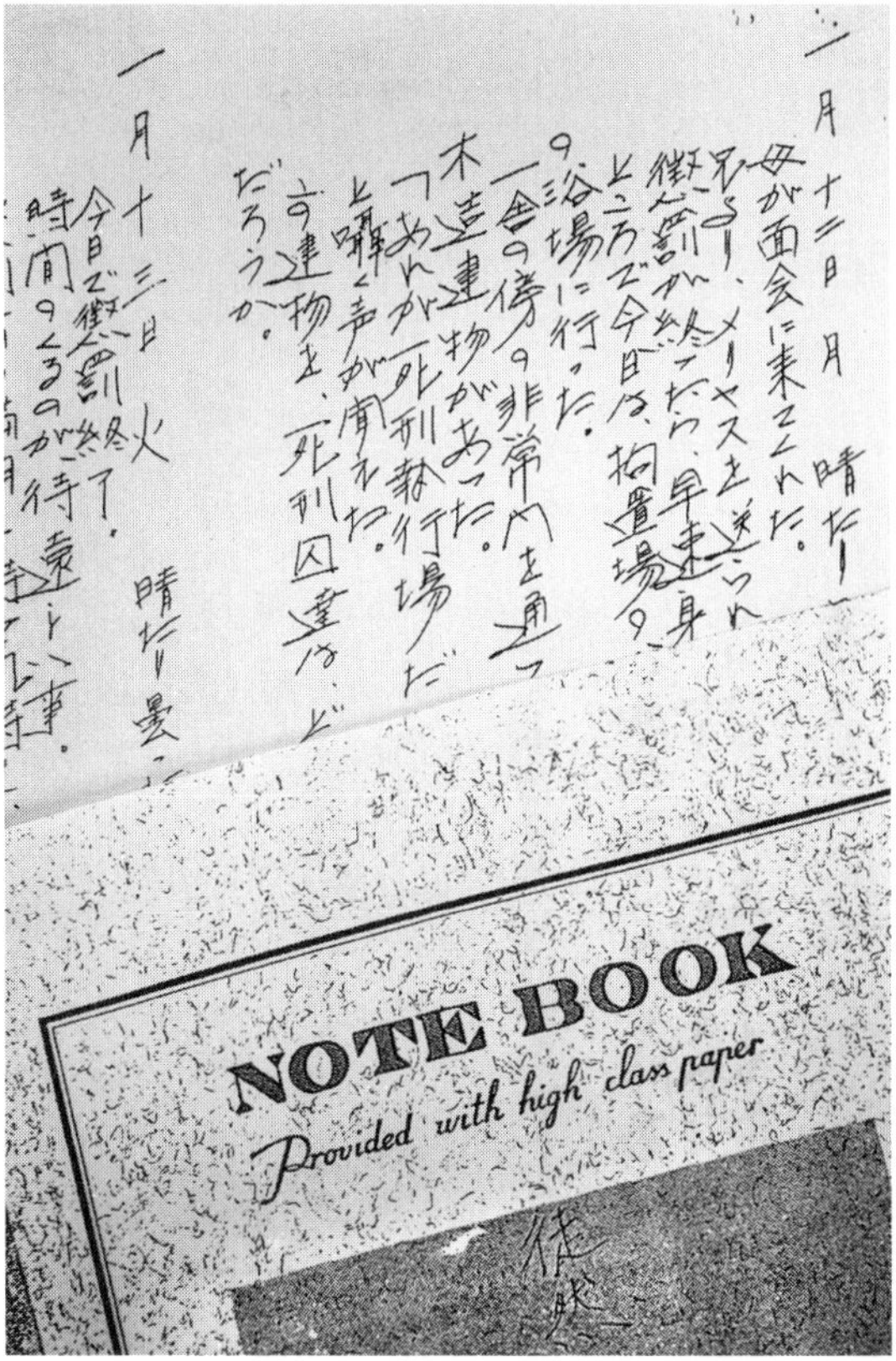

「徒然」と題された獄中ノート

五九年は、皇太子のご成婚が四月に予定されていた。列島が祝賀ムードに包まれる中、幸夫は拘置所で誕生日を迎えた。
〈三月十一日　水　晴
運動場に出たら、一収容者から
「皇太子の結婚で恩赦があるでしょうから、あなたもなんとかなるのではないでしょうか……」

言われて俺は苦笑した。恩赦とは罪ある者だけがうけるべきだ。無実の俺に恩赦などとは……〉
〈三月十六日　月　晴れたり曇ったり
今日は俺にとっての二十八回目の誕生日。だが、誰もいわってくれる人も居ない孤独の誕生日。でも、自分だけでささやかに二十八回目の誕生日をいわう。俺の前途に幸あれと〉
〈三月二十四日　火　曇一時小雨
今日は公判。（略）証人台には警察官。俺は裁判長に述べた。「証人にやったと言え、やったと言えと、額を突つかれたり、肩を押されたりして深夜まで身に覚えのない自白を強いられた」と真実を。「そういうことはやりません」と、なんら良心に恥じることもなく、事実を否認する彼等。そして、「被告人、証人はやっていないそうです」と言う裁判長。
なんのことはない。権力者同士の仲間意識裁判だ。被告人側が真実を述べているのに認めようとせず、偽りを述べている権力者側だけを真実なりとして認めてしまうのだ。それが公正なる裁判か〉
〈四月十日　金　晴れたり曇ったり
しばらく続いた曇天も、今日は太陽が顔を出し、プリンス、プリンセスの佳き日をいわうかのように春の陽ざしを照りつける。
街では慶賀行事をやっているのだろう。その様が塀をのり越えて聞こえてくる。収容者には赤飯と大福餅が出た。プリンス、プリンセスおめでとう〉

控訴棄却と新たな支援

明るい性格の幸夫だが、長い独房生活に落ち込むこともあった。そんな日々の中で、励まし合っていた松川事件の被告のうち、二人が保釈になる。

〈五月一日　金　曇時々雨
収容者にとって、入浴はオアシスと言ってよいものだろう。しかし還房すれば、鉄格子のある窓に、現実にひきもどされてゆく。それは俺だけではあるまい。そして、扉の閉まる音ほど絶望的なものはない。あらゆるものからみはなされて、一人ぼっちになった俺が、地の底に沈んでゆく様な気持ちだ〉
〈五月八日　金　薄曇
「今日、出所するかもしれないよ」と、のぞき窓から話しこんで行った松川の被告人のうちの二名が夕方、保釈で出て行った。
無実のいまだに晴れぬままに出所するのが心残りだろうけれども、十年ぶりに出所する胸中は、はかりしれないものがあっただろう〉

一審で死刑判決を受けた幸夫だが、控訴審の仙台高裁では自分の訴えが認められると信じ込んでいた。しかし、既に書いたように、幸夫の思いはまったく裁判官に届かず、控訴棄却となる。怒りに震え、途方に暮れる幸夫を、新たに弁護を引き受けた守屋和郎と小田島森良が相次いで訪ねた。そして、松川事件の被告全員が保釈され、宮城刑務所を出て行った。
〈六月八日　月　曇
弁護人守屋和郎先生が突然、面会を求める。
先生は、お住まいは東京だそうだが、出身地は宮城県の富永だそうだ。
「無実を晴らすために全力を尽くす」と俺には何よりも有難いものを話してくれた〉
〈六月九日　火　晴れたり曇ったり
両親が面会に見えた。昨日の守屋先生は、両親が弁護依頼した先生ではなく、先生の方から無実を晴らすためにと進んで弁護をして下さるのだそうだ。昨日の失礼が恥ずかしい。
家の方に、松川事件対策協議会の小田島森良さんという方から来信あり。今日、仙台の労働会館で、松川事件被告人の無実を叫ぶ芝居があり、これから会うとの事だ〉
〈六月十九日　金　くもり
小田島さんが、松川事件被告人の救援活動で忙しいのにもかかわらず、面会に見えられた。そして「出来るだけの力を貸してあげたい」と言われた。それに多大なる御厚情も。
「人情の厚さは紙一重」と言われる昨今において、小田島さんのような方も居られると思うと、なにかしら温かい雰囲気に包まれた〉
〈七月一日　水　くもり
松川事件の被告人が出所して行った。これで、松川事件の被告人が全部出所して行ったことになったが、果たして最高裁は、どんな判決を言い渡すのだろうか。でも俺個人の考えとしては、これだけは言える。それは、判決を前にして、保釈で出所出来たということは、とりもなおさず、被告人側に有利な判決があるということは期待できるだろう。俺も松川事件の全被告人の無実を信じている一人として結果が待たれる〉

花の手入れ

自由のない拘置所の生活だが、映画鑑賞やテレビでの野球観戦など、楽しみもわずかながらあった。幸夫らは独房に入れられていたが、隣の房の収容者との交流も日記に書かれている。
〈七月十三日　月　曇後晴
映画があるというので運動は四十分だった。花壇の手入れをする。忘れていた自然の香りが想い出された。映画は、漫画と北海道の大自然という天然色だった。
北海道の大自然……素晴らしかった。観ているうちに、家の近くの山から船形山の展望が想い出され、たまらなく郷愁の念にかられた。幼き感傷だろうか……〉
〈七月十八日　土　くもり
午後七時半から、巨人対阪神のナイター放送があった。2対2の同点で九回を終わったところで、ナイターは九時半までという収容者の聴取終了時間になったので切断され、延長戦は聞けなかったが、六月二十五日のナイター放送以来だったので面白かった。時々、こうした心のレクレーションがほしい〉
〈八月二十一日　金　くもり一時俄雨
昨夜、仙台で花火大会があったが、俺の方からは見えず、音だけが聞こえた。雑居の方からは見えるのだろう。花火のあがる音のする度に喚声がしていた。
今晩もあるのだろう。しきりに花火の音がする。窓からのぞいて見たら、西の空が花火のあがる度に明るくなる。今晩はなんとかして見たいものだと、頭をひねった結果、窓のガラス戸をはずし、鉄格子の間から、外に出してみた。成功。大いに花火大会を楽しむ〉
〈十月二十五日　日　晴れたり曇ったり
「今日は巨人の勝ちだね」「いや、南海の勝ちだよ」
俺は巨人ファン、隣房は南海ファン。
「だって、昨日は藤田が投げないだろう。今日はかならず藤田が投げるから巨人の勝ちだよ」「藤田は南海打線にノックアウトさ」
隣房と野球論を闘わす。ところが、始まった日本シリーズの第二戦は、どうも巨人が押されぎみ。とうとう、6対3で巨人が負けてしまった。

「どうです、南海の勝ちでしょ」隣房の鼻息の荒いこと〉
〈十一月十五日　日　晴れたり曇ったり
午後から映画を観る（オンボロ人生）
どんな、どん底生活でも、自由であれば、また楽しいものだ。最低の生活に、自由がなければ人間は生きる屍同然だろう。この環境にある人間のように〉

無念

自分が死刑判決を受けた人間であることを幸夫に思い知らせる出来事があった。顔見知りだった死刑囚の一人に刑が執行されたのである。幸夫は、言葉を交わしたことのある人の死を知り、死刑制度に対する憤りを記す。さらに自分の死についても思いをめぐらせる。

〈十一月二十八日　土　晴れたり曇ったり
横臥していたら、外から俺を呼ぶK君とM君。「外は暖かいから、運動に出たほうがいいよ」。なるほど、外は暖かだった。

「今日、X君が執行されたらしい」「えっ、本当に？」俺は思わず聞きかえした。「十時頃、十人ほど来て、連れて行ったよ」。俺に話してくれるK君の顔に、X君の冥福を祈るような表情が走った。

俺はX君の入っていた房を見た。何時もだと、窓から俺達の運動を見ているX君の顔が見えない。やっぱり、死刑の執行をされたのだろうか。X君その人は死刑確定者だ。

死刑確定者は一舎に収容されて居るが、X君は刑務所側とトラブルを起こし、受刑者側の独房に永い間、閉じこめられていたらしいが、二ヶ月ほど前に三舎の奥の房に転房になって来た。X君とは俺も言葉をかわしたこともある。そのX君は今は亡いのか。

人間社会から一つの生命が消えていった。ただそれだけにしかすぎない。しかし、俺にはそれだけではすまされないものがある。己の生命を己の思いのままに燃やしきって消えてゆくならば、それは人間の宿命だから致し方がないだろうが、己の思いのままに燃やしきらないうちに、権力によって消されてゆく、そこに矛盾があると思うのだ。それが、たとえ重罪犯人であってもだ〉

〈十二月三日　木　雨後曇

起床直後、雨だれの音に（おや、雨かな？）と思いながら外を見たら、遠く靄がかかり、春雨を想わすような雨が降っていた。糸を引くように落ちて地下に消えてゆく雨。何時か俺の生命も、この雨の様に消えてゆくのだろう。それが運命なのだ。

だけど、無実をはらすこともなく、権力によってほうむられるようなことになったならば……それも俺の運命なのだろうか。いや、それを俺の運命だとは思えないのだ。自然のままに消えてゆく、それが人間に与えられた運命なのだ。雨はすぐやみそうにない〉

〈十二月十五日　火　雪

朝から雪が降り出した。

「こんな時は、炬燵に入って一杯やりたいね」隣房のK君が話しかけてきた。

「そうだね。……炬燵よりも温泉にでも入りながら一杯やったほうがよいではないですか」「あなたの無実が晴れたら、ゆっくり温泉にでも行っていらっしゃいよ。自分は永久に行けなくなっちゃった」

永久に行けなくなった、と笑いにまぎらわせて言っているK君の胸の中はどんなだろうか。俺にはなぐさめるべき言葉もない〉

クリスマスに、家族からケーキの差し入れがあり、松川事件の被告が面会に来て励ましてくれたが、一九五九（昭和三十四）年もむなしく暮れていった。
〈十二月二十一日　月　雪後晴れたり曇ったり
面会所へ。両親だった。
「Xマスだからケーキを入れてゆくよ」「いや、ケーキなどいりませんよ」俺にはケーキなどもったいない。
「だって、Xマスだからな」両親の愛情がしみじみと感じられる。（略）
「正月には東京に行ってくる。……一級酒を買っておくから来るようにと言ってきた」「俺の分まで飲んできて下さい」両親を笑わせた。
一人で来る時の母は、淋しそうな表情だが、父と一緒の時には淋しそうなかげが見えない。母は父を信頼しているのだろう。妻を持ったことがない俺には、夫婦の心理というのは判らないが、両親一緒の時の表情から、いくらかなりともくみとれる〉
〈十二月二十五日　金　晴れたり曇ったり
松川事件の二ノ宮被告人が面会に見えた。
「寒くて大変でしょう。私達も出所したけど、なかなか大変ですよ。それは、拘置場に居た時と違って自由はあるけど」
無実を晴らすというのは、並大ていのことではない。それに、俺には松川被告人達のように、大衆の救援もないのだ。
「多くの人達は、自分のやらない事件は死んでも自白しない。自白するのは、その事件をやっているからだと思っている。そういう考え方の人達に対し、やらない事件を、なぜ自白をするのか、警察、検察での取調方。また、裁判とはどういうものであるかということを話して歩いております。そして、あなたの事件も話しております」
二ノ宮さんの言われる通り、多くの人達は、裁判は正しい、そして自白をしたのだから間違いがないだろうと思っている。警察でどんな酷いことをやられて自白をさせられたかもしらずに。もっと多くの人が裁判に関心をもってほしいと思う。そういう点につき、松川被告人達の活動に期待する〉
〈十二月三十一日　木　くもり
――ラジオからは蛍の光のメロディーが流れてゆく。俺は過ぎ去った一年をかえりみた。今年こそ、と期待したが、またまた真実をも認められず控訴棄却になったことが無念でたまらない。こんなことを考えているうちに、俺の胸の中は煮えくりかえってくる。
――除夜の鐘が静かに鳴り出し、最悪の年が終わりを告げてゆく。来年こそはの希望をのせて……〉

楽しみ

安保闘争で国中が揺れた一九六〇（昭和三十五）年、幸夫は逮捕されてから五度目の誕生日を迎えた。拘置所内で運動している死刑囚の中に、留置場で幸夫に容疑を認めるよう唆した高橋勘市に似た男の姿を見つけて感情が揺らいだり、わずかな緑や刑務所内の音にも楽しみを見いだしたりした。

〈一月八日　金　晴れたり曇ったり
松対協の小田島さんが来所して下さる。「ヤア、お早う」いかにも闘士らしい風貌に笑みをたたえながら。「救援会中央本部よりカンパと手紙を頼まれて来ましたよ」

人間社会には冷たい人ばかりではなく温かい援助の手をのべてくれる人もあるのだ。

小田島さんと種々お話しをしているうちに、松川事件に関し「松川の公判は三月?」「三月二十一日です。検察側は四十名ほどの証人をたてるそうですが、決して負けませんよ」「検察側は四十名もたてるんですか」「検察側の捏造した証人ですよ」
捏造された証人によって、万が一、真実が左右されるようになったならば、これは怖ろしいことだ。人権のため、そして真実のため、横暴なる権力に対する闘志を俺は倍加する〉
〈一月二十三日　土　晴れたり曇ったり
寒さをものともせずに、死刑確定者が元気一杯にキャッチボールをやっていた。余命いくばくもない、この人達は何を考えどんな気持ちで毎日をすごしているのだろうか。自分はこのまま無実が晴れずに確定囚ということになったならば……その時の自分の気持ちを考えると、自ずとあの人達の気持ちも判るようだ。永く生きたいとは、誰しもの願うところなのだ〉
〈四月八日　金　晴れたり曇ったり
午後の運動を何気なく眺めていたら、運動をやっている一団の中に、警察署で同房した高橋勘市に似た人を見つけた。
警察側と共謀し、法廷で偽証した彼、もし彼が真相を陳述してくれたならば、俺の真実が明るみに出るものを。寝ても起きても忘れることの出来なかった彼。俺は食いいるように、その人の顔を、しばし見つめたが、一寸距離があり、しかと見定めることが出来なかった〉
〈五月三十日　月　晴れたり曇ったり
二、三日来、ジメジメした梅雨のような空も今日はどうやら晴れ上がり、青空をのぞかせる。塀の外側に生えている大きな立木の新緑がまぶしい。読書に疲れると、俺は時々、立ち上がって窓外に目を向ける。と、きまってこの立木が目につく。限られた視野での季節を告げてくれるのが楽しい。
楽しいと言えば、単調なこの社会にあって、何時しか音の世界を楽しむことを知るようになったことだ。通路をゆく収容者のゴム草履のすれる音。ひそひそと話す声。運搬の車のきしむ響。三度、三度の配膳の時の食器の音。しのびやかに歩く職員の靴の音。すべて、それらの物音を俺は飽くことなく楽しんだ。人間同士が話をすることを禁じられている世界だ。音だけが語ってくれる。しかし、時には罵詈がとぶ。音にも矛盾があるのだ〉

〈六月二十三日　木　くもり

日米間において、新安保条約の批准書が交換された。国民の大多数の反対を押し切って条約を結んだこの事実上の軍事同盟だが、あの、幾百万の日本人が血を流した、サンタンたる戦争をくりかえすべきではない。それには、あくまでも中立国として進むべきだろう〉

隣房の収容者の死刑が確定。幸夫の最高裁判決の日が決まり、通知された。

〈六月三十日　木　くもり時々俄雨

俺は花というのを愛したことがない。いや、花を愛する暇がなかったのだろう。それだけにあまり花に親しむということがなかった。しかし、この環境にあって、はじめて花の存在を見なおした。いや、花の存在を確かめた。

絶望におちいろうとした時の俺を、自暴自棄になろうとした時の俺を、わずかになぐさめてくれるのは、この環境にあっては、ただ、花壇に咲いている色とりどりの花だけしかなかった。わけても処女のような、甘い、そして神々しいような清い香りを放ちながら俺をなぐさめてくれたバラの花が、とうとう散ってしまった。恋人にでも死なれたような……そんな気持ちになった〉

〈七月七日　木　晴

隣房のK君は請願作業をやっているが、その働いたお金で、自分の子供に学生服を送ってやるのだそうだ。その学生服を今日請求したようだ。

死刑にあたいする罪を犯してきたK君でも、我が子にかける父性愛には、俺もホロリとさせられた。なぜ、こんな人が死刑にならなければいけないのか。そのK君も今月の十五日、最高裁より判決があるそうだが、死一等を減じられるように祈りたい。K君の妻子のためにも〉

〈八月十三日　土　曇り後雨

父に発信をする。K君、死刑が確定し、二、三日前に、一舎に転房になっていった。また、無実を訴えていたB君も、ついに上告棄却になり、有期が確定する。B君は一審に於いては無罪となったが、二審では有罪。そして最高裁へと持ち込んだのだが……〉

〈十月二十一日　金　晴れたり曇ったり

昨夕、最高裁より判決日の通知があった。来たる十一月一日、いよいよ俺の運命が決する。果たして、無罪を前提とした原審差し戻しになるか、または、無実で死刑という現実に追いやられるか、おそらくはもう判決文が出来あがっているのだろう。それは、裁判官と神というのが、この世に実在するならば、そのものだけが知っていることだろう。小田島さんと、父に判決日の通知があったことを知らす〉

〈十月二十二日　土　晴れたり曇ったり

「裁判の方は、なんの通知もないか?」と雑役夫に問われて、俺は「まだ……」と思わず答えてしまった。

十一月一日に判決という通知が来ているのに「十一月一日に判決という通知があった」と答えるのが俺にはいやなのだ。

通知があったことを知らせることによって、他人からも「差し戻しになってくれればよいが……大丈夫かな?」と言われると、不安が倍加されてくるようで……。自分の苦しみや不安は自分の胸の中に閉じ込めておきたいのだ。

しかし、昨日は、自分の不安を他人に話すことによって、そして、聞いてもらうことによって、不安からのがれようとした俺ではなかったか。でも、自分の苦しみや不安を話して、同情されたからといってそれが消えさるものではない。それならば、自分の胸の中に閉じ込めておけばよいのではないか。だからといって、決して俺は、ひがみや依怙地になっているのではないのだ〉

激しい怒り

期待をかけた最高裁の判決だったが、上告は棄却され、幸夫の死刑が確定した。再審にわずかな望みをかけるが、裁判所に提出する掛け布団の血痕の写真を面会に来た母のヒデから見せられ、激しい怒りがこみ上げてきた。

〈十一月一日　火

――時間は刻々と過ぎてゆくが、電報はこない。俺はジッとして居られず、房内をグルグルと歩き出した。絶望感が押し寄せてくる。

夕食も昼と同様に食欲はなく。四時になっても電報はこない。――俺は総てを諦めた。気持ちを落ち着かせようと、好きなスポーツ新聞に目を通したが、無駄だった。一切が頭に入らない。同じ写真を、同じ活字を、ただ目で追うだけ。おそらく自分は、うつろな目をしているのだろう……。

――五時頃だったろうか。担当職員から何やら紙片を受け取った。俺は一瞬「電報だ」と思った。電報……良き訪れ電報で、と言っていた両親、そして守屋先生……ついに電報を手にした。絶望感から、俺は喜びに沸いた。

……静かに用紙を開いた……「ハンケツキイタゲンキヲダ　シテサイシンデ　タタカオウ」小田島さんから……俺の読み違いでは？……二度、三度。だが、いくら読みなおしてもはじめに読んだ電文と変わりはなかったのだ。
喜びは一瞬、総ての絶望感に変わった……死刑になった俺の姿が……両親や兄弟、姉妹、そして想う人の顔が……薄々は知っている真犯人の、ほくそえんでいる顔が……二重にも三重にもなって写ってくる。俺は電報用紙を置いて静かに立ち上がった。
……外は、静かに小雨が降っている。無実で死刑に追いやられた俺をあわれんでくれるのだろうか。それにしても、雨が俺に葬送曲をかなでてくれるのかもしれん。真実……それは裁判では認められないというのか。真実は認められず、偽造による証拠がまかり通る。それが裁判というものだろうか〉
〈十一月二日　水　小雨
昨夜は眠れぬ夜を過ごした。父母、面会。「幸夫、ごめんね」と母は涙を流していた。父は男だけにジッと胸の中でこらえているのだろう。
今度こそ、我が子の無実が立証されるものと期待して上京していっただけに、父母の受けた打撃も大きなものだったろう。絶望と憤りに、眠れなかった昨夜の俺と同じく、夜行列車の中で、両親もまんじりともしなかっただろうと思われる。
「兄は最後まで闘うと言っている。財産と弟の命をとりかえてはおられないから、財産を売っても無実を晴らすと……」〉
〈十一月七日　月　晴
守屋先生と両親が来所。先生と両親から再審への道があるから元気を出して、と励まされる。俺も上告棄却のショックから再審への道と、ようやく気持ちを整理し、落ち着くことが出来た。
だが、再審といっても、果たして、裁判所が受理してくれるかどうか、それが問題なのだろう。新たな、しかも確実な反証をあげなければ、よういには裁判所が動くまい。聞くところによると、九分九厘まで再審は受理しないと言うことではないか。
反証をあげる費用に、財産を売って……確実に再審が受理されるならばよいが、それがいずれも却下になったならば、なんのために財産を売ったのか……俺には兄弟姉妹が多いのだ。どうせ、却下になるならば、これ以上費用をかけて、両親、兄弟姉妹にみじめな生活をおくらせたくはない。今までに、ばく大な費用をかけさせてきたのに……とも考えるのだ。
でも、そうしてくれ、と言っても「無実で死刑にさせてはいられない」と言う両親、兄弟姉妹達であろう。もし、再審が受理されずに、人間社会の矛盾さに憤りのなかに死刑になってゆく俺には、両親、兄弟姉妹の愛情だけが、この世に生まれてただ一つの満足として死んでゆくであろう〉
〈十一月二十七日　日　曇時々雪
朝から白いものがチラついてきた。冬が過ぎ、春が来て、夏も過ぎ、秋も過ぎ、また冬が来る。そして、俺の人生も終わりを告げる日がやってくるのだろう。再審が受理されなければ、その日の訪れが早くやって来るかもしれない〉
〈十二月五日　月　くもり時々小雨
寒いところを母が面会に来てくれた。再審に提出する新たな証拠として、第一、二審において、唯一の物的証拠とされた掛布団襟当ての血痕が、捜査官の手によって付着せしめられたものである、ということを立証させるべく、鑑定依頼の資料にする写真を（最高裁にある掛布団を写したもの）守屋先生から送られたからと面会所で見せてくれた。
写真を見てみると、明らかに、守屋先生の法医学研究にもとづく所論のとおり、襟当てには小さな点々としたものが無数にあり、その血痕は、頭髪から付着したものではなく、なんらかの方法によって襟当てに滴下されたものであることが、ありありと判明する。

押収される時に立ち会った兄は、襟当てに血痕などは認められなかったと言っているのだ。それを、被害者からの血を浴びた俺の頭髪から付着したのだ、などとして偽造し……。犯罪を行ったか行わなかったかは、この俺が一番知っていることではないか。いや、俺と真犯人とだ。

「こんなことをして、生命を奪うなんて」母は、一枚、一枚を開いて見せながら、憤りに身をふるわせていた。俺も写真を見ながら、捜査官の悪辣な手段に、新たな憤りがこみあげてならない。

第一審の検察官が、――被告人は、尊き四名の人命を奪いながら、なんら悔悛の情もなく云々――などと、法廷での弁論を真犯人が聞いたら、あざ笑っているだろう。彼等こそ権力という名にかくれた殺人犯ではないか〉

〈十二月九日　金　晴れたり曇ったり

夕方、場長より呼び出しを受ける。死刑の確定だろうと思いながら場長室へ。やはり、そうだった。いよいよ明日から、死刑確定囚としての生活が始まるのか〉

執行の朝

日記は、死刑確定の通知があったこの一九六〇（昭和三十五）年十二月九日で終わっているが、その後の拘置所での生活はどうだったのか。

幸夫は生前、私たちのインタビューに答え、いつ自分が死刑執行されるかもしれない恐怖感や約四十人の死刑囚が独房から刑場へと連れて行かれたことを振り返った。幸夫の話を元に、極限の生活の一端を再現してみる。

幸夫は、死刑が確定した後、未決囚が収容される三舎から、死刑確定者が収容される一舎に身柄を移されたが、新たな独房については、こう話している。

「確定する前と同じ建物だけど、確定死刑囚だけの一角があるんだ。部屋の構造はだいたい同じだった。広さは四畳半ぐらいだな。半分ぐらいが畳で、半分は板敷き。小さな机があった」

独房の扉には長方形の小さな窓があった。看守が、中にいる死刑囚の様子を見るために付けられたものだ。スライドする蓋があり、窓を閉じることができるようになっていた。

幸夫が、死刑確定して一舎に移ってから二十日ほどたったある日の朝、独房の扉の窓が次々と、音を立てて閉じられていった。

「午前八時ごろだった。突然、パターン、パターンという音がした。俺は死刑が確定して間がないから、最初は何だろうと思って、よく分からなかった。そのうち、俺の部屋の窓もパターンと閉まったんだ。そのとき「あっ、これは死刑執行だ」と分かった。他の死刑囚に見せないために閉めているんだなと気づいたんだ」

独房の扉の窓がすべて閉まると、死刑囚を刑場に連れて行く担当刑務官の足音がコツコツと響いた。足音は幸夫の独房の前を通り過ぎ、近くの独房の前で止まった。

「みんな、死ぬのは自分かもしれないと思っているから、しーんと静まり返っている。それで足音もよく聞こえるんだ。死刑囚を迎えに行くときの足音は速かった。それから、部屋の扉を開けて「迎えだよ」と看守部長の呼ぶ声が聞こえ、刑場に連れて行く足音が遠ざかっていった。連れてゆくときの足音はゆっくりだった」

死刑囚を刑場に連れて行く場面に遭遇したのはこれが初めてだったが、その後、何度も扉の窓が閉まり、看守の足音が近づくのを聞くことになる。死刑は何の前触れもなく、突然、執行された。

「ある日の朝、引っ張られて行く。本当に、超弩級の恐怖だね。扉の窓が閉まって、足音がする。それが俺の部屋の前を通り過ぎて行くと「ああ、助かったな」と思う。この気持ち、分かりますか。怖いというより、冤罪で死ぬのが一番嫌だった。何もやっていないのに、こんな汚名を着せられて、何で死刑を執行されないといけない。それだけだ」

幸夫は、再審請求をして救援活動が活発になり、初めて「恐らく、俺には死刑執行はないな」と思ったという。

幸夫が再審で無罪を勝ち取り、一九八四年七月に仙台拘置支所を出るまでの間に、約四十人が刑場で死んでいった。隣の房にいた死刑囚の刑が執行されたこともある。その死刑囚とは、壁越しによく話をしていたという。

「右隣の部屋の人がわっと騒いで、はっきり聞こえなかったが何か言っているなと思ったら、後はしーんとして……。けさまでいた、あの人が死刑執行になったのかと思った。いまだに覚えている、四十人の顔を。名前は知らないが、もし、いま生きていて町で会えば、すぐに分かるね」

幸夫がいた仙台拘置支所には同じころ、帝銀事件の平沢貞通や島田事件の赤堀政夫も収容されており、顔見知りだった。

平沢は、再審請求や恩赦願を再三、提出したが認められず、歴代の法務大臣が死刑執行命令にサインしないまま、八七年五月十日、八王子医療刑務所で肺炎のため死亡した。享年九十五。島田事件は八六年五月に再審請求が認められ、八九年七月三十一日、再審の静岡地裁は赤堀被告に無罪を言い渡した。

文通

拘置所にいる死刑囚が、外の世界とつながる手段の一つは手紙である。幸夫も、家族や弁護士、救援活動家らへ頻繁に手紙を出し、彼らから手紙を受け取っている。このような長年の相手に加え、新たに、幸夫の獄中生活に彩りを添える文通相手ができた。きっかけは、幸夫が一九六四（昭和三十九）年の正月、支援者らに出した一枚の年賀状だった。

〈謹賀新年

真実を愛する皆様の温かいご支援と激励によりまして獄中九度目の年も元気に迎えることが出来ました。心から感謝をいたします。

再審を開かせて今年こそ無実をはらさなければなりません。真実を明らかにするために必ず再審を開始して下さい。と、裁判所に要請をして下さい。

要請先は　宮城県古川市三日町　仙台地裁古川支部

支部長　畠山郁郎殿です。

年頭にあたり、心からおねがいをいたします。

一九六四年一月一日

宮城県仙台市行人塚七〇ノ二

斎藤幸夫〉

幸夫が考えた文案を救援会が印刷し、幸夫が自分の名前を記して発送したはがきだ。

この年賀状に対し、一月下旬、熊本市の美容院に勤める二十代の女性、岩下美佐子から手紙が届いた。手紙には、年賀状にあった仙台地裁古川支部長宛てに再審開始を求める手紙を送ったこと、文房具店で用紙を買って署名集めを始めたこと、泥棒に入られたことなど、近況がつづられていた。

美佐子は、この手紙を書く前、実は、新年の挨拶に簡単な自己紹介と支援の言葉を添えた年賀状を幸夫に出していた。死の恐怖と葛藤しているに違いない幸夫に励ましの言葉を届けようと思い、最初は手

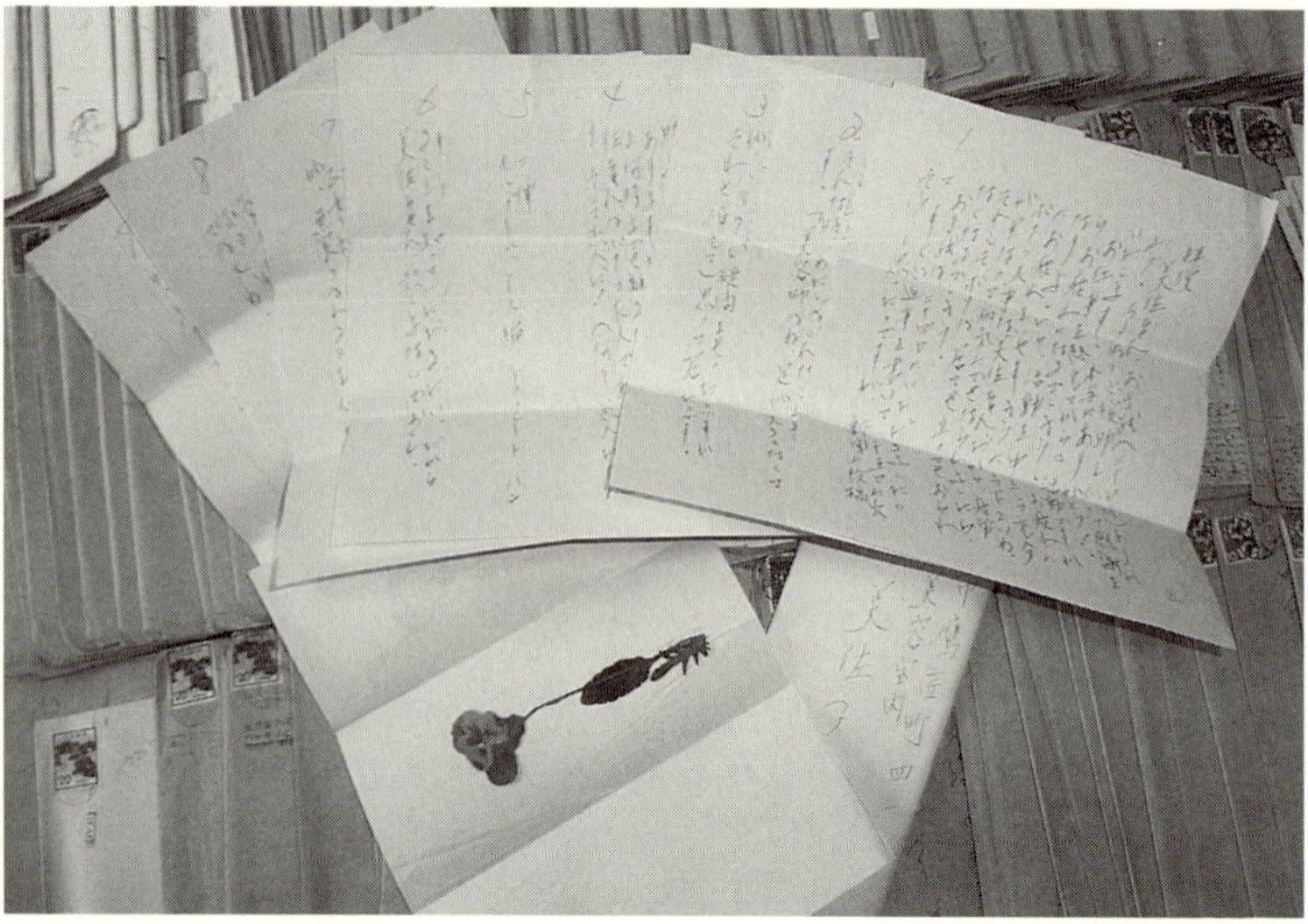

岩下美佐子へ宛てた斎藤幸夫の獄中からの手紙

紙を書こうとした。しかし、いざ書くとなると、言葉がなかなか出て来なかったので、結局、ありきたりな年賀状を出した。

幸夫から来た年賀状も、再審の要請活動を求める事務的な内容で、印刷されたものだったが、美佐子はもう一度、気分をあらためて幸夫宛てに手紙を書いた。これに対する幸夫の返信は、新たな理解者を得た喜びが行間から滲み出た内容だった。

〈拝復

今日は日曜日。ラジオがいま、素人のど自慢をやっています。

お手紙ありがとうございました。心から感謝をいたします。

お手紙を落手し、差出人に貴女のお名前を拝見しました時、前にお手紙をいただいた方、とすぐわかりました。

畠山支部長宛に再審要請の手紙を出していただきまして、本当にありがとうございました。一人でも多くの人から出していただくようにご協力下さいね。心からおねがいをいたします。

賊に入られましたとは大変でございましたね。でも、何も盗られませんでしたのは何よりでした。

現在の日本の社会は、犯罪や事故が非常に多くなってきているようです。

これは、映画などを例にとりましてもわかります通り、性的なものやギャングものの氾濫などがありますし、片寄った政治の欠陥などが上げられるでしょう。

犯罪や事故の多くなるのは、それだけの理由――社会的原因があるのですが、むずかしいことは抜きにしましょうね。それにしましても悲しいことです。

私の一日は三畳間ほどの独房で、手紙を書いたり読書をしたりが大半でございます。

では又ね。

寒いですから風邪をおひきになられませんように充分にお気をつけてお働き下さい。

擱筆
二月二日

斎藤幸夫

岩下美佐子様〉

この後二年以上にわたり、ほとんど交換日記のような頻度で、幸夫と美佐子の間で手紙のやりとりが続くことになる。美佐子との文通が、獄中の幸夫の新たな精神的支えになっていった。

過酷な生い立ち

美佐子が斎藤幸夫の存在を知ったのは、たまたま週刊誌「女性自身」の記事を目にしたからである。

一九六三（昭和三十八）年十一月のことだった。

勤務先の美容院で来客用に置いてあった「女性自身」のページをめくっていると、芸能人のゴシップなどの中に、毛色の違った記事を見つけた。「なぜ無実の兄が死刑に」の見出しで、死刑囚の兄の無実を訴えて全国行脚を続ける斎藤家の末娘を紹介する内容だった。

美佐子はそれまで、松山事件も幸夫のことも知らなかった。しかし、少し前に被告全員が無罪となった松川事件や、長い年月をかけて再審無罪を勝ち取った吉田巌窟王事件は知っていたので、それらの有名事件と松山事件が重なった。十代の五女の過酷な青春について書いた記事をただ読み流すだけでは済まされないと思った。無実の罪で死刑囚となった幸夫や、世間の目に曝され、経済的困窮から一家離散に追い込まれた幸夫の家族たちは、憎むべき差別による被害者であると感じたのである。

熊本には同和問題や在日韓国・朝鮮人への差別が残っていた。近くにはハンセン病患者の療養施設があり、患者への激しい差別も見て育った。そういう体験を通じて美佐子は、あらゆる差別に怒りを感じる人間になっていった。中学生のころは看護師になってハンセン病の療養施設で働きたいと考えていたという。

美佐子が、会ったこともない幸夫や彼の家族を手助けしたいと思った背景には、ほとんど人に語らず封印してきた自身の過酷な生い立ちもあった。

美佐子の一家は第二次大戦中、事業を起こすため親戚らとともに中国大陸に渡った。しかし、終戦前年の四四年の初夏、父が腸チフスにかかり急死。末っ子の弟も小児結核で亡くなり、終戦直後の四五年秋には母も結核で死亡した。

父の死後、生き残った美佐子ら三姉妹は、各地の親戚に別々に引き取られて離れ離れになった。美佐子は朝鮮にいた親戚のもとに身を寄せたが、その家にも五人の子どもがおり、戦時中の物資のない時代に、美佐子はお荷物だった。終戦直後、片方の妹も、美佐子が世話になっていた親戚に引き取られ一緒に暮らすようになったが、妹を待っていたのはひどい暴力だった。親戚夫婦は妹に折檻を繰り返し、厳寒期にもろくに着るものも与えず、凍傷にかかった手足は黒く爛れた。折檻は日増しに激しくなり、四六年の初夏、妹は薪で殴られて気を失い、そのまま息を引き取った。わずか六歳。美佐子は八歳だった。妹はそのまま土葬され、今も墓がない。

美佐子は妹の死後、日本に引き揚げ、もう一人の妹と共に熊本の親戚に引き取られて養子として育てられた。しかし、日本に引き揚げた後も、朝鮮で妹を守りきれなかった自分を責め続けた。妹を見殺しにしたのも同然だという自責の念から、いつしか「自分は生涯、決して幸せになってはいけない」と考えるようになった。成長するにしたがい、道が苦楽の二つに分かれていれば、苦労する方をわざわざ選ぶようになっていった。そういう性格だけに、斎藤幸夫のことを知った以上、放っておくわけにはいかなかった。幸夫が本当に無実なら、何としても救い出さなければいけない。しかし、法律や裁判の知識もない素人の自分にできることがあるのだろうか。美佐子はその日から、幸夫のことが頭から離れなくなった。仕事をしていても幸夫のことが気になり集中できなくなった。いくら考えても適当な方法が思い浮かばず、信頼していた中学校時代の担任教師に相談してみた。

「先生、宮城県の松山事件って知っていますか。死刑判決を受けて死刑囚になった人とその家族が無実を訴えているって週刊誌に出ていて、私、助けたいんですが、私にできることはないですか」

美佐子は真剣だったが、教師の答えはつれなかった。

「週刊誌に載ってるような話は、やめておきなさい」

的確な助言をもらえると期待していた美佐子は、その素っ気ない反応に落胆した。無実の人の命が絶たれそうになっているというのに、関わるなと言うのはどういうことか。自分の恩師は、事なかれ主義だったのか。美佐子は失望したが、「やめておきなさい」と言われたことで逆に、何かをしなければいけないという気持ちが強くなった。

実は、刑務所や拘置所は、美佐子とまったく無縁の世界ではなかった。彼女は、美容師として、刑務所で働こうと本気で考えた時期があった。美容師という仕事を通じて何か社会貢献できないか。そう考えていたとき、受刑者が出所後自立できるよう手に職をつけるのを手伝う仕事があるのを知った。養父母ら周囲の反対を振り切って、佐賀県の女子刑務所の面接試験を受け、担当者から「欠員が出たら連絡する」という返事をもらっていた。

美佐子はやっと、拘置所の斎藤幸夫に手紙を出すことを思いついた。見ず知らずの人に手紙を書くこと自体、普通はない。しかも相手は死刑囚である。どんな言葉が相手を励まし、勇気付け、あるいは、どんな言葉が傷つけ、絶望的な思いにさせるのか。そんなことを考えると、重圧から一字も書くことができなくなった。日常の忙しさも手伝って時が過ぎ、年末が近づいた。美佐子は手紙を諦め、簡素な年賀状を出したのだった。

幸夫が美佐子に宛てた手紙の末尾は当初、「岩下美佐子様」だったが、二カ月ほど経つと「美佐子さん」に変わり、さらに一カ月後には親しみを込めて「美佐ちゃん」となった。

手紙のやりとりを続けるうちに、幸夫の美佐子に対する感情は、死刑囚の支援者に対する感謝の域を超え、異性に対する愛情に変わっていった。美佐子からの手紙で、彼女の不幸な生い立ちを知った幸夫は、返信にこう記した。

〈美佐ちゃんの境遇を知って、ボクにはますます大事な美佐ちゃんになってゆくようです。ボクに送ってくれた詩のなかに――この兄ちゃんの手を何時までも離さないでいる――の一節がありますが、ボクも美佐ちゃんの手を何時までも離さないでいよう。美佐ちゃんはボクの友人であり、妹であり、そして恋人だ！（何？　恋人だなんて美佐子いやだワ、だって……。うれしいくせに美佐子メ！　呵々）（略）

ボクの独房の窓の下に花壇があり、三色スミレや桜草がキレイに咲いています。それで、三色スミレを一輪もらい、美佐ちゃんに送ります。前に美佐ちゃんがスミレを送ってくれたからボクのお返し。（花言葉！）〉

この手紙に幸夫は、押し花にしたスミレを一輪、同封した。

美佐子との文通をきっかけに、幸夫は変わった。それまで自分の殻の中に閉じこもりがちだったが、自分の思いを自身の言葉で世間に向けて積極的に発信するようになったのである。一九六五（昭和四十）年正月の幸夫の年賀状は、前年の事務的な支援要請とは打って変わり、はがき全面が「１９６５年」と題した自作の詩でびっしり埋まっていた。

〈１９６５年
なまり色の雲のとぶ空の下
氷のようにつめたい雪おろし風が　頬を突きさし高く厚いコンクリート塀にあたってはねかえる
もう十年か――
無実の身を囲すにくい塀
生まれたばかりの兄の子はもう小学生
小学三年だった妹は十九歳の娘に

高校生だった弟は二十五歳の青年に
母の頭髪には白いものがまじり
父の歯は抜け落ちて――
家族の顔、顔、顔に
弟の掛布団襟当に被害者と同血液型の血をつけて物証をねつ造した警官の顔、顔、顔が
「毎晩うなされていた」
偽証した警察留置場同房者の顔が
かんたんに死刑の宣告をした裁判官の顔、顔、顔が
ボクの瞼の奥で重り合い
ネオンサインのように明滅する

かえせ
かえせ
十年をかえせ
家族のもとにボクをかえせ
　一九六五年一月一日　　　仙台市行人塚七〇ノ二　　　斎藤幸夫〉

初対面

美佐子も、手紙によって幸夫の無実の叫びに毎日のように触れ、救出への使命感が膨らんでいった。

一九六五（昭和四十）年二月十日朝、美佐子は一人で鹿島台の斎藤家を訪れた。現地調査に参加するの

が目的だった。

遠来の支援者を案内するため、この日は仙台市から小田島も来ていた。美佐子は、斎藤家や救援会では、熱心な支援者としてよく知られていた。一年前から幸夫と文通を重ね、励ましの言葉を送り続けていたからだ。幸夫から話を聞いていたヒデや虎治、小田島は美佐子の来訪を心待ちにしていた。

現地調査で美佐子は、虎治と小田島に案内されて、事件現場周辺を丹念に歩き、「自白」の矛盾点や裁判所のずさんな事実認定について詳細な説明を受けた。行程を歩き終わり家に戻ると、ヒデと末娘の五女が待っていた。ヒデは、幸夫の子ども好きな人柄や斎藤家が長年警察の防犯活動に協力してきたことを語って聞かせた。

それまで一年間の文通で自分なりに幸夫の無実を感じ取っていた美佐子だったが、実際に現場を歩き、虎治やヒデの話を聞き、かれらの人柄にも触れて、それは確信となった。美佐子はその日、斎藤家に泊まった。

翌十一日、小田島や虎治、ヒデらとともに拘置所に幸夫を訪ねた。幸夫との初対面である。生まれて初めて足を踏み入れる拘置所で死刑囚と面会するのに、どう振る舞えばいいのか分からず、どきどきした。新聞などで幸夫の顔写真は見ていたが、長年、死と隣り合わせの境遇で孤独な暮らしを強いられてきた人である。表情は暗く、やせているだろうと美佐子は想像していた。

面会は、一人ずつ行われた。「岩下美佐子さん」。名前を呼ばれて面会室に入ると、六畳ほどの部屋が二重の金網で仕切られ、その向こう側に、にこにこした幸夫が座っていた。面会室には大きな窓があり、明るい陽光が差し込んでまぶしいほどだった。薄暗く、重苦しい場面を想像していた美佐子には、意外な光景だった。

美佐子はこの日、幸夫と交わした会話をほとんど覚えていない。記憶にあるのは、幸夫の方から「岩下美佐子さんですね」と切り出され、「よろしくお願いします」と挨拶されたことくらいだ。初対面のぎこちない空気の中、ほんの数分の時間が、美佐子にはとても長く感じられた。印象的だったのは、明るく飄々とした幸夫の表情だ。美佐子は「本当に無実だからあんなに明るいんだろう。もし人殺しなんてしていたら、あんなふうに明るくいられるはずがない」と思った。

斎藤家には、美佐子の他にもう一人泊まっていた。メーデー事件の救援関係者の男性だった。メーデー事件は五二年五月一日、皇居前広場で大規模デモ隊と警官隊が衝突し、多数の死傷者が出た事件だ。男性は仙台市までオルグに来たついでに足を延ばしたという。男性が語る救援活動の最前線の話は、田舎暮らしの若い美佐子には刺激的で興味深かった。話し込んでいるうちに熱心さが見込まれたのか、思いもよらぬ話を持ちかけられた。

「岩下さん、松山事件の救援の人数が決定的に足りていないんですよ。あなた、専従としてやってあげてくれませんか」

美佐子は突然の提案に戸惑った。救援の専従と言われても、労働組合運動などの経験もない自分にはどんな仕事かイメージできなかった。自分がその任にあるとも思えず、「熊本に帰って、みんなと相談してみます」と受け流した。しかし、力になりたいという思いは、週刊誌で家族の闘いを知ってからずっと持っていたので、この誘いに内心、興味も抱いた。

美佐子は、翌日も斎藤家に泊まり、虎治やヒデとすっかり打ち解けた。戦中戦後の混乱期に異国で両親を失い、姉妹が離れ離れで育った美佐子にとって、「家族」は憧れだった。ヒデのような決してくじけず闘い続ける強い母に守られ、大家族に支えられている幸夫がうらやましかった。

ヒデの印象は強烈だった。世間が偏見の視線を浴びせる中、子どもたちの精神的支柱として逃げも隠れもせず、わが子を信じて背筋を伸ばして生きる姿に「母親とはこれほどまでに強いものか」と圧倒された。美佐子は、自分も強い母に守られたいという気持ちになりながらも、傍にいて守ってやれないまま命を落とした妹のことを思い「甘えてはいけない」と自らを叱咤した。虎治やヒデに自分の子どものようによくしてもらい、温かな時間を過ごした美佐子は、年老いた両親を残して家を出るような思いだったが、美容院の仕事をそれ以上休むことはできなかった。

思いはヒデも同じだった。たった二日間だったが、苦労して成長した美佐子のひたむきで芯が強く、清潔な人柄をすっかり気に入った。子どもたちが家を出て家族がばらばらになった中、美佐子がこのまま帰らず一緒にいてくれたらどれほど心強いかと思いながら、帰省した子どもと再び別れるような気分で美佐子を送り出した。

ムシゴヤ

美佐子と初めて面会した幸夫は、喜びの感情を二月二十二日の手紙で次のように記している。

〈拝復

御手紙ありがとう。今日あたり、美佐子から無事帰郷の御知らせが届くだろうと待って居りましたところです。

先日はありがとう。

美佐子が来たら、いろんな話しを笑いながら楽しく……と思って居たのですが、美佐子の顔を見たら、胸が一杯になってしまい、いろんな話しを笑いながら楽しく、とはちょっと遠かったようです。（ボクは純情だから、愛妻の顔を初めて見て、胸がつまっちゃいました。呵々）まったく申しわけありません。

面会で話せなかった不足分？　は、これからの手紙で補充することにします。呵々。

ボクの早口を美佐子は御手紙に書いておられましたが、ボクとしては出来るだけゆっくりシャベロウと気をつかったつもりですが、フッと地？　が出ちゃって……呵々。でも今度、美佐子と会う時は早口でないようにしておきますからネ。（以下略）〉

手紙の中で、美佐子の呼び方は、「美佐ちゃん」から「美佐っぺ」となり、このころは「美佐子」となっていた。美佐子からの手紙がしばらく来ないと、幸夫は不安になり、四月二十一日には、こんな手紙も出している。

〈謹啓
今日も太陽が沈もうとしています。

夕焼雲が東に移動してゆくのが、机に向かっているボクの場所から、ガラス窓ごしに見えます。

今夜も美佐子から御元気な御便りが届きませんでした。今夜でもう十六日です。どうしたのかナ？

……。

美佐子は病気になって寝ているのですか？　それとも、ボクのあげた手紙の内容が気にさわったことでもあって、美佐子は御機嫌がナナメになって手紙を書かないのですか？

それとも「あなたの握っている手をいつまでも離しませんヨ」と云っていた美佐子が、もうボクの手を離そうとしているのかナ？……。

美佐子は、一体どうしたのだろうか？　と毎日案じて居ります。

ボクに、あまり心配をかけさせないように早く元気なお手紙を書いて下さい。（略）

何しろボクは、此処に閉じ込められて居りますので、外では、どうしているのか見えませんので、やっぱり心配でね。いや家族のことばかりでなく美佐子のこともですよ。だから、御元気な御手紙を早く下さいね。

では又ね。御元気でね。

握手！〉

美佐子への愛情を膨らませた幸夫だが、美佐子は幸夫を励ますことにもっぱら心を砕いていた。手紙に込めた思いは微妙にずれながらも、二人の文通は途切れなかった。

美佐子は美容師の仕事と救援活動を両立させようと必死だった。経済的にも楽でない中、寸暇を惜しんでフル回転する美佐子に浮わついた気持ちはなかった。保守的な地方都市である。若い女性が結婚もせず、死刑囚の救援活動にのめり込むのを好意的に受け止める人は少なく、活動に情熱を注げば注ぐほど周囲からの風当たりは強まった。

しかし、美佐子は、熊本に支援の輪を広げるには自分が頑張らなければならないとの思いで、働きながら署名活動などを続けた。自分の活動や手紙が幸夫の生きる支えになっていることは喜びであり、救いでもあった。幼少期に死に別れた妹のことを思うと、自分が関わる人をもう一人も不幸に死なせたくなかった。

文通を通じて幸夫と美佐子の関係が深まるにつれ、鹿島台の斎藤家で救援関係者に提案された美佐子の専従就任が現実味を帯びた。救援会だけでなく、幸夫も切望した。美佐子は悩んだ末、美容師の仕事を辞め、専従として仙台に引っ越すと決意し、一九六六（昭和四十一）年十月、熊本を離れた。

斎藤被告救援会の専従になった美佐子は鹿島台の斎藤家に下宿しながら仙台市東三番町にあった事務所に通勤した。事務所は、小田島森良らが中核となった松川事件の救援活動の拠点だった。鍵の開錠番号の「６４５８」にちなんで「ムシゴヤ」という愛称で呼ばれた。粗末な建物だったが、東北の人権運動で輝かしい歴史を誇る象徴的な場所だった。

救援会の事務局は当時、小田島一人で切り盛りしていて、オルグや現地調査の準備、パンフレットの編集、幸夫への差し入れ、家族への連絡、弁護団との打ち合わせなど仕事が途切れず、新入りの美佐子もいきなり多忙で、帰宅は毎晩遅かった。

ヒデは美佐子が専従になって戻って来たことを喜び、「美佐子さん」と呼んで、わが子同然に可愛がった。当時の斎藤家は虎治、ヒデ、五女の三人暮らしで、居間の裏の三畳ほどの小部屋が美佐子にあてがわれた。食事は家族と一緒だった。五女はオルグで家を空けることが多く、一年の半分以上、留守だった。美佐子もヒデに同行してオルグに出掛ける日が増えた。美佐子の記憶では、斎藤家での下宿は二年間ほどだったという。仙台の事務所から鹿島台まで帰るのに時間がかかり、夜遅くなると照明のない道は真っ暗で若い女性が一人で歩くのは危なかった。このため仙台市内に引っ越し、小田島の親戚が経営する貸家を仲間三人で借りた。

通勤の便は改善したが、しばらくして気味の悪い思いをするようになった。朝から晩まで人影がつきまとい、行動を監視されていることに気付いたのだ。公安警察の尾行だった。同居の仲間たちも同じだった。

革新勢力と連携して活動している救援会関係者は公安当局の監視対象だった。少し前まで地方都市の美容師で政治活動の経験もない美佐子にとって、姿を見せない相手に監視される毎日は息苦しかった。同時に、公安警察に尾行される立場になって初めて、自分が飛び込んだ救援活動を取り巻く厳しい状況を実感した。

美佐子が救援の専従になり、幸夫に面会に行けるようになると、交換日記のようだった二人の手紙のやりとりはなくなった。

美佐子が専従になった月には、小田島が中心となって続けていた現地調査が二十回を数えた。一九六七（昭和四十二）年四月二十八日、斎藤被告救援会が改組して松山事件対策協議会になった。

翌六八年も、ヒデはさまざまな活動をした。四月には最高裁に再審を要請し、最高裁長官の横田正俊に宛てて上申書を提出した。十一月には支援団体の代表らとともに最高裁に、約三万人分の署名を提出し、あらためて再審を求めた。

第十一章　開いた扉

差し戻し

弁護団は一九七一（昭和四十六）年十月三十日提出の即時抗告申立書で書き込めなかった内容を補充書で追加した。弁護団は、仙台地裁古川支部の裁判長、太田実の訴訟指揮が許せなかった。掛け布団襟当ての捜索差押調書の写真の復元鑑定を試みた千葉大の石原俊の証人尋問を決めておきながら、弁護団に何の連絡もなしに期日を取り消して結審してしまったからだ。科学的証拠を地道に積み上げてきた弁護団の努力を足蹴にするだけでなく、無実者のための非常救済手続きである再審制度を裁判所自ら形骸化させる行為に映った。

補充書には弁護団の義憤がほとばしっている。「原裁判所には、一審以来十六年もの長い間、暗い牢獄の中からひたすら無実を訴えている請求人のため、あるいは同人の無実を信じ再審開始のため人生をかけて活動している家族のために、誤判救済のため真実を探求してやろうという姿勢は全くなかった。そこには予断と偏見に満ち、事件をなるべく早く処理してしまおうとする裁判所の姿のみがあった」と真向から批判。「全証拠を検討して自ら心証を形成し判断するという裁判官として当然の職責すら果たさず、いたずらに前決定の判断を引用し請求を棄却した。全く不見識という他ない。実体的真実を探求し、無実の者が不当に処罰されることのないよう、人権の最後の「とりで」としての裁判所の職責を果たそうとする姿勢は全くみられない」と怒りをぶつけた。

石原については「弁護人が取調請求した十八人の証人の中で「布団襟当ての血痕の問題」についての最も貴重な証人である」と強調。「捜査当局が写真のネガを紛失したと称して裁判所に提出していないことを考えあわせると、請求人にとって最後のチャンスである本件再審請求では是非取り調べるべき証人だった」と不誠実な訴訟手続きを強く非難した。

さらに裁判所が「掛け布団襟当てを拡大鏡で観察すると、差押調書に「血痕」と書き込まれた汚れ以外にも、汚れらしきものが存在するので、押収時点で汚れが一カ所しかなかったということはできない」と結論付けた点について、「いったい裁判官は全能なのか。専門家が一生懸命にやった復元作業を、一言の見解も聞かずに「証拠なし」と断ずるほど裁判官は全能なのか。素人の虫眼鏡での観察が専門家の見解に対置できるほど医学上優れているとでも言うのか」と述べ、「我々は「恐るべき裁判」とあえて言う。このような裁判がまかり通るなら、それは近代科学の否定に通じ、封建時代の「お白洲裁判」への逆戻りだと批判されなければならない。この判断は審理不尽や事実誤認はもとより、公共の福祉と個人の基本的人権の保障を全うしつつ、事案の真相を明らかにすることを命じた刑事訴訟法に違反し、憲法が定める「裁判官の良心」にも違背し、延《ひ》いては憲法が求める「公正な裁判」を否定するものと断ぜざるを得ない」と指弾した。

しかし、仙台高裁は一向に事実調べに入ろうとせず、時間ばかりが過ぎた。しびれを切らした弁護団は裁判長の恒次重義にたびたび面会して、早急に審理を始めるよう要請したが、恒次は「皆さんのお気持ちは分かりますが裁判所も現在、懸命に検討しているところです。もう少し待って下さい」と答えるばかりだった。

第二次再審請求の即時抗告から丸二年が経とうとしていた一九七三（昭和四十八）年九月十八日午後、

仙台中央法律事務所に封書が届いた。仙台高裁からだった。事務員から「松山関係のようですよ」と渡された封書は薄く、青木正芳は請求棄却の決定の書面だろうと思い込み、さんざん待たせた挙句、ろくに事実調べも行わずに門前払いを繰り返す裁判所に怒りが込み上げた。だが、わずか三枚の書面は、青木の予想と正反対の内容だった。

「主文　原決定を取り消す。本件を仙台地裁に差し戻す」

恒次は幸夫の即時抗告を支持し、仙台地裁に審理を差し戻す決定をしたのである。それまでの恒次の訴訟指揮に手応えを感じられなかった青木は、予想外の展開に狐につままれたような気分になったが、書面を読み進むうちに我に返った。短い決定文だったが、行間から恒次の裁判官としての良識と工夫が滲み出ていた。

恒次が差し戻しの理由としたのは、石原俊の証人尋問をめぐる地裁古川支部の手続き違反だった。恒次はまず、刑事訴訟法が再審請求について決定する場合、請求人と相手方の意見を聞かなければならないと定めた趣旨に触れ、「請求の理由の有無が判断できない場合に備えるだけでなく、再審制度が個々の裁判の事実認定の誤を是正し、有罪の言い渡しを受けた者を救済することを目的とするところから、再審請求人の意見を十分に酌んだ上で再審請求の理由の有無を判断することが望ましいとして設けられたもの」と、再審制度は誤判被害者の救済が目的であることを強調した。その上で、次のように手続き違反を断じた。

「（再審制度の）趣旨に鑑みると、手続きの進展に伴い意見を表明し得るよう機会を与えなければならないところ、原手続においては、証人一人、鑑定証人二人の取り調べをしたほか鑑定証人石原俊の尋問を行うことを決定しながら、その尋問期日を取り消したのみで、証人尋問そのものについては取り消したものと解し難い。弁護人からの石原証人尋問期日指定の申し立てにも何ら応答することなく、請求人に対しては事実取調は未了であるから事実取調終了後にあらためて意見を述べる機会があるとの期待をいだかせた状態のまま、再審請求棄却決定を行ったことにより、請求人に対し意見を述べる機会を与えない結果を招来せしめた。原裁判所の一連の手続きは請求人の意見陳述の機会を奪ったものと言わざるを得ず、原裁判所の訴訟手続違反は再審制度の存在理由ないし目的に反する手続違反であり、原裁判所はその審理を尽くさず決定をなしたものというべきであるから、その手続違背は決定に影響を及ぼすことが明らかであり、取り消しを免れない。よって本件抗告は、その他の点について判断するまでもなく理由があるので現決定を取り消し、本件を仙台地方裁判所に差し戻すこととし、主文のとおり決定する」

再審に当たる裁判所の姿勢として、確定判決も含め、請求人が受けた当該事件のすべての判決の事実認定に立ち返って誤りがなかったか調べ直さなければならないとした恒次の見解は、制度本来の趣旨からすれば当然とはいえ、その趣旨が置き去りにされがちだった司法の世界にあっては画期的だった。恒次のもとで左陪席を務めた渡辺公雄は後年、マスコミの取材に、こう振り返っている。

「過去の裁判のすべての記録をメモを取りながら読み込んだので時間がかかった。その上で議論する中で、中身の問題と別に裁判長の訴訟指揮に関わる手続きの問題に行き着いた。しかし、再審事件で刑事訴訟規則に基づく手続き違反で差し戻しとなったケースはあまりなく、過去の判例を懸命に調べた」。

渡辺によれば、恒次は「穏やかな人柄で、常に当事者の主張を慎重に聞こうという姿勢があった」という。

差し戻し決定を知らされた幸夫は事情がのみ込めず、「差し戻し」という言葉の響きから「後退」の意味に捉え、最初は不満顔だったが、青木らからその意味を教えられてようやく力強くうなずいた。一審以来、懸命な訴えがすべて否定され、限りある人生の時間の浪費を強いてきた裁判所に、幸夫は不信感しか持っていなかった。事実調べを始めもせず待たせるばかりの恒次は過去の多くの裁判長と同じか、それ以上に期待できない裁判長との印象だったが、結果はうれしい誤算となった。微動だにしなかった再審への重い扉がわずかに開き、暗い独房の幸夫の前に、命の光が初めて一筋差し込んだ。

白鳥決定

冤罪者に追い風が吹いた。最高裁の「白鳥決定」である。白鳥事件は松山事件の三年前、一九五二(昭和二十七)年一月に札幌市で起きた殺人事件だ。当時の札幌市警警備課長、白鳥一雄が路上で射殺され、日本共産党札幌地区委員長だった村上国治が首謀者として殺人などの容疑で逮捕された。白鳥は当時、武装化など過激な闘争路線に傾斜していた共産党対策を担当していたことから、党関係者が大量検挙され徹底的に取り調べられた。物証が乏しく、実行犯が犯行前に山中で射撃訓練していたとの証言により捜索して見付かった弾丸が唯一の証拠とされ、村上は一審で無期懲役の判決を受けた。控訴審で懲役二十年に減刑されたが、最高裁では上告が棄却され、判決が確定した。

ところが判決確定後に、この弾丸の旋条痕鑑定の経緯に関して判決の事実認定と異なる証言があり、証拠の捏造の疑いが浮上した。村上は再審請求し、七五年五月、その特別抗告審で最高裁第一小法廷裁判長の岸上康夫が再審開始の要件を明快に示したのが白鳥決定である。その要旨は次の通りだ。

①刑事訴訟法が定める「無罪を言い渡すべき明らかな証拠」とは、確定判決の事実認定に合理的な疑いを抱かせ、その認定を覆すに足りる蓋然性のある証拠である②無罪を言い渡すべき明らかな証拠であるかどうかは、もしその証拠が確定判決を下した裁判所の審理中に提出されていたら、確定判決通りの事実認定になっていたかどうかという観点から、その証拠と他のすべての証拠とを総合的に評価して判断すべきである③その判断に際しても、再審開始のためには確定判決の事実認定に合理的な疑いを生じさせれば足りるという意味で「疑わしい時は被告人の利益に」という刑事裁判の鉄則が適用される。

それまでの再審請求審では、確定判決が採用した証拠を覆す力のある新証拠が求められてきた。しかし、捜査当局にあらゆる証拠が囲い込まれ、検察側の立証に有利な証拠しか法廷に提出されない状況の中で、請求人がそれを覆す新証拠を入手することは現実的には不可能に近い。岸上は再審制度の本来の趣旨に鑑み、判断要件のハードルを大幅に下げることで、形骸化しかけていた制度に魂を吹き込んだと言える。岸上も、村上国治の請求は棄却しているが、白鳥決定を境に再審をめぐる状況が大きく変わったのは間違いない。

幸夫の再審請求審も例外ではなかった。裁判所が事件を調べ直すことに前向きな姿勢を示し始めたのである。仙台地裁刑事第二部の裁判長野口喜蔵は七五年十一月二十日、仙台地検に一通の書面を送達した。「斎藤幸夫の再審請求事件の審理上必要につき、一件記録八冊を提出されたい」。検察に対して、それまで公判に出さずにいた不提出記録の提出を求めたのだ。裁判所が検察に不提出記録の提出を勧告するのは極めて異例なことだった。弁護団の長年の要求がようやくかなった。

刑事裁判をめぐる状況が大きく変わる中、検察も裁判所の勧告を無視することはできなかった。審理上の必要性を理由にされている以上、従わなければ、その態度自体が検察にとって不利に働くことは明白だった。仙台地検の検事正山室章は記録の提出を決断し、次席検事桑原一右に対応を指示。六日後に三六三点に上る不提出記録を仙台地裁に提出した。

二重鑑定

一九七五（昭和五十）年十一月二十六日。青木正芳らが所属し、弁護団の事務局になっていた仙台中央法律事務所に仙台地裁刑事第二部の書記官から電話が入った。

「検察から、証拠の提出がありました」

不提出記録の開示を一貫して求めてきた青木たちだったが、そのハードルの高さを分かっていたので最初は半信半疑だった。青木は事務員に「片っ端からコピーをとってくるように」と指示した。事務員が裁判所に着くと、長年検察の奥深くにしまわれ一度も法廷に出されることのなかった捜査関係の書類が机上に山積みされていた。幸夫の供述調書、参考人の供述調書、捜査報告書など、膨大な資料を事務員は延々とコピーした。

待望の不提出記録である。内容ごとに表紙をつけて六冊に綴じ、積み上げると、五十センチ以上になった。青木はこの日、はやる気持ちを抑えられず、六冊を自宅に持ち帰り読みふけった。青木を最も興奮させたのが、それまで存在すら明らかになっていなかった宮城県警鑑識課の技師、平塚静夫による五五年十二月二十八日付の「掛け布団」の鑑定書だ。幸夫に再審無罪判決をもたらした証拠の中で特に決定的な価値を持つ「平塚鑑定」である。古川簡裁の裁判官が出した十二月二十二日付の鑑定処分許可状があり、正式な鑑定だったが、この時期は東北大で「三木鑑定」の最中のはずだった。

鑑定書には「昭和三十年十二月二十二日に着手、同年十二月二十三日に終了した。(三十年十二月二十八日、鑑定書=県警鑑識課技師・平塚静夫作成)」と明記されている。

幸夫が松山事件発生当時、寝起きしていた兄常雄宅で使用していたとされる掛け布団については、東北大の三木敏行による鑑定書の記述や掛け布団を押収した宮城県警鑑識課の菅原利雄の証言などから次のような経緯で鑑定が進められたとされていた。

十二月八日に菅原らが兄常雄宅で敷布と一緒に押収し、翌九日に菅原らが三木に届けた。三木は十二日に、掛け布団に付けられていた襟当てを部分的に切り抜いて血液の付着検査を実施。翌年一月十五日まで鑑定作業をして、いったん中断後、五七(昭和三十二)年三月二日に再開し、三月二十三日に終了した——。

三木鑑定書の日付は「昭和三十二年三月二十三日」となっている。つまり、三木鑑定が続いていたのと同時期に、県警鑑識課の技師による別の鑑定が行われていたことになる。重要な証拠物の鑑定が大学で進められている最中に、それが何者かの手で捜査当局に戻され、別の鑑定が行われていたという通常あり得ないこの奇妙な出来事は何を意味しているのか。

しかも、平塚に委嘱された鑑定項目が三木鑑定と同じだったことが、古川署長の鑑定嘱託書で分かった。具体的には、血痕付着の有無、付着しているとすれば人血か否か、血液は被害者のものであるかどうかである。平塚鑑定書に添付された掛け布団の裏表両面を写した写真から、三木が鑑定した布団と同一であることも確認できる。

ここであらためて三木鑑定の概要を確認しておく。

掛け布団は襟当ての表側に三十五群、裏側に五十群の微細な血痕が散在しており、人血と考えられる。いずれも赤褐色で、濃淡はまちまち。表面にだけ薄く付いているものもあれば、裏面まで染み込んでいるものもあり、形状は不規則。血痕は、少量の血液をこすりつけたり、押し当てたり、軽く接触してできたもので、血液が噴出したり、滴下してできたものではない。

ところが、平塚鑑定は、まったく異なる説明をしていた。「布団裏の黒褐色の汚斑の各部についてベンチジン検査、ルミノール検査を行ったが、汚斑はいずれも陰性であり、掛布団の裏には人血が付着していない」とし、襟当てには言及していなかったのだ。平塚に対して委嘱されたのも同じ「掛け布団」であり、「襟当てを除く掛け布団本体のみ」ではない。襟当てに八十五群の血痕が付着していたのであれば一言も触れずに鑑定を終えることがあり得るだろうか。平塚が鑑定した際は、襟当てに血痕は存在していなかったのではないか。

弁護団は三木鑑定にいかがわしさを感じていたが、決め手を欠き、これまでの裁判では追及しきれなかった。だが、二重鑑定を突破口に三木鑑定の矛盾を突けば、無罪立証は可能だ。青木はそう確信した。

平塚の証言

一九七六（昭和五十一）年一月、青木らは平塚と会い、鑑定の経緯を聞いた。平塚は、鑑定は襟当てを含む掛け布団全体であり、襟当てが鑑定対象から除外されていたことはないとした上で、「襟当てに八十五群の血痕が付着していたとした三木鑑定には、あれっと思った。本当にそれほど多くの血痕が付いていたら、見落とすはずがない」と断言した。襟当ての状態について平塚の記憶は三木鑑定と根本から違った。弁護団はすぐに、平塚鑑定書に関する事実調べを裁判所に請求。五月に再び平塚と面会し、話を聞いた。

二度目の面会の約二週間後、平塚は第二次再審請求の仙台地裁での差し戻し審に証人として出廷し、掛け布団を鑑定した際の様子を証言した。青木らは法廷で「襟当てを含め掛け布団に血痕はなかった」との言質を取れると思っていた。青木らは単刀直入に聞いた。

「肉眼検査で一目で血痕と分かり、すぐに鑑定に入るべきものは付いていなかったのですね」

「付いていないというよりも、血痕かどうか分からないけれども、色の着いたものはあったんです」。

平塚の答えは、あいまいになっていた。

襟当ての血痕についても「付いていない」とは言わず、「十個以下しか付いておらず、大きいものは小豆大か米粒大で、そういうものが若干付いているなという感じだった」と述べ、少量の斑痕があったと証言を変えた。

青木らは平塚の証言の変化に納得がいかず、質問を重ねた。

「以前弁護人と面会した際、八十数群付いているなら見落とすはずがないと言っていたけれど、十個以下の斑痕があったという記憶がよみがえったということですか」

「それは目に触れる部分ですね。それから細かいものがあったと聞いておりますのでね」

「だから聞いているんですが」

「三木さんの鑑定書の中では、（布団の裏面側に接する襟当てに）五十数個ということが記載されておりますね。少なくともわれわれとしては、そんな数のものがあるということはですね、本当のことを言って夢にも思わなかったんです。ただ、感じとして大きいのだけ数個あるなといいますか、そういう見方しかしていないんです」

「それであとで（襟当て全体で）八十数群のしみが付いていたということが三木さんの鑑定書に出ていることをほかから聞いて、夢にも思わなかったと」

「実際驚いたんです」

斑痕について「なかった」から「十個以下だが、あった」と証言を翻した平塚だったが、三木鑑定の「八十数群」とは、なお埋めがたい大きな開きがあった。さらに平塚の証言で別の矛盾も露呈した。三木の鑑定書には昭和三十年十二月十二日に検査のため、襟当ての斑痕部分を切り取ったと判断できる記述があるが、平塚は「襟当てが部分的に切り抜かれていたということは一切ない。それは断言できる」と述べたのである。三木が十二月十二日に切り取っていれば、二十二日に平塚が目にした襟当てにはところどころ穴が開いていなければおかしいが、穴はあいていなかったという。実際、平塚の鑑定書の添付写真の掛け布団は、襟当てが外されておらず、部分的に切り取られた跡もなかった。時系列的にみて説明がつかない。三木が鑑定書に記した作業の日付がいいかげんなものだった可能性が高い。

一方、平塚鑑定の関連書類にも、日付をめぐり不自然な訂正跡があった。その一つが鑑定書に添付された、掛け布団を撮影した写真である。平塚の鑑定書には、県警本部の屋上で撮影した掛け布団の全体写真などが添付されており、ネガも袋に入れて一緒になっていた。問題はそのネガ袋に記入されていた日付だ。もともと「三十年十二月十三日」とインク書きした上から、十三日の部分が鉛筆書きで「二十二日」に訂正されていた。どちらの日が本当だったとしても三木のもとに持ち込まれた後となり、疑惑が深まった。

平塚鑑定に関する検察側の説明は、苦しいものだった。平塚鑑定が行われたのは鑑定書記載の日にちではなく、掛け布団を押収した当日の十二月八日夕刻で、翌九日午前に鑑識課の石垣秀男が県警本部の屋上で掛け布団の写真を撮影した後、鑑識課の菅原利雄が三木のもとに届けた。平塚鑑定は八日の一回だけ。ネガ袋の日付欄には、撮影日ではなくネガを整理した日を書く場合もある。三木鑑定の期間中に平塚の鑑定が行われたことはなく、「二重鑑定」ではない。鑑定書記載の日付は、裁判所の鑑定処分許可状が出る前に平塚が鑑定を行ったため、二十二日付の許可状と矛盾しないよう書いたものだ、というのである。

事実経過と矛盾

この検察側の説明は、それまでの裁判で確認されていた事実経過と矛盾があった。幸夫が寝起きしていた常雄方で古川署の佐藤健三が県警本部鑑識課の菅原利雄とともに掛け布団を押収したのは、捜索差押調書では一九五五（昭和三十）年十二月八日の午後二時二十分から三時にかけてとなっている。佐藤健三は五七年九月の証人尋問でこの日の作業について次のように証言していた。

「掛け布団と敷布を押収してどこに持って来たか」

「古川署でなかったかと思います」

「何で搬送して来たのか」

「古川署の自動車でしたが、どういう自動車だったかははっきり記憶しておりません」

「どういうふうにして持って来たのか」

「風呂敷に包んで持って来ました」

「古川署のどこへ持って来たのか」

「私がその布団と一緒に来たように思いますが、どこに置いたかは記憶にありません」

「他の刑事事件の証拠品と一緒においたようなことはなかったか」

「そういうことはないと思います」

「その後、掛け布団を三木敏行に渡したのか」

「私は上司の命令を受けて証拠品を差し押さえて持って来ただけです。その後のことについては分かりません」


さらに七六年六月には、県警鑑識課の鈴木隆が証人尋問で、鑑識課に掛け布団が運び込まれた日の状況について「掛け布団は午後三時か三時半ごろ県警本部鑑識課の理化学実験室に持ち込まれ、化学担当をしていた自分のほか、佐藤寅之助刑事部長、高橋秋夫鑑識課長、現場係の菅原利雄警部補らが部屋に入り、ルーペでかわるがわる布団をみた。布団は終業時刻の午後五時の時点では片付いていた」と証言した。

鈴木はまた「写真係の石垣が「これを室内で撮るのはちょっと無理だ。屋外で撮るにしても今日はもう暗いからダメだ」というようなことを話していた」と述べた。写真撮影は九日だったとする検察側の主張と合致しているように思えなくないが、鹿島台の常雄方で午後三時に押収していったん古川署に運んだ掛け布団を、直線距離で約四十キロある仙台の県警本部に三時半までに持ち込むことは物理的に不可能で、押収日当日に県警本部に搬入し、平塚鑑定まで行われたとする検察側の説明は破綻していた。

鈴木隆の尋問と同じ日の法廷では、県警本部屋上で掛け布団の写真を撮影した鑑識課の石垣秀男の証人尋問も行われた。撮影日時について石垣は「十二月中の晴天の日」と答えた。一方、ネガ袋の日付について問われると、撮影日か現像日か記憶にないとお茶を濁した。

ちなみに検察が撮影日と主張する「九日午前中」は、再審で疑わしさがあらためて浮き彫りになる。仙台地裁は再審で、撮影可能な日について、気象台の記録を調べた結果、九日は午前午後とも雪が降ったりやんだりで、県警本部屋上の床や壁は濡れていたとみられ、掛け布団を広げて撮影できる気象条件ではなかった。

不可解な点はさらにあった。平塚自身が書いた「伺案」と題する書類が出てきたのだ。朱色のペンで「この鑑定書は東北大学法医学教室三木助教授の依頼により作成したものである」とある。検察側が七六年四月の公判に証拠として提出したが、どのような必要があって作成されたものか趣旨不明だった。

そもそも東北大助教授の三木が自身の鑑定中に、鑑定を委嘱した県警の平塚に鑑定の「下請け」を依頼するということがあり得るだろうか。実際にそのような経緯があったのであれば、重要な情報であり、三木の鑑定書にもその旨が明記されていなければならないが、平塚鑑定の存在自体が不提出記録の開示で初めて明らかになったことからも分かる通り、三木の鑑定書にそのような記述は一切見当たらない。同一時期に同一内容に関して二つの鑑定が存在したという事実は説明がつかなかった。目立つように朱書きされている点も不自然で、何らかを強調する意図が感じられた。

五月の証人尋問で平塚が気になることを口にしている。松山事件の証拠物の管理方法について「あの事件に関する限り、私どもは単なる検査上だけでございまして、その物件の保管などについては、どうも彼が中心になっていたように思われます。添付写真についても、通常は鑑定者が写真係を頼んでスケールを入れて撮るのですが、あの事件では、私どもは単なる鑑定だけで、物件の保管は彼が主体になって動いていて、この布団の処理については、一般的なやり方とは違いがあるような感じは持っておりました」と述べた。平塚が言う「彼」とは鑑識課の菅原利雄である。

一方、菅原は自身に向けられた疑惑に対し、出版を前提に書き上げた手記「現場鑑識と布団襟当ての血痕」で、自分の仕事に何らやましいことはなく、人生を奉じた警察の組織防衛のためにはめられたという見方をしていたのは前述の通りである。

再鑑定

裁判不提出記録の出現で三木鑑定をめぐるさまざまな疑惑があらためて露見し、弁護団はその内容についても疑念を深めた。警察は、平塚鑑定の機会を利用して三木の手元から掛け布団をいったん取り戻し、血痕を捏造したのではないか。三木は捏造された血痕を鑑定したのではないか。弁護団は三木鑑定と、それにお墨付きを与えた三木の師匠で国内法医学界の最高権威、古畑種基の鑑定を再度、徹底的に調べる必要があると考え、七六年九月、裁判所に両鑑定書の再鑑定を申請した。

十二月二日には、地裁古川支部の第二次再審請求審で証言の機会を与えられなかった千葉大の石原俊に対する証人尋問が実現した。

石原は撮影実験の条件などを詳細に説明した上で、写真工学の立場から八十群以上もの血痕が付着していた場合、写真にも多数写ると証言。菅原利雄が押収時に撮影した写真に、「血痕」と記入した一点しか写っていないのはおかしいと指摘した。

さらに裁判所は、第二次再審請求審で幸夫のズボンの血痕鑑定を行った弁護側申請の千葉大の木村康と検察側申請の長崎大の須山弘文に、三木鑑定と、それにお墨付きを与えた古畑鑑定の方法が妥当かどうかなどについて再鑑定を依頼した。

これに対し二人は、特に三木の検査手順に類する点で問題を提起した。

三木鑑定は、切り取った複数の斑痕を集め、それを細かく刻んで食塩水を満たした試験管内で攪拌《かくはん》。繊維内の成分が溶解したところで遠心分離し、その上澄みを分析する手法を採っている。その結果、襟当てには人血が付着しており、一人に由来するものであれば血液型はA型、二人以上に由来する場合は全員がA型か、A型の人とO型の人が混在していたと考えられる、という結果だった。

木村は「三木鑑定は一部の斑痕の血痕予備試験を行ったにすぎず、試験をへていない斑痕の中には血液でないものが混在している可能性がある。人血と判定された斑痕はわずかで、それらも血液型検査をへていないので、人血は付着していても血液型までは分からない」と指摘。さらに「斑痕が微小で個別的な検査ができないときは、少なくとも血痕予備試験を各斑痕について行い、陽性を示したら、それらを集めて血痕本試験、人血試験、血液型検査と進める。この場合、斑痕が付着した機序を検討することが大切。同一の機序で付着したと考えられることが必要となる」と説明し、「三木鑑定の検査方法では血痕検査の全過程をへた斑痕はなく、三木鑑定の結論は導き出せない」と結論付けた。

須山も「斑痕を集めて検査し人血証明があった場合は、その中のどの斑痕が人血か不明。一部または全部が人血かもしれない。斑痕を集めて検査するのであれば、それらが同じ機会に生じたものであるという前提が必要だ」と強調した上で、「三木鑑定は斑痕をまとめて血液型検査をしてA型との判定結果が出ており、この中にA型質が存在していたことは事実だが、すべての斑痕に存在したかどうかは明らかでない」とした。

また古畑鑑定についても、検査にどの部分の斑痕を用いたのか明確に示しておらず、どの部分の斑痕を根拠に人血であることや血液型を判定したのか不明である点を木村が厳しく批判した。木村は「古畑鑑定は多数の血痕を集めた上、検査した部分を明らかにしていない異常な検査の仕方をしている」とこき下ろした。国内最高権威の古畑の仕事を批判するのは相当な覚悟が必要だったと思われるが、木村は毅然としていた。

裁判所からの電話

救援の輪は全国に広がっていた。松山事件対策協議会の地道な取り組みが浸透し、世論のうねりを巻き起こしていた。一九七九（昭和五十四）年三月には作家の松本清張や佐野洋、婦人運動家市川房枝、女優長山藍子ら文化人六十人以上が連名で再審開始を求める要請書を裁判所に提出し、世間の関心が高まった。

救援活動が熱を帯びる中、七九年十二月五日午前九時半過ぎ、主任弁護人の青木正芳のもとに仙台地裁から電話が入った。

「お待たせしましたが、斎藤幸夫の再審について明日告知します。午後三時にお出でください。決定書の謄本は全部できています。どなたがお見えになりますか」

急な連絡に青木は一瞬戸惑ったが、「私が伺います」と答え電話を切った。青木たちは、決定の言い渡し期日は一週間前ぐらいに連絡があるものだろうと思っていたため、前日の連絡は想定していなかった。幸夫本人への伝達、家族や支援者への説明、記者会見の準備など何もできておらず、小田島らに連絡を取り、ばたばたと作業に取り掛かった。

小田島は当初、言い渡し期日が決まった場合は、当日に向けて街頭での支援行動などを強化する計画を立てていたが、時間がなかった。それより一刻も早く幸夫に知らせなければならないと思い、居ても立ってもいられなかった。幸夫にはこの時点で何の連絡もなく、本人は塀の外の慌ただしさを知らぬまま、普段通りの朝を過ごしていた。

期日が翌日に決まったとの情報はマスコミにも伝わった。この年は六月に財田川事件の谷口繁義、九月に免田事件の免田栄の再審開始決定が相次いでいた。幸夫が続けば死刑確定後の再審開始三例目となる。記者たちの動きが急に慌ただしくなった。青木はこの日、宮城県警本部内の記者クラブで会見し、決定を翌日に控えた心境を正直に語った。

「今回は、検察側が不提出記録を開示し、それによって斎藤幸夫君の無罪を裏付けることができました。再審開始の決定を得る自信はある。でも、やっぱり受け取ってみないと……。これまで何度も苦い経験をしていますから。実際に決定書を見るまでは不安です」

青木の表情は明るく、堂々としていた。実際、今回は確かな手応えを感じていた。検察が裁判不提出記録を出し、その中で掛け布団の二重鑑定をはじめ、それまで隠されてきた重大な事実が一挙に明るみに出たからだ。ただ仙台高裁の恒次重義裁判長による仙台地裁への差し戻し決定は、裁判所の刑事訴訟法上の手続き違反を根拠としたもので、事実認定の部分には触れておらず、青木には一抹の不安もあった。

仙台拘置支所の幸夫にはこの日午後、小田島から期日が伝えられた。「再審開始の決定が明日に決まった」と伝えると、幸夫は「そうですか。随分、急ですね」と淡々としていた。幸夫は、自分は無実であり、たとえ再審請求が退けられようとも諦めず闘い続ける胸中を静かに話し、「私は寝つきがいいから、くよくよ考えて眠れないなんていうことはありませんよ」と言って小田島を安心させた。約三十分の面会だった。

ヒデにも連絡が入った。近々裁判所の決定が下りるだろうと弁護団から聞いていたため、慌てることはなかった。早速、長男常雄ら県外にいる家族に連絡を取った。「無罪という裁判長のひと言を聞くまで戦い抜くことしか頭にありません」。集まった記者たちを前にヒデはこう言って表情を引き締めた。

再審決定

一九七九（昭和五十四）年十二月六日。幸夫は午前七時に起床し、八時に朝食を取った。その後は自分の裁判のことを報じた新聞をゆっくり時間をかけて読み、明るい窓際で日課にしていた書道の練習に集中した。

鹿島台の自宅では母のヒデが前夜から落ち着かなかった。ようやく再審の願いがかなうという期待と、今回も駄目ではないかという不安が交錯して寝つけなかった。冤罪で人生を取り上げられた幸夫はもちろん、ばらばらになった家族の苦難の時間を思うと、あらためて警察、検察への怒りが込み上げてきた。午前六時に床を出て、前年十月に七十五歳で他界した夫虎治の遺影に手を合わせた。

「お父さん、いよいよです。お墓から祈ってください」。虎治は倒れ、四年以上の闘病生活の末、塩釜市の病院で亡くなった。最期に「幸夫を頼む」とヒデに言い残したという。息子が自由の身となるのを信じながら命尽きた虎治の無念を晴らすためにも、ヒデは今度こそ再審の扉が開くことを強く願った。朝食を済ませると、虎治の遺影を風呂敷にくるんで仙台に向け家を出た。

決定の言い渡しは午後三時に指定されていた。仙台地裁の訟廷事務室に入った弁護士たちをヒデは廊下で待った。十分ほどたっても弁護士たちは出てこない。

やはり駄目だったか……。落胆が心に広がり始めたころ、部屋の中から「やったぞ！　やった！」という興奮した声が聞こえ、弁護士の一人が飛び出して来て、ヒデの手を取って叫んだ。「お母さん、やりましたよ！　再審開始です！　再審開始が決まったんですよ！」

ヒデの目から涙があふれた。分厚い決定書の冒頭には確かに「本件について再審を開始する。請求人の死刑執行を停止する」との主文が書かれていた。ヒデは目で文字を追うだけでは足りず、指でその部分を繰り返しなぞった。

仙台地裁刑事第二部の裁判長伊藤豊治は決定書の中でまず、確定判決の証拠構造を整理した。強盗殺人と放火を認めた斎藤幸夫本人の自白の任意性には疑いがない。三木・古畑鑑定によって、幸夫が使っていた掛け布団襟当てに表裏計八十五群の血痕が存在し、これらの全部または一部が被害者の血液である可能性が極めて高いと認められることから、真実性の点でも自白の大部分が科学的に、ほとんど決定的に裏付けられている。平塚鑑定では幸夫が事件当夜着ていたと認められるジャンパーとズボンから返り血の血痕は発見されなかったが、事件後、それぞれ二度洗濯されており、血痕反応がなくても自白の真実性を否定することにはならない。これが確定判決の証拠構造である。

伊藤は、このうち、掛け布団襟当ての血痕について「証拠価値は二重の意味で著しく低下する」とし、具体的に次のように指摘した。

第一に、三木・古畑鑑定の結論は血痕様の斑痕が同一の機会と機序によって生じたという前提条件のもとでのみ妥当だが、自白を含め、すべての証拠を総合的に検討しても、その前提条件が満たされていると完全に解明されておらず、両鑑定の結論はそのままでは妥当ではない。

また、幸夫の事件当時の着衣とされたジャンパー、ズボンについて、千葉大の宮内義之介と木村康の鑑定、当初から証拠採用されていた県警の鑑定などを総合すると、返り血はもともと付着していなかった蓋然性が高いと判断される。ジャンパー、ズボンに血液が付いていないのに、頭髪にだけ返り血が付着し、犯行から約二時間後に就寝した際、掛け布団襟当てに多数の血痕ができたというのは多大な疑問を生じさせる。

これらのことを総合して考えると、掛け布団襟当ての多数の斑痕の中に被害者らの血液型と同型の血液が血痕として付着していたことの蓋然性と、その血痕が犯行を介して生じたとみられることの蓋然性の両面で疑いが生じる。

さらに、ジャンパーとズボンに当初から血液が付着していなかった蓋然性が高いことから考えると、ジャンパーとズボンに血液が付いたとする供述や、その後の洗濯に関する供述は虚偽である疑いが濃い。さらに、洗濯後の干し場所に関する供述は甚だしく変転しており、変転の末に落ち着いた供述も裏づけがなく、虚偽の疑いが濃厚である。

自白で凶器とされた薪割があった場所に関する供述も、屋内の土間から、最後は屋外の風呂場の壁へと変転している。これは単なる記憶違いの訂正とは認められず、幸夫が捜査官の追及に思い付きでその場限りの供述をしていた疑いが濃い。

これらの供述が自白全体に占める比重は小さくなく、自白全体の真実性に少なからぬ影響を及ぼすと考えなければならない。さらに、自白の動機、経緯について、裁判不提出記録の中の新証拠である同房者の高橋勘市の調書を加えて検討すると、幸夫が自分には記憶がないまま、捜査官の追及を受けて混乱した上、同房者の示唆を受けて虚偽の自白を誘発しやすい状況下で自白するに至った疑いが濃く、自白の真実性に重大な影響を及ぼす。

これら問題点を含みながら、なお他の供述や裏づけ証拠などにより斎藤幸夫による犯行であることを肯定し、有罪の心証を維持できるとするためには、供述に高い真実性が認められなければならない。一部には経験的事実とみる余地があり、真実性が高いと認められる供述も二、三あるが、自白の真実性を決定付けるには至らない。その他はほとんどが捜査官の誘導や思い付きでも供述できる事項に属す。伊藤はこう断じた上で、次のように結んだ。

「以上の次第で、確定判決の証拠構造は新証拠に照らしてその重要な部分が動揺し、もし、新証拠が確定判決の審理中に提出されていたとすれば、有罪の事実認定の正当性について合理的な疑いが生じたものと認められるので、請求人に対し、無罪を言い渡すべき明らかな証拠を発見したときに該当するというべきである。よって、刑事訴訟法四四八条一項により本件について再審を開始することとし、同条二項により請求人に対する死刑の執行を停止することとして主文のとおり決定する」

確定判決が有罪の決め手とした血痕鑑定と自白の両方を「証拠として信用できない」と退け、弁護団の主張に沿った内容だった。「無罪を言い渡すべき」という一節が遂に裁判所から発せられたことで、ヒデはうれしさのあまり全身の力が抜けた。

記者会見で主任弁護人の青木正芳らは、裁判所が示した判断について「疑わしきは罰せずの原則に立った決定で高く評価できる。掛け布団襟当ての鑑定をめぐる判断では不満も残るが、自白については調書の一部で警察の誘導があったことを示唆するなど、任意性が疑わしいことをはっきり打ち出しており、われわれの主張がほぼ全面的に認められた」と熱っぽく解説し、「検察は即時抗告などせず、速やかに再審裁判に臨むべきだ」と訴えた。

仙台地検は、深沢保二郎検事正ら幹部が硬い表情で記者会見した。「意外な決定だ。内容には納得できない点が少なくない。高検、最高検と協議して対応を決めたい」。そう話す深沢の声は小さく、途切れがちだった。記者たちから、決定内容に関する具体的な質問が飛んだが、深沢は「この場では控える」と一切コメントせず、五分で会見を打ち切った。

心は日本晴れ

裁判所前の三角公園では百人を超す支援者たちが庁舎の玄関を凝視する中、弁護団の阿部泰雄が興奮した顔で飛び出してきた。手には「再審開始」の縦書きの紙。それを見て支援者がどよめき、同時に「やったー」「やったぞ」という歓声と拍手が湧き起こった。ほどなくして他の弁護士たちとヒデが姿を現した。「幸夫の死刑執行がやっと止まりました。皆さんのおかげです。ありがとうございました」。歓喜の支援者たちに頭を下げながら挨拶する声は感激で震えていた。長女のタミ子と次女が駆け寄り、親子は強く抱き合った。

小田島は、二十年の救援活動を思い出しながら喜びを嚙みしめていた。救援活動を率いる事務局長として、自身の家庭も顧みず、幸夫やヒデたち家族を支え続けた。繰り返し行われた現地調査、救援の輪を広げるための全国行脚、各地の救援組織の立ち上げなど、松川事件の救援に携わった小田島の経験と実行力がなければ松山事件が全国に知られることはなかった。世論の高まりを裁判所が意識しなかったはずはない。その意味で、救援活動と弁護団はまさに車の両輪だった。小田島の脳裏には幸夫の顔と同時に、松川の被告たちの顔が浮かんでいた。「良かった。ほっとした。苦労した甲斐があった。こうなったら一日も早く、松川のように無実の罪を晴らさないと」。感想を求める記者たちに小田島はきっぱり言った。

仙台拘置支所の幸夫のもとには、弁護団の佐藤正明と西口徹が駆けつけた。二人が面会室に入ると、既に幸夫が不安そうな顔で椅子にかけて待っていた。

「再審開始だよ」

その言葉に幸夫の表情は一変し、笑顔がはじけた。

「ありがとうございます。本当にありがとうございます」

幸夫は何度も何度も深々と頭を下げ、涙ながらに佐藤たちに礼を言った。前夜、請求が棄却される夢を見たという。幸夫は「父が生きていたら、どんなに喜んでくれたか。母にもよろしく伝えてください」と言うと、支援者らに宛てたメッセージを二人に託した。

「再審開始の朗報を聞けるのも、弁護団、支援団体はじめ物心両面で支援して下さった皆さまのお陰です。いろいろ苦しいこともあったが、私の心は日本晴れです。検察の抗告を阻止するため、さらに皆さまのお力をお願いします」

一方、事件現場の松山町新田ではこの日、多くの住民がテレビニュースを注目していた。再審開始決定の速報が流れると、人々は戸惑いの表情をみせた。「警察の捜査はそんなにずさんだったのか……」「だったら真犯人はどこにいるんだ……」。斎藤幸夫が犯人だとして解決済みと思っていた忌まわしい事件が振り出しに戻り、不穏な空気が集落に流れた。

ヒデは支援者らへの報告集会などに引っ張りだこで帰宅が遅くなり、床に入ったのは七日未明だったが、早朝五時には目が覚めた。睡眠時間は短かったが、幸夫が突如処刑される夢をみて飛び起きる日々が長年続いたヒデにとって、ようやく悪夢から解放され、久しぶりに得た深い眠りだった。

七時を過ぎると、電話がひっきりなしに鳴った。支援者からの祝福の電話だ。ヒデは、一人一人に丁寧に礼を言った。前夜は長男常雄が実家に泊まった。二人は朝食を済ませると、家の近くにある虎治の墓に出かけた。墓といっても、三歳で病死した三男のための小さな石があるだけで、虎治は卒塔婆のままだった。すべて裁判に注ぎ込み経済的に墓を建てる余裕はとてもなかった。二人は卒塔婆の前で手を合わせ、幸夫の再審開始が決まったことを報告した。ヒデがぽつりとつぶやいた。「もう少し早ければ、お父さんも一緒に喜べたのに……」

墓参りを終えると、ヒデは仙台拘置支所へ向かった。感動の親子対面をレポートしようと、拘置支所前では大勢の記者たちがヒデの到着を待っていた。ヒデは門の呼び鈴を押し、塀の中に入った。いつもは、刑が執行されたのではないか、息子はもうこの世にいないのではないか、そんな不安に駆られ呼び鈴を押していたが、この日は晴れやかな気分だった。

面会室に入ってきた幸夫は、喜びがあふれた笑顔を見せた。ヒデは、死と隣り合わせの中で長年苦労してきた息子をねぎらった。「おまえ、死刑囚は死刑囚でも執行停止だから格下げだね」と冷やかすと、幸夫は「これは、これは」と頭をかいて照れた。面会を終えて門から出て来たヒデが記者たちに言った。
「こんなに気持ちよく幸夫に会えたのは初めてです」

検察断念

再審開始決定から二日後の十二月八日午前。東京・霞が関の検察合同庁舎では、検事総長の辻辰三郎、仙台高検検事長の木村喬行、仙台地検検事正の深沢保二郎らが集まり、対応を協議した。即時抗告の期限が二日後に迫っていた。

白鳥決定以降、再審になる事件が相次ぐ中、その流れをなんとかして止めたいとの思いが検察にはあった。仙台地裁の決定が、唯一の物証である掛け布団襟当ての法医鑑定の信用性に疑いを突きつけ、自白の任意性も否定するという「完敗」といっていい内容で、このままでは検察の威信がもたないとの危機感が強かった。会議は約三時間続いた。

検察側は期限の十二月十日、仙台地検検事田代則春の名前で仙台高裁に即時抗告の申立書を提出した。書面で検察側は「原決定は、新証拠の評価を誤り、単に思考上可能であるにすぎない推理をなし、あるいは確定判決の心証形成に介入することで明白性の到底認められない証拠の明白性を肯認し再審開始を決定した」と批判したが、三木・古畑鑑定の証拠価値や自白の真実性など主要な論点については、従来の主張を簡単に整理した程度で詳細は補充書に回すとして終わっていた。

翌一九八〇（昭和五十五）年はこれといって進展のないまま暮れ、幸夫はまた拘置所で新年を迎えた。年が明けてすぐの八一年一月十三日、裁判所が検察、弁護側の双方を呼び、検察官即時抗告審の審理の進め方について打ち合わせる会議を開いた。裁判所はその場で、それまでに提出された証拠や書面で審理する方針を伝達した。手元の証拠で十分判断が可能という裁判所の見解を示したとも言え、事実上の結審を意味していた。

諦めきれない検察側は翌月、掛け布団襟当ての再鑑定を申請したが、裁判所はこれを却下した。八三年一月三十一日、仙台高裁は検察の即時抗告を棄却した。検察に残された道は特別抗告しかなかったが、特別抗告は違憲または判例違反であることを理由とする場合にのみ認められる。再審開始を決定した司法判断に対し、検察が取る態度として社会的賛同が得られないのは明らかだった。検察は検討を重ねたが、二月四日、特別抗告を断念すると発表し、再審開始が確定した。幸夫が仙台地裁古川支部に第一次再審請求したのが六一年三月。実に二十二年越しの訴えが認められたのである。幸夫は五十一歳になっていた。

第十二章　再審

渾身の陳述

一九八三（昭和五十八）年七月十二日、幸夫は再審開始の日を迎えた。普段通り起床し、朝食を済ませると、真っ白なワイシャツとグレーの夏用スーツに着替えた。白のワイシャツに、潔白への思いがこもっていた。

仙台地裁に向かう護送車の車窓にはすべてカーテンが引かれていたが、フロントガラスから外の景色が見えた。五九年五月、仙台高裁で控訴棄却の判決を受けてから塀の中に閉じ込められていた幸夫にとって、二十四年ぶりに目にする仙台の街並みは様変わりしていた。中心部に近づくにつれてビルが立ち並び、大都市の象徴である地下鉄の工事が進んでいた。幸夫は興奮から周りの刑務官にしきりに話しかけた。

護送車は二十分ほどで地裁に着いた。上空には報道機関のヘリコプターが旋回し、庁舎前は全国から集まった支援者や記者、野次馬たちでごった返していた。法廷は仙台地裁で最も広い一〇二号に決まっていたが、一般傍聴券は五十八枚。このため抽選に備えて支援者が前日の夕刻から毛布持参で並び始め、列は時間がたつにつれて延びた。常雄も夜中に加わり、支援者たちと再審までの長い道のりを話しながら朝を待った。

駆けつけた支援者の中に松川事件で無罪を勝ち取った元被告の岡田十良松の姿があった。岡田は仙台拘置支所で幸夫と知り合った。運動の時間などで一緒になると、自分の無実を真剣に訴える幸夫を励まし、時にはアドバイスをした。話を聞いた当初から幸夫の無実を確信していた。記者たちに心境を聞かれると、「斎藤さんの無罪が立証される時がきてうれしい。頑張ってほしい」と話した。

支援者たちの激励の声は車内まで届き、不安だった幸夫を勇気づけた。護送車は庁舎裏側の入廷口に横付けされ、先に降りた刑務官たちが人の壁をつくったところに、サンダル履きの幸夫が降り立った。街の風景に興奮気味だった表情とは打って変わり、テレビ局の撮影用ライトに照らされた顔は緊張から か、やや青ざめていた。

母ヒデはこの日午前五時に起き、布団を片付けると虎治の仏壇に手を合わせた。「お父さん、幸夫を守ってください。あの子が法廷でしっかり話せますように」。ヒデは三日前、支援者たちが用意してくれたスーツを届けに行った際、幸夫の表情が冴えなかったことが気にかかっていた。幸夫は、再審中の免田事件の免田栄が、相変わらず拘置されていることが納得いかない様子で、「免田さんはいつになったら釈放されるのか」と気にしていた。

ヒデは二十四年ぶりに人前に立つ息子が、取り乱さず話せるか心配だった。虎治の遺影を包んだ青い風呂敷包みを抱えて家を出て、九時半すぎ、地裁前に着くと、待っていた支援者たちから大きな拍手が沸いた。マイクを握り「法廷で真実を明らかにしてほしい。傍聴する皆さんは、幸夫の話をじっくり聞いてやってください」と言うと頭を下げた。

ヒデは開廷少し前に法廷に入り、支援者に導かれて傍聴席の中央、前から三列目の席についた。しばらくして小島建彦《おじまたけひこ》裁判長が、陪席の片山俊雄、加藤謙一両裁判官を従えて入廷。続いて腰紐と手錠でつながれた幸夫が、刑務官に囲まれて入ってきた。傍聴席の支援者から拍手が起き、廷吏が「やめてください」と制した。幸夫の頭頂部の髪は少し薄くなり、若かったころしか知らない傍聴人たちは「随分、年を取ってしまって」とささやきあった。幸夫は不安げに傍聴席を見渡したが、ヒデを見つけると表情が緩んだ。

通常は裁判長の真正面にある被告人席が、弁護人席のすぐ前に、検察官席と対峙する形で用意された。それは弁護団の要請だった。長年、困難な裁判を戦ってきた弁護団からすれば、無罪判決が展望される再審を半生かけて勝ち取った幸夫が、犯罪を犯した被告人と同様に扱われることは我慢できなかった。単なる形式上の問題でなく、そこに弁護団の強い思いがあった。裁判長もそれを認めた。幸夫は、すぐ後ろに青木たちがいると思うと少し不安が和らいだ。

午前十時、再審第一回公判は開廷した。小島裁判長が人定質問で「現住所は」と聞くと、幸夫は「仙台拘置支所です」と答えた。小島は「あなたは死刑がいったん確定しましたが、再審によって再審被告人の地位を獲得しました」としっかり伝えた後、検察官席の仙台地検次席検事、山田一夫に起訴状の朗読を促した。緊張した山田の起訴状を持つ手が震えた。

法廷は罪状認否に移った。「公訴事実について言うことがあれば、裁判所は耳を傾けます」。小島が語り掛けると、幸夫は「起訴状の内容はまったく身に覚えのないことです」ときっぱり否定し、一呼吸おいて意見陳述を行った。再審開始を勝ち取った幸夫が渾身の力を込めて書いた陳述である。ここで全文を紹介したい。

〈三十年十二月、板橋の就職先から近くの警察署に連行され、古川署に連れて来られてからは突き飛ばされたりして、最初から松山事件の自白を強要されました。

足掛け二十八年、松山事件の死刑囚として、身に覚えのない汚名を着せられました。裁判長は真実を分かってくれるものと思い真実を訴えましたが、三十五年十一月、最高裁で死刑が確定しました。私は、死そのものを怖いとは思いませんが、事件の罪を晴らしたい、冤罪を晴らしたい、生きたいと思うようになって無実を訴えてきました。生き続けたいという悲痛な思いで眠れぬ夜を過ごしたこともありました。

「さよなら」と言って死刑台へ消えていった人もいました。その声は今も耳に残っています。私も真犯人であるなら潔く刑の執行を受けます。

人間には生きる権利があります。その権利を奪われた悔しさ。請求を棄却され、来る日も来る日も、明日は大丈夫だろうかと思いました。

冤罪は必ず晴らす。真実は必ず勝つと思っています。絶望的な気持ちになったこともありました。裁判所はどうして真実を認めてくれないのか、再審を認めてくれないのかと思ったこともありました。

逮捕された当時二十四歳、今は五十二歳です。鉄格子に囲まれた青春ではありましたが、生きて再審を迎えられ、万感の思いで胸が包まれています。私のように社会的地位も名誉もない者でも、真実はたった一つです。真実を見究めてもらえるようお願いして私の陳述を終わります〉

前半部分は緊張で口の中が乾き、声がかすれた。裁判長席の小島は身を乗り出すようにして幸夫を見つめた。「生き続けたいという悲痛な思いで眠れぬ夜を過ごしたこともありました」というところで弁護団席に向かって「口がうまく回らない」と訴えた。

青木の「水をあげてください」という要求を小島が許可し、刑務官がコップを運んできた。幸夫はそれを半分ほど飲み、ハンカチで額をぬぐって朗読を再開した。一言一言区切るような調子で丁寧に約十分かけ読み上げ、コップに半分ほど残っていた水を飲み干すと、小島に向かい一礼して被告人席に戻った。戻り際、幸夫がヒデの方を向いて笑顔を見せた。最初の一仕事を終えた満足感がうかがわれた。

幸夫の意見陳述を補完する形で、弁護団長の島田正雄と主任弁護人の青木正芳が意見陳述を行い、別件逮捕、自白の強要、ずさんな法医学鑑定などによりでっち上げられた典型的な冤罪事件であると主張した。

「この間、被告人の父が亡くなり、初代弁護団長の守屋和郎氏も、被告の無実を確信しながら他界した」。弁護団長の島田がそう言うと、穏やかだった幸夫の表情が変わった。天井を見上げて顔を苦しそうにゆがませ、まぶたをぱちぱちさせた。親孝行を何一つできないままこの世を去った父と、自分の無実を信じ「再審がある」と根気強く励まし続けてくれた守屋の顔が目に浮かび、こみ上げるものがあった。

その後、検察側、弁護側双方の冒頭陳述があり、午後零時二十分、休廷となった。再び手首に手錠が掛けられる幸夫に、傍聴席の支援者が「斎藤さん、頑張れ」と声をかけた。幸夫は声の方へ振り向き、人なつこい笑顔を見せた。

午後一時四十五分、法廷が再開した。午後の審理は検察、弁護側がそれぞれ申請した証拠の採否について意見陳述した。検察側が申請した三百点以上の中で特に激しい意見の応酬になったのが、岩手医科大教授の桂秀策による掛け布団襟当ての再鑑定だった。襟当てに人血が付着しているかどうか、付着している場合、その血液型は何かといった点に関し、また鑑定するというのである。襟当てをめぐっては三木・古畑鑑定で被害者と同じ型の血液が付着しているとされ、それが事実上唯一の物証となり、死刑判決の決め手となった。

しかし、仙台地裁の再審開始決定は、三木・古畑鑑定について「証拠価値は著しく低下するに至った」と結論付けた。続く仙台高裁の再審開始支持の決定でも、三木・古畑鑑定は有罪の決め手になり得ないとの判断が示された。証拠構造を維持しなければならない検察側は、再鑑定によって三木・古畑鑑定の証拠価値を回復する必要があった。

一方、血痕は捏造されたものであるとする弁護側にすれば、捏造された血痕を調べること自体が無意味で、そのために審理が長期化するのは受け入れられなかった。弁護団は桂鑑定に強く反対した。結局、この日は結論が出ず、裁判長の小島は、検察、弁護側双方が同意した証拠のみ採用を決定し、桂鑑定についてては弁護側が証拠申請した事件現場周辺の現場検証などとともに判断を次回公判に持ち越した。

始まった証拠調べでは、事件現場の炭化した木片や凶器とされた薪割など、事件の残忍さが生々しく浮かび上がる証拠が次々と示された。傍聴席のヒデはそれを見ながら「でっち上げたものばかりだ」とつぶやいた。

午後四時五十五分、小島が閉廷を告げた。証言台に呼ばれた幸夫が一礼すると、刑務官が慌ただしく手錠と腰紐を掛けた。支援者から「なんで手錠を掛ける」「無罪だぞ」と声が飛び、拍手が起きた。幸夫は笑顔を見せ、刑務官に引かれて退廷した。

青木は記者会見で「最後の仕上げということで、私自身も緊張して臨みました。私も水がないとしゃべれなかった」と、相当あがっていたことを告白した。検察側の冒頭陳述や証拠申請について感想を聞かれると「冒陳は従前通りの内容だったし、証拠でめぼしいものといえば桂鑑定くらい。でも、いくら鑑定したところで押収の過程に問題がある以上、無意味です」と自信をみせ、「早期の無罪判決確定と人権のために、検察側もこだわらずにやってもらいたい」と語った。

スピード審理

七月十三日、第二回公判が開かれた。幸夫は二日続きの審理で疲れが残っている様子で、目をつぶることが多かった。小島裁判長は、採否を保留していた検察側申請の掛け布団襟当てに関する桂秀策岩手医大教授による再鑑定の採用を決めた。桂による再鑑定は再審開始決定後の即時抗告審で検察側が申請したが、付着の経緯自体に疑念があるとして不採用となった経緯がある。このため今回も採用しないだろうとの見方が多かっただけに、傍聴席からはかすかに「おー」と驚きの声が上がった。小島にしてみれば、無罪判決を言い渡すに当たって後々裁判所の調べが不十分だったと批判されることがないよう審理を尽くす必要があった。検察側は冒頭、襟当てを証拠申請した。提出された実物の襟当ては過去の鑑定で切り取られ、多数の穴が開いていた。幸夫も一瞬、目を向けたが、興味がないように視線を戻した。

仙台地検次席検事の山田一夫は、幸夫が逮捕直後の取り調べで犯行を「自供」した際の供述調書を四通、全文朗読した。

「それではただいまから私が人を殺し放火したことがありますから正直にお話しします。それは本年の十月十八日午前二時ごろです。被害者は志田郡松山町新田の亜炭鉱に働いている大村清兵衛さんという五十四、五歳になる人と奥さん、子供さん二人の四人です」

「顔も知っているし騒がれても困ると思って最初から殺してしまってから金品を物色した方がよいと思った。殺す刃物がないかと六畳間を物色し、玄関のところにおいてある岩竈の後ろの土間の所に柄だけ見えたものがあるので引き出して見たところ柄の長さ三尺位の鉞を発見したのであります。殺した順序は清兵衛さんから順に奥さん、男の子、女の子というようにやったのであります」

「私は酒は大分飲むほうで、ほとんど毎晩のように飲んでおります。それで町内の飲食店とか料理屋、旅館などに借金が大分かさなっております。その借金を支払ったり、遊興費、飲食費が欲しかったのでありますが。清兵衛さんの家で増築するということを聞いておりましたので、増築するなら手持ちの金があるだろうと思い、その金を盗んでやろうと思ったのであります」

山田は切れ目なく早口で読み進めたが、四通すべての朗読には四十分ほどかかった。傍聴席では、ヒデが山田を険しい形相でにらみつけていた。幸夫は目を閉じたままだった。

山田が朗読を終えると青木は、幸夫が逮捕された後に古川署の留置場で書いた手記も朗読するよう求めた。一通は事件発生当時に古川署刑事課の係長だった亀井安兵衛に、もう一通はヒデに宛て、自分の無実を必死に訴えた手記だ。

「係長さん、今夜私が本当のことをこの紙に書きましたから御読みになって下さい。（略）何だ、今更と思うでしょうが、私にとっては一生の幸か不幸かの別れ道なのです。（略）係長さん方々に涙を流して私が悪かった謝るんだと言われましたが、どうして私が殺した犯人ではないのにどうして泣くことが出来ましたでしょうか（以下略）」

「お母さん、清兵衛さん一家を殺害し、火をつけたのは幸夫ではありません。一日も早くお母さんの顔がみたい、話がしたい、（略）私がいくら犯人ではないですと言っても聞き入れてくれないのです。ウソ発見機を持って来て調べてくださらなかったのです（以下略）」

長い公判をさかのぼっても、この二通の手記が法廷で朗読されたことはなかった。得体の知れない大きな力で巧妙な罠にはめられ、なすすべなくずるずると地獄に引きずりこまれていく状況への焦りが、朗読される一言一言からあらためて浮かび上がった。

当時のことを思い出したのだろう。それまで目をつぶったまま身動きをしなかった幸夫が大きく天を仰いだ。傍聴席のヒデは、自分があの時なんとかしてやれていたらという自責の念と、息子の人生を台無しにした捜査当局への怒りがない交ぜになり、涙があふれた。

この日のハイライトは、午後に行われた幸夫の自供テープの再生だった。テープは幸夫が逮捕されて一週間目に、古川署の取調室で、宮城県警鑑識課の菅原利雄が米国製の機材を使い録音したものだ。録音時間はテープの裏表合わせて三十分以上あった。

法廷にいたすべての人が、耳に全神経を集中させる中、テープが回り始めた。二十八年も経過したテープは劣化して、音質は劣悪だった。肝心の取り調べのやりとりは、背後の車のエンジン音や列車の汽笛の音など、建物外の音にかき消され気味で、やっと聞き取れるほどだったが、当時の取調室が再現されるようで生々しかった。

「うん、家の前から……」

「清兵衛さんの家の……家の前まで来ましたら、家の中から薄暗い電灯がついていたように思います……入り口で十分ほど中の様子をうかがいました。ぐっすり寝ていたようなので……中に入り……戸を開けて中に入り……障子が一尺五寸ほど開かっていたようです。その中……その中から顔を出して中を見ましたら……」

「……ずうっと話しなさい」

「……いいっすか」

「うん」

「清兵衛さんが北の方を向いて、次は奥さん、男の子、女の子と寝ていたわけです。そこで常に顔見知りなので騒がれては大変だと思い、家の前の風呂場の……風呂場の前に立ててあった鉞を持って家に入りました。清兵衛さんの奥さんの前あたりに行き、清兵衛さんのあた……頭のあたりを三回か四回くらい殴りました。続いて奥さんのあた……頭を同じく三回か四回殴り、子供の……子供の前まで歩き、男の子を同じく三回か四回なぐ……殴り、また次に寝ていた女の子を三回か四回殴りました……その時はただ夢中、夢中なので、だれか唸ったような気がします」

（略）

「現在、君はどういう気持ちなんだ」

「……」

「まあ、顔見知りの人をね、ああやったんだが、その後の君の気持ちはだね」

「……いいすか……あの仏のような清兵衛さんを……清兵衛一家を殺害し、また火をつけて焼いたことは本当に申し訳ないと思います。これからは心をいれかえ、真人間になりますから、清兵衛さん一家の方々お許しください」

テープの中の幸夫の話し方は、まったく文章を棒読みしているような調子だった。またところどころに、刑事の方から合図や指示が出され幸夫が確認や了解を取っているとも窺われる小声のやりとりが聞き取れるなど、不審な部分が多かった。録音した菅原自身が後に出版を目指して書いた手記の中では「問答は型にはまり過ぎで会話の間がなく、シナリオの朗読に似ていると、録音をとった本人の私も思った」「本件録音の場合、取調捜査はあまりにも「格好」をつけ過ぎたことが露骨にみえた」と、不自然な取り調べであったことを匂わせている。

テープが再生されている間、幸夫はずっと目を閉じ無表情だった。傍聴席のヒデは、息子の運命をねじ曲げた忌まわしい瞬間の再現に怒りがこみ上げ、手に持っていたハンカチを力いっぱい握り締め、検察官をにらみつけた。

テープの再生が終わると、裁判長の小島が幸夫に声をかけた。

「被告人は前へ」

ずっと目を閉じていた幸夫は、半分居眠りをしていたのかもしれない。飛び起きるように立ち上がった。

「何か言いたいことはありますか」

小島に感想を尋ねられたものの、とっさの質問に言葉がうまく整理できなかった。立ち往生していると、弁護人席の青木が「後で」と助け舟を出し、幸夫は被告人席に戻った。

閉廷後の記者会見でヒデは、録音が再生されたことへの感想を聞かれ「警察がシナリオを書き、巧みに誘導したテープです」と険しい顔で答えた。

この日の法廷では、弁護側が申請していた、事件当夜と条件が近い、同じ月齢になる日の現場検証と、幸夫が事件当日着ていたジャンパーとズボンに血痕が付着していないと鑑定した千葉大教授の木村康の証人尋問も決まった。

二日後の七月十五日、免田事件で再審中だった免田栄に熊本地裁八代支部が無罪判決を言い渡し、免田は即日釈放された。日本の刑事裁判史上初の死刑囚に対する再審無罪判決だった。暴力による自白の強要、アリバイ潰し、証拠類のずさんな取り扱いなど、この時代の冤罪事件には共通点が多い。免田栄の再審請求は六度を数え、拘禁期間は三十四年に及んだ。免田の無罪判決は、幸夫を大いに勇気づけた。

木村証言

一九八三（昭和五十八）年九月二十七日。第三回再審公判が開かれた。この日は、第二次再審請求審で幸夫の事件当日の着衣などを鑑定した千葉大法医学教室教授の木村康に対する証人尋問があり、注目度は高かった。

木村は第二次再審請求審で、幸夫が事件当日に着ていたズボンとジャンパーに血液が付着していなかったと結論付け、返り血でヌラヌラしたという「自供」の矛盾を指摘した。さらに死刑の決定的証拠となった掛け布団襟当ての三木・古畑鑑定に対しても、証拠価値を否定し、差し戻し決定に大きな影響を与えた。

報道陣が待ち構える中、白髪の木村は裁判所の玄関をくぐった。法医学界の「天皇」と言われた古畑種基にもおもねることなく、その鑑定の不備を指摘した木村の証言を聞こうという人たちで傍聴席は満席だった。自分に有利な鑑定結果を出した木村の証人尋問ということで、幸夫は落ち着いていた。前回公判の直後に、自分と同じく確定死刑囚として再審を戦っていた免田栄が無罪判決を勝ち取ったことも幸夫の気持ちに余裕を与えていた。

午前は検察側が証人尋問した。検察は、木村が鑑定で用いたフィブリンプレート法の弱点を突いて、形勢を立て直そうとしていた。

フィブリンプレート法は、血液の中のフィブリノーゲンという物質が凝固の際、繊維質の固まりのフィブリンに変化する過程で、プロアクチベータという物質を内側に包み込む特性に着目し、外部の刺激を受けにくいプロアクチベータを調べることによって血液かどうかを判断する手法である。実際の鑑定では木村は、他の検査方法も並行して行った上で慎重に結論を導き出している。検察側は仙台地検公安部長の吉野勝夫が質問した。

「従来からいろいろ証言が出ているんですが、経年によってフィブリンが影響されるかどうかという点ですが、いかがでしょうか」

「この検査の対象になっているのはフィブリンではないです。フィブリノーゲンがフィブリンになる時に包み込まれるプロアクチベータを調べるのです。表はいろんな刺激によって影響されますが、中に入っているものはなかなか影響を受けませんから、プロアクチベータが残っていれば陽性反応が出ます。だいたい十年までは間違いなく出てくるし、保存状態によっては五十年たっていても出るものもある」

「逆に言うと、出ないものもあると」

「はい。出ないものもあります」

「十年までのものなら間違いなく出ると分かりましたが、全部実験すればすべてについて出るということですか」

「それは分かりませんね。いろんな条件で実験をしていませんので」

「十年経過のものでフィブリンプレート法の検査結果が陰性だったものが何例かあるという別の証言もあるんですが」

「ですから、その資料がいったいどういう保存状態であったか。長時間たったものを我々は保存しておきますけれども、その前の状態です。血液を付着させる前に、血液がどういう状態であったかは必ずしも明らかにされていません。その時期に既に腐敗が起こっていた血液だったら、十年で出てこなくても当然です」

フィブリンプレート法は、その後、試薬を製造する米国企業が成分変更を行い、正確な検査が難しくなったため、日本でも急速に用いられなくなったが、木村はそのことも、それに対する対策と合わせて丁寧に説明した。

午後は弁護側と裁判所が尋問した。裁判長の小島は、掛け布団襟当ての斑痕について、木村の見立てをストレートに尋ねた。すなわち、返り血を浴びた幸夫が布団にもぐった際に付着したという検察側の主張が科学的に妥当であるかどうかである。

「三木氏は、仮に毛髪に付着した血液が二次的に襟当てに付着し、さらに手指を介して三次的に付着したと考えた場合、きわめて適切な機序であると考えられるという意見を出していますが、付着状況から証人の見方はどうですか。こういうふうに言えるのでしょうか」

木村は、過去の法廷で説明してきた自身の見解を、あらためて述べた。

「ちょっと納得しかねる点があります。同じような設定で実験をやりましたが、擦過状になるんです。

まっすぐに布団をかぶって行儀よく寝た場合には、その場所だけ。頭髪のところが、ごく狭い範囲だけ付着するんです。頭を左右にこすったりなんかして寝ているような場合は、それが左右に散らばっていきますが、その部分が擦過状に横に流れます。それから布団をつかんで引き上げたりなんかした場合は、指の付いた範囲に付くわけです。襟当ての一番端、表側の端のところまでは普通付きません。しかし実際の斑痕の散在は、表の方にも満遍なく、特定の偏りなく付いている。そんなことからすると、どうも布団をかぶったために付いたとは、私には思えないんですがね」。斑痕の付き方からして、検察の主張は説明がつかないというのである。

木村はさらに、三木と、それにお墨付きを与えた古畑の鑑定に際しての基本的態度、あるいは職業倫理に関わる問題も指摘した。それは、三木が複数の斑痕をまとめて検査した点だ。主任弁護人の青木の尋問に答える中で木村は、法医学者に求められる謙虚さについて持論を述べ、三木、古畑を批判した。

「たくさん血痕がついているが、どういう状況で付いたのか分からないという時には、検査できるものについて検査をし、この場所にはこういうものが付いていましたというだけにとどめるべきなのです。後にもっと能力がある人が出てきた場合に、残っている部分で検査をすることも可能なんですから。自分でできる範囲のことをやっておく。全部まとめてやらなければできないというのであれば、そこでやめておく。鑑定者の態度としては、どうして付いたか分からんというものをまとめて検査をするのは差し控えるべきなのです」

木村はあらためて三木の手法の乱暴さを厳しく批判した。木村はまた、この時期に再審公判が大詰めを迎えていた財田川事件での古畑の〝業績〟にも言及した。

「たとえば財田川事件の時、一番最初は岡山大学の遠藤先生が鑑定されて、ズボンの裾に飛沫状の血痕が付いているけれども、血液型の検査はできないと言ってそのままにされたわけです。それが後で古畑先生のところに回ってきて検査されたという経過があります。その段階でできないと思えば、やらないでおくというのが我々の常識なんです」

財田川事件の鑑定を最初に担当した岡山大教授遠藤中節は、血痕が微量で血液型の判定までは不可能とした。しかし検察は納得せず、古畑に再鑑定を依頼し、血痕の血液型が被害者と一致するという期待通りの鑑定結果を得た。この古畑鑑定が決定的証拠となり、谷口繁義被告に死刑判決が言い渡されたのである。

財田川事件も、嘘の自白や証拠の捏造疑惑など、冤罪事件に共通する要素を含んでいた。血痕について弁護側は、押収時に捜査当局によって捏造されたものだと一貫して主張。八四年三月、谷口は幸夫より一足先に再審無罪を勝ち取ることになる。幸夫の法廷で、古畑の仕事に触れた木村の心の内には、法医学の最高権威として重大事件で捜査当局に有利な「天の声」を発し続ける古畑に対するぬぐい難い不信感があったのかもしれない。

四大死刑冤罪事件と呼ばれる確定死刑囚による戦後の再審無罪事件のうち、免田事件を除く財田川、島田、松山の三事件の死刑判決に古畑鑑定は関与した。各事件で再審請求され、審理の中で法医学者を含め多くの人々が古畑鑑定に疑念を抱きながらも、文化勲章や勲一等の勲章まで受けた国内最高権威に正面から異を唱えなかった。

古畑をめぐる状況が一変したのが、弘前大学教授夫人殺し事件だ。発生は四九年。逮捕、起訴された那須隆は古畑鑑定で着衣に被害者の血液が付着しているとされ、最高裁まで争ったが、懲役十五年の有罪判決が確定し、服役した。しかし七一年に真犯人が名乗り出たため、有罪の決め手となった古畑鑑定を問題視する空気が一気に強まった。

古畑が七五年に死去すると、これらの事件の再審をめぐる動きが加速し、再審開始が次々と決定していったのだ。あまりのタイミングの良さに、古畑存命中は権威を傷つけないよう裁判所が再審開始を回避していたのではないかとの憶測を呼んだ。弘前大教授夫人殺し事件の再審では、もともと着衣に血痕は付着していなかったと判明し、捜査当局による捏造の疑いが濃くなり、那須は七七年、仙台高裁で無罪となった。松山事件と構図が酷似している。

古畑は著書『法医学ノート』のあとがきで「法医学は公安を守るための科学であるが、また人権を擁護する唯一の科学だといってもよいであろう。罪なくして有罪の宣告をうけようとしているものや、無実の罪で刑務所にはいっている人を救うのに、法医学は大いに役立つ」と説いている。古畑鑑定のために有罪判決を受け、人生を曲げられた冤罪被害者たちにとっては、到底受容できない言葉だろう。この本の解説を書いているのが、古畑の愛弟子の三木敏行だ。その中に興味深いくだりがある。

「先生は、慈父のようであられた温顔からは想像のできないような、実に鋭い直観力を持っておられた。鑑定方法や鑑定方針の御選択には鋭い勘を働かせられた」。古畑が有罪に導いた刑事事件史に残る多くの〝業績〟は、彼の類まれな「直観力と勘」が生み出したものだったのだろうか。

現場検証

一九八三（昭和五十八）年十月七、八両日、仙台地裁による現場検証が行われた。弁護側の証拠申請を採用した判断に、自白の変遷や信用性に注目していた小島裁判長の真相究明への意欲が窺われた。実施日は、事件当夜にできる限り近い条件を得るため、月齢から割り出した。世間の関心は大きく、当日は報道各社の記者やカメラマンが押し寄せ、普段は静かな農村が騒然とした。古くからの住民は、大量の捜査員が投入された事件発生直後の物々しい風景を久々に思い出した。

初日、三十人を超す一行は鹿島台駅から事件現場まで、幸夫が歩いたとされるルートをたどった。山場は二日目の夜間検証だった。八日は、新月だった事件当夜に限りなく近い月齢〇・七。可能な限り状況を正確に再現しようと、関係車両のライトも消された。

午前二時、船越街道にある瓦工場から検証は始まった。幸夫は、五五（昭和三十）年十二月六日の最初の自白では「瓦工場の前を通って船越道路を進んだ」と話し、翌七日も「瓦工場の前を通って」と同様の説明をしたが、八日になって突然、電車を降りた後、飲み屋に立ち寄ったとしていた点を撤回。続けて「途中で少し休んでから清兵衛さんの家に行こうと思い、瓦工場の釜の中で休んで行ったのであります」と新たな足取りを語った。

この際の供述は詳細だった。工場内には、釜が三つずつ二列に分かれて並んでいる。手前の列の一番東側の釜の中に積み重ねてあるわらの上で三時間ほど休んだというのだ。重大犯罪前の三時間にわたる特別な行動を忘れることは考えにくく、供述の変遷は不自然だった。

その後、一行は船越街道を進み、事件現場を目指した。街道はわずかに電柱の灯りがある以外は真っ暗だった。十分足らずで通称「割山」に入っていく崖に着いた。幸夫が現場への近道として通ったと自白した獣道の入り口だ。急な崖をよじ登るとうっそうとした杉林の獣道に出た。あまりの暗さで足元さえ見えず危険なため、一行は持っていた懐中電灯をつけた。地面はでこぼこしている上にぬかるんでいて、藪も生い茂り、前に進めない。幸夫はここを下駄履きで歩いたという。弁護団の一人が小島に同調を求めるように「こんなところを下駄履きで歩けるはずがない」と、つぶやいたが、小島は応えず黙々と歩いた。

午前二時半、一行は事件現場に到着した。この日の検証のために、被害者宅の間取りに基づいて母屋、風呂場、木小屋の位置がビニール紐で再現されていた。光度の低い電灯の漏れた光で、別棟の風呂場の壁に立てかけてあったという凶器の薪割が発見できるのかという点を検証した。当初の供述は薪割ではなく鉞《まさかり》となっており、五五年十二月九日付の供述調書では、家の中に忍び込んだが、顔を見られたり騒がれたりすると困るので殺してから金を取ろうと思い凶器を探しに再び家の外へ出た。その際、入り口の板戸を二尺ほど開けておいたので、室内の灯りが漏れて、風呂場の壁に立てかけてある鉞の柄が見えた、となっていた。凶器の場所に関する供述にも変遷があった。「岩竈の後ろの縁側続きの板の間に置いてあったのを持ち出した」と変わり、さらに「風呂場の壁」となった。

小島は懐中電灯を二つ合わせて証言の「四十燭」、今で言う四十ワットと同じぐらいの明るさを再現し、準備していた薪割の模型を風呂場の壁の位置に立てて、見えるかどうか念入りに実験した。模型を使うことは検察側にも弁護側にも伝えられていなかった。裁判長として重要な事実を自ら確認し、真実にたどり着こうとする小島の積極的な意志の表れだった。「見えない、見えない」。主任弁護人の青木がアピールした。実際、小島にも薪割は見えなかった。仙台地検公安部長の吉野勝夫は「建物があるのとないのとでは状況がまったく違う。建物によって光が反射することも考慮しなければならない。こういうやり方は問題だ」と反発した。

放火する際に、木小屋を物色して燃えやすい杉の葉を運んだとされた点も検証した。白いシャツを着た人を立たせて実験したところ、何かは識別できないものの白っぽいものがあるということが辛うじて分かる程度で、この暗闇の中で杉の葉のようなものを手際よく見つけるのは、いかにも困難と思われた。

午前三時すぎ、幸夫がジャンパーとズボンに浴びた返り血を泥をこすり付けて洗い落としたとされる大沢堤に着いた。小島は事件当夜をできるだけ忠実に再現するため、電柱の照明を消すよう命じた。気温七度に対し、水温は十度を超えていたので、水面から湯気が立ち、暗闇の中でもわもわと漂っていた。弁護団の若手、増田隆男が実験役を買って出た。増田はジャンパーとズボンを持って土手を水面近くまで一メートル半ほど下り、びしょびしょになるまで水に浸してゆすいだ後、それらを下着の上に着込んだ。濡れた衣服から湯気が上がった。増田は土手を走り、堤奥の杉林に入っていった。幸夫が街道を走るトラックに見つからないよう逃げ込み、二時間休息を取ったと供述した場所だ。しかし、実験は十分もたたずに終了した。増田があまりの寒さに我慢できなくなったからだ。顔面蒼白で、見るからに限界だった。裁判所側が続行不可能と判断し、打ち切った。増田は「身体の震えが止まらなかった。とてもじゃないが、こんな格好で二時間もいるなんて考えられない。検察官も試してみれば分かる」と訴えた。

一行は街道を幸夫の家まで歩き、検証を終えた。時刻は午前五時四十五分だった。感想を求める記者たちに、青木は「真っ暗闇の山道を灯りなしで歩いたり、濡れた服を着たまま二時間もいたりと、捜査官が机の上で作った調書がどれだけ現実離れしたいいかげんなものか、裁判官に十分わかってもらえたと思う」と評価した。一方、仙台高検刑事部長の佐藤謙一は「ずぶぬれ実験は証拠にならない」と取り合わず、地検の吉野もぶぜんとした表情で「無意味な検証だ」と吐き捨てた。裁判長の小島はたった一言。「合議ですから」とだけ述べ、二日間にわたった検証は終了した。

被告人質問

十月十三日の第四回公判では、幸夫に対する被告人質問が行われた。裁判官による被告人質問は二審の仙台高裁以来二十四年ぶりで、傍聴席は熱心な支援者らで埋まった。

この日は最初に、検察側が申請した自治医科大学教授の富田功一の証人尋問が行われた。事件当夜の幸夫の着衣に血痕はないとした千葉大の木村鑑定の弱点を突くのが狙いで、木村が採用したフィブリンプレート法に否定的な立場の富田に検察は期待していた。しかし、富田は、木村鑑定前に行われたルミノール検査のアルカリ性試薬や洗濯によりフィブリン自体が溶け出したり、流れ落ちたりしてしまった可能性には触れたが、それ以上は踏み込まなかった。また、フィブリンプレート法の欠点として、その鋭敏さ故に血液以外に乳など他の物質にも反応することがあると指摘、逆に血液がないことを判定するのは容易であると証言して検察を落胆させた。

富田に対する証人尋問が終わり、午前十一時半過ぎ、被告人質問に移った。証言台に着いた幸夫は明らかに緊張していた。椅子の座面で尻の位置が定まらないようで、何度も座り直し、マイクのテストをするように「あー、あー」と発した声もかすれ気味だった。小島はまず、死刑確定後の日々や心境を聞いた。

「最高裁で上告が棄却となった日のことを覚えていますか」

「覚えています。電報で知らせがありました」

「死刑確定後、拘置支所での待遇に変化がありましたか」

「ずっと独房でした。運動や入浴の時間が長くなりました。テレビも見られるようになりました」

「牧師が来て話をすることはありましたか」

「牧師の話を聞くのは信仰のある人です。私は宗教を信仰するようなことはありませんでした」

「他の死刑囚が刑を執行されるのは分かりましたか」

「運動の時間に一緒だった人がいなくなったりすることで分かりました。二十人くらい一緒でしたが、いなくなった人がいますんで」

「刑場に連れて行かれるのを見たことは」

「姿は見えませんが、「さようなら」という声を聞いたことはあります」

「絞首台を見たことはありますか」

「ありません」

小島が質問を変えた。

「あなたは昭和三十六年に第一次の再審請求をしました。請求はあなたの意思でしたか」

「そうです。弁護士の先生や家族が一生懸命やってくれました」

「弁護士や家族が一生懸命だったということですか」

「どういう意味でしょうか」

「肝心なのはあなた自身の意思なんですよ」

「私は中に入っているのだから動けないんですよ。任せるしかないじゃないですか」

傍聴席から笑い声が聞こえたが、小島はかまわず続けた。

「請求は棄却され、その後の即時抗告も棄却されました。どういう気持ちでしたか」

「言いたくありませんが、裁判不信になりました」

「特別抗告も棄却されました。請求が通らないと考えたことはありませんでしたか」

「ありません。最後までやるつもりでした」

「最後とは、命ある限りという意味ですか」

「はい」

「死刑執行は考えましたか。ないと思っていましたか」

「半々でした」

「拘置所での生活は」

「日中は運動をしたり手紙を書いたり、新聞を読んだりして過します。月に二、三人面会があります」

「拘置所の外に出たことはありますか」

「昭和三十四年の仙台高裁の判決以来、今回の再審公判まで出たことはありません」

質問は「自供」の内容へと進んだ。

「東京の板橋で逮捕されたとき、事件のことは知っていましたか」

「新聞で読んで知っていました」

「逮捕されて十二月六日に自白しました。その十日ほど後に今後は否認する手紙を書いています。どうしていったん自白し、その後否認することになったのですか」

「留置場の同房者に「やっていないこともやったことにしろ。裁判で本当のことを言えばいい」と唆されました。でも、その男は房内でタバコを吸ったりして特別扱いされているようで、どうも変だと感じ始め、警察のスパイじゃないかと思うようになって否認したのです」

「しかしその程度のことで、四人を殺して火をつけるという重大事件をやってもいないのにやったと言うだろうか」

「毎日夜遅くまで、刑事たちに「おまえがやったんだろう」と責められて言ってしまった」

「取り調べで突き飛ばされたようなことがあったのですか」

「突き飛ばされたり、頭を小突かれたりして自白を強要されました」

小島は供述が細部にわたって具体的であった点についても質した。

「被害者宅のつくりを知っていましたか」

「取り調べで見せられた図面で知りました。家は見たことがありましたが、木小屋などは知りませんでした」

「殺した順番は自分で考えたのですか」

「刑事の言う通りにいいかげんに言いました」

「杉葉を取りに木小屋に行ったと供述したのはなぜですか」

「刑事が図面に示したので、そうだと思いました」

「大沢堤でジャンパーとズボンを洗ったという供述は」

「人を殺したら服に血が付くだろうと刑事に言われ、そういうものかと思い、言いました」

「それにしても内容的にあまりに詳細過ぎます」

「自分の考えが甘かったのだと思います。刑事や同房者を信用してしまいました」

幸夫はこの日、刑事たちの厳しい取り調べと自白の誘導、同房者の唆しなどについて自らの言葉で繰り返し訴えた。質問は昼の一時間半の休廷をはさみ、午後四時まで続いた。最後に小島が聞いた。

「再審の調べもそろそろ終わります。今、何を望んでいますか」

「どうか、私の無実をはっきりしていただきたいと思います」

検察窮地

小島は、無罪の心証を深めていた。特に重大な関心を寄せたのは自供の変遷だ。小島は独自の方法で幸夫の自供の変遷を徹底的に分析していた。自供の変遷と捜査の進捗を、時系列の表に落とし込むやり方だ。陪席の裁判官も協力し、上段に証拠類、下段に証言という形で日付順に書き出していった。すると見事に、証拠発見の直後に、それと一致する供述というパターンが浮かび上がった。新証拠が出てくるたびに新たな供述が加わったり、供述が変わったりする。一方、捜査当局が解明できていない点については一切自供もない。全ての自供が、捜査当局の把握した内容を直後に追いかける構造で、犯人しか知り得ない「秘密の暴露」といえるものがなかった。自白の録音テープも、小島には台詞を朗読しているように聞こえた。

小島がもう一つ、強いこだわりを持って調べたのが掛け布団襟当ての血痕だ。明らかに付着の仕方が不自然だった。自分でも実験したが、検察が提出した証拠物のようにはならなかった。小島は、血痕を付けたのは捜査官以外にあり得ないと考えるようになっていた。小島は後年、私たちの取材に「私はここにものすごく力を入れた」と明かしている。

十一月十七日、第五回公判が開かれた。この日は、検察側の申請で行われた岩手医大の桂秀策による掛け布団襟当ての再鑑定の結果報告が予定されていた。

検察側が再鑑定を申請したのは、仙台地裁の再審開始決定で証拠価値が大幅に低められた三木・古畑鑑定を補強するのが狙いだった。再審開始決定は、斑痕が同一機会、同一機序により生じたものである場合にのみ三木・古畑鑑定は妥当であると指摘した木村鑑定、須山鑑定を根拠に、幸夫の自白を含め全ての証拠をもってしても、同一機会、同一機序の前提が解明されないと結論付けた。このため検察側は、当時最新とされた顕微沈降反応法という独自技術を開発した桂による鑑定で形勢を挽回しようとしたのである。

顕微沈降反応法は、極微量の古い血痕でも検査可能との評価があったため検察側は大いに期待していた。しかし、鑑定結果は検察を失望させるものだった。桂の鑑定書は、襟当てには六十六個の赤褐色の斑痕があるが、人血反応はなかったと結論付けたのである。

さらに検察側は、十月八日の夜間検証で風呂場の壁があった地点に凶器の薪割の模型を立てかけ、室内から漏れる光で発見できるか確かめた実験や、濡らしたジャンパーとズボンを弁護士が着込んだ大沢堤での実験について、事件当時と条件が異なっており意味がないとして証拠採用しないよう異議を申し立てたが、裁判所に退けられた。検事席をにらみつけていた幸夫の表情が一段と険しさを増した。この期に及んでも自分たちの非を一向に認めようとしない検察に怒りがこみ上げ、口を力いっぱい真一文字に結び、顔を真っ赤にして堪えた。

その後、検察による被告人質問に移った。仙台地検公安部長の吉野が「真実発見のため質問したい」

と切り出すと、幸夫は小島裁判長に「検事の質問には一切答えたくありません。一切拒否します」と言った。だが吉野は意に介さぬ風を装い、質問を続けた。

「どうしてやってもいないのに自白したのか」「取り調べで警察官に暴力を振るわれ、自白を強要されたと言っているが、いつそういうことがあったのか」

吉野の質問だけが約三十分間、空しく続いた。幸夫はまったく相手にせず、吉野には一瞥《いちべつ》もくれずに正面を向いたまま無視を貫いた。その態度は堂々と落ち着き払っており、余裕すら感じられた。一方、吉野はむきになった子どものようで、支援者らの目には滑稽にすら映った。検察の不利は明らかだった。

再審はこの日で証拠調べなどの審理を終えた。小島の訴訟指揮は迅速だった。それは、再審開始決定で「有罪の事実認定の正当性について合理的な疑いが生じた」とされた状況がひっくり返らないことを意味していた。無罪判決が確実な情勢となった。

再び死刑を求刑

一九八三（昭和五十八）年十一月三十日、論告求刑公判などの期日を決めるため、裁判所、検察、弁護人の三者協議が開かれた。翌八四年三月六日に論告求刑、八日と九日の二日間に弁護側の最終弁論を行い、九日の最後に斎藤幸夫本人が意見陳述をして結審することで三者が合意した。

ヒデはこの日も街頭で署名活動に立っていた。前年までは身にしみた冬の寒さも、無罪判決が手に届くところまで来て、苦にならなかった。報道で裁判の状況を知っている街の人たちの反応も温かかった。活動を終えて午後二時すぎ、対策協議会の事務局に立ち寄り、期日が決まったことを教えられた。ヒデはその足で事務局長の小田島と一緒に仙台拘置支所の幸夫に会いに行った。幸夫は面会室のストーブに手をかざしながら尋ねた。

「論告は何月になりましたか」

「三月に決まったよ」

「思ったより遅いなあ」

もう少し早いと思っていた幸夫は一瞬、顔を曇らせたものの、すぐに気を取り直し「どんな求刑をされてもたじろぎませんよ。弁護団の先生方が徹底的に戦ってくれているんですから。無罪を勝ち取って家に帰りますよ」と自らを奮い立たせるように言った。

面会を終えたヒデは「判決を聞くまで安心はできないが、無罪を信じています。判決は夏ごろみたいで、まだ先ですけど、いいのが出るでしょ」と笑顔で語った。

当時、世の中は混沌としていた。八三年十月、ロッキード事件で田中角栄元首相に実刑判決が下り、翌八四年一月には福岡県の三井三池炭鉱有明鉱で坑内火災が発生、八十三人が死亡する大惨事となった。一方、塀の中は世間の喧騒とは無縁だった。八四年三月六日、論告求刑公判当日の朝も、幸夫は落ち着いていた。公判は定刻通り、午前十時に始まった。裁判長の小島は検察の論告に先立ち、幸夫の身柄の取り扱いについて異例の発言をした。

「一般に再審開始が確定した死刑囚の拘置を停止するかどうかは、裁判所の裁量に属する」

再審開始の決定により死刑の確定判決が白紙となった以上、死刑囚として拘置を継続するのは不当であり、拘置を続けるのであれば、再審裁判の被告としてあらためて拘置の手続きを踏まなければならないと主張する弁護側の申し立てに対し、裁判所として見解を示したものだった。免田事件、財田川事件の再審公判でも、弁護側は被告の釈放を申請したが、裁判所は、刑の執行は停止できるが、拘置を停止する権限は法務当局にあるとの判断を示していた。それだけに、拘置を停止するかどうかも裁判所の権限であるとした小島の判断は画期的で、司法関係者の間でも大きな反響を呼んだ。新聞各紙は「身柄釈放で新見解」などと大きく伝えた。異例の発言は、判決に向けた小島の揺るぎない覚悟を表していた。

小島が発言を終え、論告求刑に移った。それまでの公判を通じた検察官の頑なな態度から予想された通り、求刑はまたしても死刑だった。幸夫の着衣とされたジャンパーとズボンから血痕反応が出なかった問題では、血痕は付着していなかったとした木村鑑定に一切耳を貸すことなく、犯行後の洗濯のためだとの主張を繰り返した。掛け布団襟当てに関する三木鑑定についても「信用性は少しも揺らいでいない」と強弁した。

目新しい内容のない論告だったが、分量は十三万字に及んだ。検察官は昼の休憩をはさみ四時間かけて朗読し、「被告は現在もまったく反省の態度をみせておらず、二十八年以上にわたり身柄を拘束されてきたことを考慮しても同情の余地はない」と述べた。

ヒデも、検察がまた死刑を求めてくると予想はしていた。裁判所に入る前、記者たちに心境を聞かれたときも「検察がいまさら無罪というわけがないです」と穏やかに答えた。法廷に入り、最初のうちは落ち着いて聞いていたが、過去の公判からまるで進展のない内容が延々読み上げられ、次第に腹が立ち、検察官の方をにらみつけたまま握っていたハンカチを何度も畳み直した。ヒデには、検察官がやり直し裁判を徒労とあざ笑っているかのように聞こえた。朗読が始まって一時間ほどたったころ、掛け布団襟当ての血痕に関する部分が読み上げられているところで我慢ができなくなり、退席した。集まってきた記者たちにヒデは「掛け布団を押収した刑事が、後になって血痕はなかったと謝ったのに」と怒りをぶちまけた。握り締めていたハンカチはしわくちゃになっていた。

裁判所の外では、支援者たちが待っていた。検察が再び死刑を求刑したと伝わると「こんなでたらめがまかり通っていいのか」「許せない」と怒りの声が上がった。閉廷後の夕刻、約三十人の支援者が仙台地検に抗議に押しかけ、金吉聡検事正に面会を求めた。拒否する職員と押し問答が続いた末、抗議文を預けた。抗議文は「死刑の論告求刑は真実と正義を愛する広範な国民の絶対に容認するところではない。法と正義を踏みにじり、人間性のひとかけらもない残忍非道な検察官の論告求刑に断固として抗議する」というものだった。

記者会見した青木は論告を振り返り「卑劣だ」と怒りをあらわにし、怒気を帯びた声で「再審開始決定で確定判決の間違いが示され、検察も自分たちの主張を立て直すことが難しいことを知っている。公益の代表者として、死刑を求刑すべきではない」と言い切った。

「私は無実です」

三月八日午前十時、弁護側の最終弁論が始まった。弁論書は検察の論告の倍近い二十四万字と膨大なため、二日間の期日が与えられていた。弁護人席には弁護団長の島田正雄、主任弁護人の青木正芳ら十二人の弁護士が並んだ。日本の司法の歴史に残る再審がいよいよ大詰めを迎え、法廷は高揚感に包まれていた。幸夫は落ち着いた表情で、弁護団席のすぐ前に用意された被告人席に着いた。傍聴席のヒデの顔も穏やかだった。

裁判長の小島に促され、青木が立った。静まりかえった法廷に甲高い声が響いた。「被告人は無実である」。弁論書の第一章のタイトルは、ストレートなものだった。その第一節「誤った訴追を生み出したもの」で、弁護団は真っ先に捜査の在り方の根本的問題を総括した。「戦後、自白だけでは証拠にならなくなったので捜査当局は、まず証拠を固めてから人を逮捕する「物から人へ」に犯罪捜査の方法を転換させたとはよく言われることである。昭和三十年の本件は、もう戦後十年、人権侵害の捜査は影をひそめた時期のそれではなかったかと言われるかもしれない。しかし、答えは否である。旧態依然として「人から物へ」の捜査が行われ、その中で逮捕、起訴されたのが本件であり、人を逮捕してから物を作った、そのために法医学も利用されたとも解される事件なのである」

さらに、新たな証拠品を押収するたびに、それと一致した供述が取られるという捜査の展開を時系列に整理して見せた。膨大な弁論のプロローグといえる第一章を、弁護団は次のようにまとめている。

「被告人は決して分別のない青年ではなく、傍目から見れば、その言動に批判される要素はあったにしても、犯罪行為に直結するような行動をとる人間ではなかったのである。にもかかわらず、捜査当局の皮相な、偏見に富んだ判断により別件逮捕され、事件自体の中に存する合理的な疑問も、あるいは自白の虚偽性を示す合理的な疑問も解明されることなく、かつ、無実を証する証拠は隠され、偽造された証拠により訴追され、さらにそれを維持するために虚偽の内容の証拠が作られ、誤判へと裁判は進められていったのである。（略）本件で裁かれなければならない真の被告人は、このような違法・不当な人権侵害を重ね、誤判を生み出させた捜査当局自体であると言わなければならない」

一日目は弁論書の半ばまでで夕刻、閉廷した。午後六時すぎ、ヒデは青木らと記者会見に臨んだ。弁論初日の感想を聞かれヒデは「今日は冷静に聞けました。青木先生のお話で、一つ一つ当時のことが思い出されて。先生方にここまでやっていただいて、うれしかった。幸夫も喜んでいると思います」と笑顔で答え、「おとといの論告は興奮しすぎて疲れてしまって、昨日は一日寝てたんです。だから今日は気分すっきり」と記者たちを笑わせた。

翌三月九日午前十時、弁護側の最終弁論二日目が始まった。逮捕から二十八年。さすがにさまざまな思いが込み上げたのだろう、入廷した幸夫は前日より興奮しているように見えた。青木らが安心させるように言葉をかけると、しきりにうなずき、被告人席に座った。

自白の変遷をめぐる問題、掛け布団襟当ての血痕に関する疑惑、事件当夜の着衣とされたジャンパーとズボンに自白と符合する血痕反応が出なかった矛盾……。朗読は淡々と進み、裁判の核心部分をあらためて立体的にあぶりだしていった。やがて締めくくりの第九章「結語」を残すのみとなった。弁護団は司法の正義を信じ、この最終章を強い思いを込めて書いた。長い文章だが、紹介する。

「再審をはじめてから二十三年の年月がたっている。昭和三十九年二月十五日、第一次再審請求の仙台地裁古川支部で私たち弁護人は次のように述べたことを想起する。『最後に、我々はただちに再審開始決定をなすべきことを裁判所に訴える。法的安定性に固執して実体的真実を軽視することは、一見司法の安定性に貢献する如く見えて、その実は司法の基礎を危うくするものである。司法に対する国民の信頼は、裁判所がその過去の過ちを過ちとして率直に改め、真実探求の熱意を示すことによって培われるものであり、法の威信とはこのような信頼感の積み重ねの上にのみ成立するものである。裁判所の慎重な審理と勇気ある決断を期待してやまない』

遺憾ながら、私たちのこの願いは容れられなかった。その後何回も棄却の苦杯をなめたわけであるが、この間、被告人の父は子の雪冤《せつえん》の日を待たずして世を去り、守屋和郎弁護団長もまた被告人の雪冤を念じながら他界している。

被告人が身柄を拘束されてから既に二十八年余、被告人はこの間の大部分を死刑と対決しながら獄中で過ごしてきた。逮捕当時二十四歳だった青年が今、初老の五十三歳になろうとしている事実を裁判所は謙虚に正面から見据えてほしいと思う。

開始決定への曙光《しょこう》を見いだしたのは、仙台高裁の差し戻し決定をへて、検察官手持ち証拠の開示を勝ち取った昭和五十年のころからである。

私たち弁護人は、昭和三十六年三月第一次の再審申し立ての当初から検察官に対し、手持ち証拠の開示を求めてきた。検察官は手持ち証拠があることを認めながら、これを開示しようとしなかった。証拠が開示されたのは、それから十四年余を経過した、昭和五十年の秋になってからのことである。同年五月のいわゆる白鳥決定とともに、この証拠開示のころから、他の再審事件ともども松山事件も大きく動き出し、無罪への展望が開けてくる。

被告人と犯行を結び付ける最も重要な証拠は、逮捕の数日後に被告人宅から押収された掛け布団襟当てで、これには血痕が付着し、その血液型が被害者らのそれに一致するということであった。しかしその血痕の付着自体が官憲の工作によるものではないかとの疑惑が持たれた。仙台高裁の再審開始を支持した決定の中でも、その可能性が指摘されているのである。その契機を提供したのが、この開示された証拠であったことをもう一度振り返ってみる必要があろう。

憲法三七条は「被告人は、公平な裁判所の迅速な公開裁判を受ける権利を有する」と規定するが、この事件の経過と問題点、何よりも二十八年余の年月の長さを思うとき、私たちはこの規定の精神が否定されている現実を謙虚に考えてみなければなるまい。

被告人の身柄問題についても、裁判所の深い考察を促しておきたい。(略)私たち弁護人は、再審開始決定が確定すれば確定判決は効力を失うし、刑事訴訟法四四八条二項の執行停止も、目的とする死刑の執行が停止された以上、その手段である「拘置」は当然停止されるべきであると考えるものである。(略)身柄を拘束されてから既に二十八年余の被告人の立場を考え、勇断をふるわれんことを心から期待したい。

被告人の自白が捜査官の強制誘導ないしは謀略的取り調べによるものであることは既に明らかにされた。掛け布団襟当てやジャンパー、ズボンの血痕などの物証的側面からの無罪の論証も十分尽くされたと考える。そして何よりも、この事件が捜査官の予断と偏見による見込み捜査から出発したものであり、今もなお黒い霧に覆われた側面を持つものである事実もまた明白になったと信ずる。

被告人の無罪は今やあらゆる角度からみて十分に論証された。無罪以外にはあり得ない。(略)被告人に対する無罪の判決と身柄の釈放を重ねて強く要請して私たち弁護人の弁論を終わる。

被告人は無罪である」

二日間にわたり十二人の弁護団全員でリレーした朗読が終わった。駄目を押すように弁護団長の島田が立ち上がり、裁判長の小島に向かって大きな声で呼び掛けた。「無罪の判決を重ねて求めます。被告人は無罪です」

時刻は既に午後六時近くになっていた。小島は幸夫に証言台に出るよう促した。傍聴席のヒデが思わず「幸夫、落ち着きなさい。しっかりしゃべんなさいよ」と叫んだ。幸夫は母に向かって、安心させるように笑顔を見せた。

小島が静かに語りかけた。

「これで事実審理を終わりますが、最後に何か言うことはありますか。時間の制限はありませんから、言いたいことをみんな話してください」

丁寧で優しい口調に小島の心遣いが感じられた。幸夫は壇上の小島を見上げた後、ポケットから取り出した老眼鏡をかけ、震える手で用意していた五枚の便せんを握った。そして青木が注いだコップの水を一気に飲み干すと、深呼吸してから読み始めた。冷静に、冷静に、と自分に言い聞かすような声だった。

「初めに、検察官の死刑求刑に対して一言。再審開始の一端の証拠となったものは検察官手持ちの裁判不提出記録であったということです。それほどの被告人に有利な証拠を二十余年間も隠し持ちながら、それを何ら反省もせず、平然と死刑の求刑をするなどとは、いやしくも人間のやるべきことではないと言いたいです。

さて、二日間にわたる最終弁論で私の無実を余すところなく論述をしていただきましたので、私から申し上げることはございません。ただ一つお願い申したいのは、無実の者には無罪の判決をしていただきたいということです。

今から二十八年有余前、私は起訴されましたが、公判廷で真実を訴えれば必ず分かってくださるものと信じました。一審で死刑の宣告をされました時、二審では必ず分かってくれることを疑いませんでしたが、控訴棄却でした。

しかし最高裁だけは、と最後の望みをかけまして、判決当日の吉報を独房の中で待っておりましたところ、知人より上告棄却の電報が届きました。私はその電報を手に持って、しばし呆然、うつろになって座っていたことを今でも思い出せます。

死刑が確定し、再審請求が棄却されました当時の私の苦悩や怒りにつきましては、第一回公判の時に申し上げましたので、もう申しませんが、無実で死刑にされてしまうのかという思いで絶望感に襲われそうになるのを、真実は勝つのだ、必ず再審開始になるぞと自分の心を鞭打ってきました。

そんな私を助けようと、今七十六歳になる母は、もう長い間、寒い季節にも、暑い季節にも、仙台の街角に立って、道行く人に無実を訴えてくれています。末の妹は就職した見習い看護婦をやめ、わずか十六歳の身で「兄さんは何もやっていません」と全国を訴え歩いてくれましたし、また姉は嫁ぎ先に子供を残して、離婚されながらも私のために働いてくれました。

私はそうした家族の身に思いを馳せて、夜、布団の中でひそかに涙を流したことが幾度あったことでしょうか。母や姉や妹だけでなく、家族皆が私を助けるために必死になってくれましたのは、事件のあった夜、私が家で寝ていて無実であることを知っているからなのです。私は松山事件に一切関係がございません。事件のあった夜は十二時前に家に帰って寝ております。

私は無実です。死刑が確定し、再審請求も棄却されました当時は裁判不信に陥りましたが、今は裁判を信じようと思いますので、信じてよかったと心から思えるような判決をいただきたいです。お願いします」

幸夫は最後まで読み上げると、胸を張り姿勢を伸ばしてから小島に向かって一礼した。その顔は、晴れ晴れとしていた。

「裁判所としても、できるだけ早い機会に判決を出したいと思います」

小島はそう言い、閉廷を告げた。松山事件の再審は結審した。無罪を確信した傍聴席の支援者たちから、大きな歓声と拍手が沸きあがった。

仙台地検検事正の金吉聡は記者に囲まれたが、無表情のまま「検察の主張は論告で言い尽くした。他に付け加えることはない」とだけ言って裁判所を後にした。

弁護団には笑顔がはじけた。十二人全員が大きな達成感に包まれ、興奮していた。閉廷後の記者会見で島田と青木は、ヒデを真ん中に座らせた。青木は長かった裁判を振り返り、「われわれもすべてを吐き出す気持ちで弁論しました。もうゴールは見えています。後は判決を待つだけです」と話した。翌三月十日の新聞各紙には、笑顔のヒデたちが大きく載った。

幸夫の最終弁論から三日後の三月十二日、財田川事件の再審で高松地裁が谷口繁義に無罪判決を言い渡し、谷口は即日釈放された。斎藤幸夫を上回る三十四年の獄中生活だった。松山事件対策協議会の小田島は仙台拘置支所に出向き、幸夫に谷口の無罪を知らせた。幸夫は「谷口さん、良かったなあ。そりゃそうでしょう。本当に良かった」と自分のことのように大喜びして、谷口への祝福のメッセージを小田島に託した。

「無罪判決おめでとうございます。長い間の頑張りが報われて本当に良かった。私も後に続きます。いつか明るい日の下でお会いしましょう。体を大切に、第二の人生を有意義にお過ごしください」

三月下旬、東京で冤罪被害者の支援活動を行う団体主催の会合があり、ヒデも参加した。会合には、無罪判決を受けたばかりの谷口が招かれ、前年に無罪判決が確定した免田栄も顔を見せていた。会場で三人は手を取り合ってお互いの長年の苦労をねぎらった。免田と谷口は「お母さん、もう少しですよ」とヒデを励ました。

日本列島は前年末から寒波に見舞われ、後に「五九豪雪」と呼ばれるほど各地で大雪となった。しかし季節は僅かずつ確実に移ろう。まもなく四月。春はすぐそこまで来ていた。

第十三章　無罪

死刑台から生還

一九八四（昭和五十九）年七月十一日、再審判決の日を迎えた。幸夫は前夜、さまざまな思いが頭を巡って寝つけず、夜明けに目が覚めた。仙台拘置支所で最後となるだろう朝食は、麦飯に大根の味噌汁、たくあんと、普段通り粗末なものだった。

ヒデは宮城県鹿島台町の自宅居間で、亡き夫虎治の遺影に手を合わせ無罪になることを祈り、長男の常雄と一緒に鹿島台駅八時十五分発の快速列車に乗って仙台へ向かった。

幸夫を乗せた護送車は午前九時ごろ、仙台地裁に到着し、正門から中に入った。同じころ、地裁の裏門前には、裁判の傍聴を希望する約五百人が長い列をつくっていた。

午前九時五十分ごろ、ヒデと常雄が揃って仙台地裁の一〇二号法廷に入った。常雄の手には「無罪」と書かれた掛け軸があった。四カ月前、再審で無罪を勝ち取った財田川事件の支援者から引き継いだものだ。二人は傍聴席の前から四列目の中央に座った。

午前十時の開廷直前に、幸夫が法廷に入った。青みがかったグレーのスーツに白いシャツ姿。スーツ、シャツとも、この日のためにヒデが二日前、拘置所に差し入れた。

報道陣の廷内撮影が終わった十時三分、小島建彦裁判長が「これより判決を言い渡します。被告人は前へ」と告げた。幸夫は被告人席に進み、両腕を体にぴったりとつけ「気をつけ」の姿勢で、裁判長の真正面に立った。

小島裁判長が判決主文を言い渡した。「被告人は無罪」「被告人の拘置を停止する」

幸夫は、裁判長に深く一礼した後、傍聴席を振り向いて笑顔で大きくうなずいた。傍聴席のヒデは、「無罪」の声を聞いた瞬間、はじかれたように立ち上がり、裁判長に向かって二度、三度と頭を下げた。

傍聴席からは「よしっ！」「バンザイ！」の声が湧き起こり、支援者らは一斉に立ち上がって拍手した。その中に、幸夫と文通を続けていた岩下美佐子の姿もあった。美佐子は喜びに浸りながら、「自分の青春はこれで終わったんだ」という思いが、こみ上げてきた。初めて松山事件の現地調査に参加してから十九年。彼女も四十六歳になっていた。

傍聴席の常雄が「無罪」の掛け軸を持って、法廷を飛び出した。地裁前には、支援者や報道陣が待ちかまえていた。姿を現した常雄の元に、松山事件対策協議会事務局長の小田島が駆け寄り、二人で「無罪」と書かれた掛け軸を高々と上げた。

マイクを握った小田島は感極まって、しばらく言葉が出なかったが、「松山事件は幸夫君、家族、さらに共に戦った国民の勝利です」と叫ぶと、左手のこぶしを力強く突き上げた。地裁の隣の専門学校の窓からは「祝無罪　斎藤幸夫さんおめでとう」という垂れ幕が二本下り、窓から大勢の学生たちが裁判所前の歓喜の人々を見つめ拍手を送った。午前十一時ごろ、東京から駆けつけた五女が傍聴席に座った。彼女が幸夫の方に向かって右手でVサインをつくると、幸夫はにっこり笑ってうなずいた。

小島裁判長は判決理由で、宮城県警の捜査の在り方について「嫌疑十分といえない被告人を捜査員が物盗り犯人との見込みで別件逮捕したことにはじまり、見込みに沿う自白を獲得したが、容疑に関連するとされた事実は客観的証拠によれば、いずれも関連性に乏しいか、裏づけが不十分なものであり、犯

母ヒデの肩を抱く斎藤幸夫

行現場の状況も物盗り犯人と想定したときには説明しきれない疑問点が存在する」と批判した。

動機については「飲食店に借財があったが、借金の返済を迫られて困り切っていたとは思われず、人を殺害してまで金を盗ることを決意する動機となりうるかは疑問」とし、大村清兵衛の妻ヨネが材木を斎藤家に買いに来たのを幸夫が見たとする点は、常雄の供述に信用性を認め「十分な裏付けがない」と否定した。着衣のジャンパー、ズボンの血液付着については「当初から血液が付着していなかった蓋然性が高いと認められる」と述べ、布団襟当ての血痕は「押収後に付着したとの推論を証拠上容れる余地が残されている」と、捜査当局による捏造の疑いを示唆した。

自白内容については「自己の経験しない事実を思い付きで供述し、裏付け捜査により不合理なことが判明して追及を受けると、さらに同様の供述をしてその場を糊塗してきたのではないかとの疑いがある。変転のない供述のうちで客観的証拠による裏付けのないものも、矛盾する証拠が発見されなかっただけで、被告人の思い付きによる供述にすぎないのではないかとの疑問の余地がある」と結論づけた。

判決理由の朗読を終えた小島は最後に、幸夫に語り掛けた。

「確定判決は誤りでした。この判決で確定判決の効力は完全に失われます。一日も早く、法的に、社会的に復帰してください」

釈放手続きを終えた幸夫は遂に、地裁の裏口玄関から自由の一歩を踏み出した。支援者や弁護団、報道陣でごった返す中に母ヒデを見つけると、駆け寄った。

「やっと帰ってきたね」

「ただいま、死刑台から生還しました。ありがとう」

幸夫はヒデの手を握り、肩を抱いた。降りしきる雨が母子の背中を濡らした。

人間を信じる

幸夫とヒデは、記者会見場になっている仙台市戦災復興記念館に移動した。会見場に現れた幸夫は、テレビカメラのライトの放列に驚き、「暑いので脱いでいいですか」と言ってシャツ姿になったが、会見が始まると、再び上着を着て記者の質問に答えた。

「無罪判決で釈放が決まった瞬間の気持ちは」

「足が地につかない気持ちだった」

「これまでで一番悲しかったことは」

「死刑が確定した判決の時でした」

「この二十九年間、支えてきたものは」

「真実です」

「いま、何を最も信じていますか」

「人間を信じます」

「お母さんと抱き合った時の気持ちは」

「おふくろも若いころはもっと重かったのに、だいぶ、軽くなったなあと思った」

「冤罪に苦しみ戦っている人たちに何か一言」

「真実は必ず勝ちますから。頑張ってほしい」

「当時の警察官、検察官、裁判官に言いたいことは」

「検察のメンツや捜査官の立身、栄達のために証拠を捏造し、でっち上げるのは絶対やめてもらいたい」

「獄中二十九年間で得たことは」

「大いにありました。信じられる人を知ったこと。これが私の人生で最大の幸せだ」

「検察が控訴する可能性が残っているが」

「そうなったら戦いますが、控訴しないでほしい。おふくろも年ですから、あまり苦しめないでください」

「弁護団と全国の支援者に一言」

「死刑台から生還できたのは支援者のおかげ。いくら感謝してもしきれません」

幸夫に続いて、弁護団が会見した。主任弁護人の青木正芳は「冤罪がなぜ生まれたのかを明らかにしようとしたのが今回の判決の特徴だ。合理的な容疑のない人を捕まえ、自白させ、物証を偽造したという切り込んだ内容の判決だ」と、小島判決を高く評価した。

午後三時すぎから、仙台市戦災復興記念館二階ホールで、支援者約三百人が集まり、無罪判決の報告集会が開かれた。母親のヒデ、兄の常雄と一緒に入場した幸夫は、「無罪おめでとう！」の声と大きな拍手に迎えられた。

挨拶に立った幸夫は、何度も支援者に頭を下げ、「いま、心から感謝しています。ありがとうございました……」と言うと、あふれる涙をハンカチでぬぐい、言葉を詰まらせた。

「皆さんの絶大なる力で死刑台からやっと帰ってきました。あの中（拘置所）は、いかめしい人ばかりでしたが、ここは柔らかい人ばかりで、雰囲気がいいですね。これが自由のムードでしょうか。胸いっぱいです」。話しながら、上を向いて涙をこらえた。支援者から幸夫とヒデに花束が贈られた。幸夫にはカンパで購入した腕時計もプレゼントされた。

午後六時からは、この日の宿舎に用意された旅館で日本弁護士連合会主催の祝賀会が開かれた。ヒデや弁護団、支援者らに囲まれた幸夫は、グラスに三分の一ほど注がれたビールで乾杯した。卓上には、幸夫がヒデに「食べたい」と話していた好物のホヤの酢の物が出た。拘置所では味わえない炊きたての白い飯と熱い味噌汁、地元名物の仙台雑煮も並んだ。

父と恩人の墓

その夜、幸夫は興奮してほとんど眠れなかった。やっと朝になり、傍らのヒデに「お母さん、どうもふかふかの布団は慣れないものだから」と話しかけた。

午前七時ごろから小田島や弁護団のメンバーらと広瀬川近くの公園を散歩した。歩道橋に駆け上がった幸夫は、広瀬川の流れに目を凝らした。小田島が川の先に見える山を指して青葉山だと教えると、「あれが青葉山ですか……」と、懐かしそうに緑濃い山を眺めた。

「いいですねえ、自由は。自分の足で気ままに歩き回れるんですから」。幸夫は散歩に同行した報道陣にこう話し掛け、境遇の変化をかみしめた。

一行は大型バスに乗り、宮城県鹿島台町へ向かった。午前十一時半ごろ、町役場に到着。幸夫の住民票は二十九年前のまま役場に残っていた。出迎えた鹿野文永町長が「長い間、ご苦労さま。体に気をつけてください」とねぎらうと、「これからお世話になります。しばらく社会から遠ざかっていたので、どうかよろしくお願いします」とあいさつした。

十五分後、バスは自宅に到着した。幸夫がバスから降りると、近所の人たち約三十人が拍手で迎え「お帰りなさい」「おめでとう」「良かったね、幸ちゃん」と声を掛けた。ヒデは、次々と差し出される手を握り返し、顔をくしゃくしゃにした。幸夫は、小学校時代の同級生の姿を見つけると、「おー」と声を上げて駆け寄り、抱きついた。

庭先から玄関まで歩いたところで立ち止まり、懐かしいわが家をゆっくり見回してから、一歩一歩踏みしめるように中に入った。真っ先に、父虎治の遺影が飾られた仏壇に向かった。幸夫は手を合わせ、深々と頭を下げると、何かを語り掛けるように、じっと遺影を見つめた。

この後、縁側に座って心境を語った。

「やっと帰ってきたか、という感じです。周りは随分変わったが、部屋は昔のままだった。おやじさんには、こうして生きて帰って来たよと言いました」

横に座っていたヒデが「幸夫が帰るまでは、昔のままにしておきたかったんだよ」と言うと、「そうですか。経済的な理由ではなかったんですか」と冗談めかして笑った。

幸夫と家族、弁護団らは昼食後、自宅から約一キロ離れた町営の霊園を訪れた。虎治の遺骨は、三歳で病死した三男の小さな墓に納められ、脇に卒塔婆が立っていた。幸夫は「あーあ」とつぶやいて、しばらく見つめた後、目を閉じて合掌した。死刑台からの生還を亡父に報告した。小田島が、俳句を読み上げた。「鉄格子なき空の広さや母と笑む」。無罪判決の日、幸夫がつくった句だ。

一行が墓参りを終えても、姉タミ子は一人、墓の前から動かなかった。ひざまずいて泣き崩れ、墓石を抱きながら「幸夫が帰ってきたんだよ」と何度も何度も繰り返し、「待っていれば良かったのに、なんで死んじゃったの……」と言って涙を流した。

墓参りの後、幸夫らは、古川市にある元弁護団長守屋和郎の家を訪れた。守屋は、最高裁で幸夫の死刑が確定した後、絶望するヒデを励まし、裁判費用を捻出するため、ヒデが家を手放そうとした時は、それを制して私財まで提供してくれた恩人だった。

仏壇に無罪判決の全文が供えられた。幸夫は黙って手を合わせ、兄の常雄は「ありがとうございました」と遺影に感謝の思いを伝えた。弁護士たちも一人一人、線香を供えた。

この後、一行は近くの寺を訪れ、守屋の墓の周りに集まった。小田島は「守屋先生が私財を投じて裁判記録を整理してくれたことが再審の基礎となった」と振り返り、弁護団長の島田は「お宅に判決文を置いてきました。読んでください」と語りかけた。そして、コーヒー好きだった守屋をしのんで、持ってきたコーヒーで献杯した。

免田らとの出会い

翌十三日、幸夫はヒデ、常雄と一緒に東京へ向かった。幸夫は、初めての新幹線に「快適だ。乗り心地は上々です。スピード感がまるで違う。時代の変遷、進歩を感じる」と興奮気味だった。この日午後、東京・霞が関の日弁連会館で記者会見が開かれた。一足先に再審無罪判決が確定した免田事件の免田栄、財田川事件の谷口繁義の二人も出席し、死の淵から相次いで救われた三人が初めて顔を合わせた。

会見場に現れた幸夫は、免田、谷口と握手をした後、二人の間に入り、三人一緒に肩を組んだ。席に着いた幸夫が「感無量です」と口を開くと、隣の免田が「おめでとう。この日が来ることを期待していました」と祝福し、谷口も「自由の特権が得られて本当に良かった。この一言しかない」と、自身も経験した長い拘置生活をねぎらった。

誤判による冤罪がなぜ起きるのかと聞かれると、幸夫は「警察のメンツや捜査官の保身で証拠が捏造された。それが原因だ」と語気を強めた。免田は「司法界では因果応報の思想があり、これが冤罪をつくる大きな原因となっている」と自説を語り、谷口は「封建的、圧制的な代用監獄制度が原因だ。一日も早く廃止してもらいたい」と訴えた。

三人は翌日、東京・九段の千代田区公会堂で開かれた日弁連主催の「「死刑から無罪」を考える集会」に出席した。集会は、松山事件の再審無罪判決の報告が中心で、ヒデや常雄、弁護団、小田島も壇上に上がった。弁護団長の島田が、再審無罪判決を勝ち取るまでの経緯を振り返った後、青木が判決内容を報告し「これは単なる無罪判決ではなく、冤罪であることを証明した」と述べた。

松山事件の報告に続き、幸夫、免田、谷口の三人による「誤った裁判を斬る」と題した討論会に移った。司会役の推理作家佐野洋と徳島ラジオ商殺人事件の弁護人角田由紀子が、取り調べの状況について聞いた。谷口は「手錠やロープをされたまま何時間も正座を強いられ、食事を減らされた」と話し、幸夫は「同房者に、やらないこともやったと言えと唆され、疲れもあり、だんだんそういう心理になっていった」と振り返った。三人とも取り調べの際、弁護士を依頼できると警察官からは聞かされてなかったことを明かし、幸夫は「調書を取り終わってから、弁護士を頼めることを知った」と話した。

幸夫や家族、弁護団は、検察が再審無罪判決を不服として控訴することを心配していた。新証拠などから無罪は揺るがないとみられ、幸夫は検察が控訴しても再び戦う覚悟だったが、七十七歳になる母ヒデの健康が気がかりだった。

控訴期限となっていた七月二十五日、幸夫とヒデ、主任弁護人の青木らは、記者会見場の仙台市戦災復興記念館に集まり、仙台地検からの連絡を待った。

午後二時四十分すぎ、電話が鳴った。受話器を取った青木が「控訴断念ですね」と、興奮を抑えながら一語一語区切るように確かめた。幸夫は満面の笑みでVサインをつくって両手を突き上げ、「ありがとうございました」と青木に感謝を述べて、握手した。ヒデはうつむいて涙をぬぐい、「良かった、良かった……」と声を詰まらせた。

検察の控訴断念により、無罪判決が確定した。幸夫は一九五五（昭和三十）年十二月二日に逮捕されて以来、約二十九年ぶりに完全に自由の身となった。

記者会見で幸夫は「二十九年間の苦しみが消えるものではないが、今日をあらたな人生の出発点にしたい」と語った。「この二週間、不安でたまらなかった」とヒデが言うと、後ろにいた常雄が「家にいても笑い顔が出なかったんですよ」と、自宅での様子を明かした。

記者の質問が警察や検察のことになると、ヒデの表情は険しくなり、「当時の警察官に謝罪してほしい。向こうが来ないなら私の方から行ってでも謝罪してもらいたい。こんな苦しい目に遭わされ、あらためて悔しい」と感情をあらわにした。

仙台地検の記者会見には、検事正の岩下肇、公安部長の吉野勝夫、仙台高検刑事部長の佐藤謙一が並び、岩下が「談話」を読み上げた。「判決が、確たる根拠もないのに捜査機関が証拠を捏造したとも受け取れる判断を示している点については、納得し難いというほかない」

この後の質疑応答で、岩下は「今度の判決は、無実の人が冤罪を晴らしたのではなく、あくまで無罪なのだと受け止めたい」と、頑なな態度を崩さなかった。

宮城県警刑事部長の鈴木季二郎は「斎藤幸夫さんの無罪確定を厳粛に受け止めており、口を挟む余地はない。松山事件の教訓を今後の捜査に十分、反映させていきたい」と述べた。鈴木は、無罪判決の直後、「斎藤さんを今も犯人と確信している」と発言して批判を受けたが、この日は神妙だった。

青木は「検察側はただ単に控訴を断念するのではなく、再審判決が指摘した誤判に対する厳しい批判を真剣に受け止めてほしかった」と話した。また「無実の罪で長い間自由を奪われた斎藤さんへの適正な補償を求めたい。賠償請求もその一つと考えている」と述べ、国家賠償請求訴訟を起こす方針を明らかにした。

第十四章　晩年と死

不徹底な削除

斎藤幸夫の無罪確定を受け、宮城県警は、『宮城県警察史』の中で主要な業績として紹介した松山事件に関する記述の削除を決め、一九八四（昭和五十九）年八月、配布先の県内の警察署、図書館、報道機関などに通知して、関係箇所を削除するよう求めた。

宮城県警察史は、全三巻の大著である。戦後の出来事を収めた第二巻が七二年、最初に非売品として刊行された。ページ数は一二九七ページに上る。

松山事件は、第二巻の第三章第五節「刑事警察」の中で「主要刑事事件」の一つとして取り上げられた。八九三ページから九〇一ページの九ページにわたり、事件発生から犯人逮捕に至る捜査経過、死刑判決までを時系列で詳述し、焼け落ちた被害者宅や凶器の写真のほか、「被疑者」として斎藤幸夫の顔写真を掲載した。巻頭には、事件現場で三人が花を手向ける写真があるが、写真の日付は「昭和30・10・17」と、事件発生の前日になっている。単純な誤記だろうが、県警史を飾る重要事件にしては、ずさんだった。

「発刊のことば」で県警本部長の広山紫朗は「新時代に対処する警察職員がひとりでも多く本書を読まれて先人の偉業と本県の輝かしい伝統を肝に銘じ、その基調のうえに、よりよい宮城県警察をつくりあげてゆくために、いっそう精進されんことを念願するのであります」と書いた。しかし、最も有名な重大事件の記録を県警自ら削除要請するはめになったのは皮肉な顚末である。

ヒデは、記者から「県警の対応をどう思うか」と感想を求められ、「間違ったことを書いておいて、その部分を削除してくださいと言うだけで終わりというのは納得できません。誤った捜査で無実の幸夫を逮捕し、死刑囚にまでしたが、再審で無罪が確定したときちんと書き直すべきではないですか」と怒った。弁護団も「人間の名誉に関わる問題だ。絶版にするか、真実を記録するため訂正、加筆するべきだ。削除してくださいと文書で通知したところで、配布先が対応しなければそのまま残ってしまう」と批判した。

弁護団が懸念した通り、県警が削除を要請した後も特段の対応をしなかった配布先は多く、現在も公立図書館で問題の箇所を閲覧できる。世間に流布した宮城県警察史第二巻の中ではいまも、斎藤幸夫は松山事件の犯人のまま、最高裁で死刑が確定したところまでしか記されていない。幸夫の名誉は回復されていないのである。

就職と挫折

晴れて自由の身になった時、既に五十三歳となっていた幸夫は、生活への漠然とした不安を抱いていた。国から刑事補償として七千五百万円余りが支払われたが、国家賠償請求訴訟のことを考えると、残りの幸夫の人生を支えきれる金額とは言えなかった。

再審公判が終わってしばらくは、法曹関係者や市民団体主催の報告集会に呼ばれ、ヒデとともに全国を飛び回る多忙な日々が続いた。

無罪判決の高揚感に包まれているうちは暮らし向きのことを考えることもほとんどなかったが、生活が少しずつ落ち着いていくにつれ、不安が強まった。最大の心配事は、遠くない将来に迎える老後の暮らしだった。幸夫は死刑囚として収監されている間、年金の保険料を支払っておらず、年金の受給資格がなかった。このため、体が動く限り働き続け、自力で収入を得る以外、生活を維持する道がなかった。

手を差し伸べたのは弁護団だった。主任弁護人の青木らが所属する仙台中央法律事務所が事務員として幸夫を雇い、事務所ビルの上階の部屋を住居に提供した。二十四歳で逮捕されて以降、拘置生活を強いられてきた幸夫にとって、仕事らしい仕事をするのは初めてと言ってよかった。法律事務所の仕事は膨大だ。大量のコピー取りや裁判資料の整理、郵便物の仕分けや発送など多岐にわたり、それを手際よくさばいていくには頭も使う。特に仙台中央法律事務所のように複数の弁護士が所属し、多くの依頼がある事務所だと仕事量は多く、事務員の負担も大きかった。しかし、少年時代に成績優秀だった幸夫は煩雑な仕事をすぐに覚えた。頭と体の両方を使う事務の仕事に面白さを感じ、まじめに取り組んだが、五十過ぎからの初めての社会人生活は、簡単にいかないことも多かった。

最も困難だったのは人間関係だ。一般企業と同様、法律事務所の仕事も残業が多く、幸夫の胸の内で不満が徐々に大きくなった。もともと、ろくに働かない遊び人である。仕事は厳しいものと頭では分かっていても感情を抑えるのが難しかった。

それに、遊び好きの幸夫にとって事務所からほど近い仙台の歓楽街のネオンは魅惑的だった。働く場を与えてくれた青木らに感謝しながらも、やっと自由になったのに好きな酒もろくに飲めない仕事漬けの生活に憂さがたまり、飲む時は羽目を外した。

歓楽街から少し離れた場所で居酒屋を営む高齢の男性が、当時の幸夫のことを覚えていた。飲み屋の女性を連れて何度か来店したという。「明るいお調子者。いつもご機嫌で、冗談を言っては連れの女を笑わせてたよ。酒は強かった。長年塀の中に閉じ込められてたんだから発散したかったんだろう」

同僚の事務員や一部の弁護士の間に、獄中から生還して有名人になった幸夫をやっかむような空気が広がり、幸夫は徐々に孤立した。中には、幸夫が事務所の上階に住んでいて通勤時間がかからないのをいいことに、サービス残業を押し付けてくる者もいた。

ある夜、職場の弁護士や事務員ら数人と飲んでいる席で、幸夫が残業の多いことに不平を言った。すると弁護士の一人が幸夫の方を見て、「当たり前です」と突き放した。その言葉には、いい年をして何を甘えたことを言っているのか、という馬鹿にした響きがあった。

当然、自分を慰めて状況の改善を考えてくれると思っていた幸夫は、ショックだった。頭にかっと血が上り、弁護士の胸倉をつかんで怒鳴った。「なんだと、この野郎。当たり前だと。外では人権がどうのこうのと言っている弁護士が、自分の職場では残業押し付けか。ふざけるな、馬鹿にしやがって」。殴りかかる寸前、他の事務員に抑えられた。

この一件で幸夫は仕事に嫌気が差し、翌日、青木に事情を話して法律事務所を辞めた。一年ほどしかたっていなかった。青木は「(残業の件を)俺に話してくれればよかったのに」と残念がったが、無理に引き留めはしなかった。幸夫は砂を噛む思いだった。

変わる性格

仙台中央法律事務所を辞めた後、幸夫は、ヒデがいる鹿島台の家に戻り、仕事を探した。希望は事務職だったが、なかなか見つからない。寿司屋の店員などをした後、採用されたのが清掃員派遣会社のパートだった。気乗りしなかったが、食べていかなければならない。自分が無職のままでは親子二人の収入は、ヒデのわずかな年金だけになってしまう。

派遣された現場は、仙台市宮城野区の国立仙台病院だった。弁護士事務所での挫折を引きずり、気持ちは晴れなかったが、清掃の仕事も覚えることが多く、夢中で体を動かしていると余計なことを考える暇はなかった。再び働く場所を得た安心感は大きかった。

毎日午前四時半起床。湯を沸かしてカップ麺に注ぎ、卵を割り入れてかき込む。身支度をして家を出るのは六時ごろ。鹿島台駅まで歩き、東北線で仙台まで出る。仙石線に乗り換えて二駅目の宮城野原で降り、少し歩いて病院に着くのは七時四十分ごろだった。

初めのうちは人と交わることもなく孤立していたが、仕事に慣れてくると同僚とも打ち解けた。もともと手先が器用な幸夫は、手際よく作業をこなし、頼りにされるようになり、会社はまじめな働きぶりを評価して主任にした。昼食休憩を挟んで午後四時まで働き、勤務日報を書いて業務を終えるのは四時半過ぎだった。

帰りは仙台発午後五時の列車に乗り、鹿島台駅前で一杯やって帰宅した。清掃の仕事に変わってから、幸夫は仙台ではあまり飲まなくなった。仙台で飲む酒は、弁護士事務所を辞めるきっかけになった言い争いを思い出し、うまくなかった。家に高齢の母が待っているし、出勤のため朝早く起きなければならないので、深酒にならず健康的だった。

会社から「ずっと続けてくれ。いつまででもいてほしい」と信頼され、主任に抜擢されたことは、社会人経験が乏しい幸夫にとって喜びだった。姉のタミ子は「姉さん、俺、主任になったよ。現場を任されてるんだ」と話す幸夫の誇らしげな顔を覚えている。

新聞やテレビの裁判報道で顔が知られていたため、病院内でも有名人だった。医師や入院患者たちは「斎藤さん、斎藤さん」と声をかけてくる。「長いこと、大変だったねえ」と同情されると、長年浴びてきた世間の冷ややかな視線を思い出し、白けた気分になったが、いろいろな人たちと日々言葉を交わすうちに、屈折した思いもなくなった。

「斎藤さん、掃除上手だねえ。きれいになるねえ」と患者に言葉をかけられると、「そりゃプロだもん。当たり前だよ」と軽口で応えた。終業時「今日もお世話さまねえ。さよなら」とねぎらう患者には「さよ〜なら、さよな〜ら」と演歌の節を付けて挨拶を返した。

幸夫は生前、私たちのインタビューに「病院で働くようになってから性格が変わった」と話していた。「昔からお調子者だったとよく言われるけど、それは子どものころ。大人になってからは内向的で殻に閉じこもっていた。自分からおしゃべりするようなタイプじゃない。それが清掃の仕事になって変わった。明るくなり、誰とでも話せるようになった。病院っていろんな人がいるでしょ。そんな中で変わったんだろうなあ。今ではこっちから冗談言って笑わせてね。きっと根は明るいんだと思う。苦労したからなあ……」と自己分析していた。

しかし、まじめに働いても生活は貧しかった。パートの時給六百五十円に、気持ち程度の役職手当がつくだけだ。アルバイトの学生より安い時給は不満だった。

幸夫は年金の受給資格がなく、自分が病気で働けなくなったら母子の生活が行き詰まる。「なるようにしかならない」と思いながらも、老いていく母を前に先のことを考えると気が滅入った。健康維持のため、業務中はエレベーターを使わず階段で上り下りした。一日が終わると筋肉痛がひどかった。帰途、三、四回休んでは足を揉んだ。

幸夫とヒデは、警察、検察、裁判所の違法な捜査、裁判によって長年苦痛を強いられたとして、国と宮城県を相手に総額一億四千三百万円の慰謝料を求め国家賠償請求訴訟を一九八五(昭和六十)年、仙台地裁に起こしたが、二〇〇一年十二月、最高裁が上告を棄却し、幸夫たちの敗訴が確定した。

国賠訴訟で弁護団は事件を一から洗い出し、誤認逮捕、誤起訴、誤判の経緯についてあらためて独自の立証を展開したが、最高裁は「実質的に事実誤認や法令違反の主張であり、憲法違反などの上告理由に該当しない」として訴えを退けた。幸夫とヒデの長い「裁判人生」がとうとう終わった。幸夫は七十歳、ヒデは九十四歳になっていた。

孤独な最期

幸夫が働いている間、ヒデは家で一人になる。朝は六時半に起き、パンと大好きなインスタントコーヒーで朝食を済ませ、その後は家事をしたり、デイケアに行ったりして過した。九十代半ばになってもしっかりしていた。

しかし、無実の息子を死刑台から救出するためなりふり構わず戦い続けた「強い母」も老いには勝てなかった。デイケアに出掛けた際につまずいて転び、足を骨折。幸夫が仕事で家にいない間、自分で身の回りのことをするのは不可能になった。幸夫は、きょうだいと相談し、ヒデを近所の施設に入れた。

母が家にいなくなり、幸夫は気持ちの張りを失った。痛めた足腰が悪化して仕事も休みがちになった。殺風景な家の中で一人きりでは体を治す気力も湧かず、医者にかかる金銭的余裕もなかった。痛みはますますひどくなり、仕事どころか出歩くのも大変になって会社を辞めざるを得なかった。長年迷惑をかけてきたきょうだいに援助は頼めず、生活保護を申請するしかなくなった。

きょうだいも幸夫の窮状に気付いていたが、手を差し伸べる者はいなかった。きょうだいの心の底には「幸夫のために自分たちは散々な目に遭ってきた」との思いがあった。幸夫が生活保護を申請した際、役所からタミ子のところに「少しでも援助できませんか」と支援を促す通知が送られてきた。それを読んでタミ子は頭に血が上った。年金がないのはタミ子も同じだった。救援活動に奔走していて年金のことなど頭になかったのだ。

タミ子は役所に返事を書いた。「松山事件で無実の罪を着せられた弟を救うため、私たちきょうだいは救援活動で全国を飛び回ってきました。私自身、保険料を納める余裕などなく、無年金で子供の世話になって暮らしている身です。どうして援助なんかできますか。すべて松山事件のせいなのだから国が弟の面倒をみてください」

生活保護を受けるようになり、幸夫の暮らしは荒んだ。家で酒を飲むくらいしかすることがない。同じ服のまま何日も過ごし汚れが目立った。やがて食事にも不自由し始め、夕食は隣家で食べさせてもらうようになった。冬も石油を買う金がないためストーブをつけられず、スイッチを切ったこたつに足を突っ込み、じっとしていた。

ある時期から、近所では見かけない女性が頻繁に出入りするようになったが、身の回りの世話をする風でもなく、むしろますます自堕落な暮らしに拍車がかかった。

二〇〇六（平成十八）年七月三日。女性が家に入ると、幸夫がこたつのところで仰向けになって倒れていた。意識はなかった。女性は隣家に異変を知らせ、病院に運ばれたが、翌四日午前二時十三分、多臓器不全のため死去した。享年七十五。

隣家の主人がぽつりと言う。「ヒデさんが施設に入った後、幸夫さんは転げ落ちるようだった。最後の方はぼろぼろだった。いい死に方でなかった……」

噴き出す思い

幸夫の死は、宮城県塩釜市に住む五男から、きょうだいに伝えられ、通夜の前日、体調を崩していた長男の常雄以外が鹿島台の家に集まった。仕送りなど経済面で実家を中心的に支え続けた四男が、きょうだいだけで送り出そうと主張した。四男は幼い頃から幸夫と反りが合わず、救援活動にも一切関わっていなかった。

しかし、五日の朝刊に「近親者で密葬を行う」という死亡記事が掲載されていた。通夜会場には、記事を読んだ弁護団の佐藤正明と、日本国民救援会宮城県本部から事務局長の堤智子が駆けつけた。四男は「どうしてこうなるんだ。家族以外、絶対入れない」と激怒した。

佐藤が「幸夫さんは戦い抜いた人だ。最後のお別れをしたい仲間がたくさんいる。告別式には、どうか仲間たちを入れてやってくれないか」と頼み込むと、四男は感情を高ぶらせ、「それなら俺は帰る」と立ち上がった。タミ子が四男をなだめながら切り出した。

「先生の気持ちはありがたいし、よく分かるけど、家族みんな、ようやく静かに生活できるようになったの。私たち、みんなそれぞれに長いこと辛い思いをしてきたんです。そこを分かってほしいの。先生、弟の思いも酌んでやってください」

それでも佐藤は「一緒に戦った同志なんだ。見送らせてほしい」と引かず、押し問答が続いたが、一時間ほどでようやく諦めた。長年、救援活動に身を投じてきたタミ子は、佐藤に申し訳ないと思いながらも、再びマスコミに取り上げられ、世間の好奇な目にさらされるのは耐え難いというのが本音だった。「お姉さん、頑張ったわね」。家族の防波堤になったタミ子に次女が感謝した。

翌日の葬儀会場周辺には報道陣の姿があったが、葬儀社の担当者が入り口に立ちシャットアウトした。皆、言葉は少なく、幸夫の思い出話に花が咲くことはなかった。きょうだいの中では幸夫に対する哀れみの思いより「ようやく終わった。いまさらもう思い出したくない」という気持ちの方が大きかった。

施設のヒデは、既に認知症が進行し、ほとんどなにも分からなくなっていた。このため、きょうだいは幸夫の死もあえて知らせないことにした。タミ子たちが見舞いに訪ねたが、ヒデは自分の子どもを認識できなかった。

同行した三女を見つめて「あんた、男なら早く結婚して子どもつくらねば。早く結婚しんさい」と語り掛け、その後は「私は士族の娘でね……。士族の出です」と口癖の出自の自慢をうわごとのように続けた。タミ子たちは、ヒデが三女を幸夫と勘違いしていることに気付いた。ヒデの中では、自分の人生が松山事件によって一変したことへの恨みと、当事者である幸夫への偏愛が絡み合った複雑な感情だけが残り、他の記憶は消えていた。

タミ子は言う。「幸夫が不良じゃなきゃ事件に巻き込まれることはなかった。幸夫があぁなったのは、さんざん甘やかして育てたお母さんのせい。弟の人生を思うと、なんだったんだろうって……。何一ついいことなかった。つくづくかわいそうな人生だった」

幸夫の死から二年後の二〇〇八（平成二十）年十二月二十四日、クリスマスイブ。ヒデは入所していた施設で老衰のため、ひっそりと息を引き取った。百一歳だった。

葬儀は家族、親族だけで営まれた。式が終わり、皆でひと息ついている時だ。ヒデの孫娘の一人が満面の笑顔で言った。

「これで松山事件は全部終わった。なくなった。すっきりしたー」

場に似つかわしくない言葉に気まずい空気が流れた。しかし、実際には、口に出しこそしないだけで、そこにいた誰もが同じ思いだった。

ヒデの死が報じられたのは一月以上たってからだった。

おわりに

斎藤幸夫さんは、実家からほど近い宮城県大崎市鹿島台の「琵琶原霊園」に、母ヒデさん、父虎治さんとともに眠っている。

私たちは、取材の合間に墓参りのため霊園を訪れたが、その時、異様な光景に出会った。「斎藤家之墓」と刻まれた墓石の「斎藤」の部分に、泥がべったりと張りついていたのだ。

霊園内の墓所はコンクリート壁で区切られ、通路には砂が敷かれているので泥は見あたらない。霊園の外には田畑が広がっているが、竜巻でもない限り、泥が飛んでくる可能性はない。つまり、何者かが外部から泥を持ち込み、斎藤幸夫さんの墓に塗りつけたとしか考えられなかった。

私たちは、水場から手桶で水を運び、墓を洗い始めたが、「斎藤」と彫られた文字の奥深くまでめり込んだ泥を掻き出しながら「たとえ無罪を勝ち取っても、いまも「殺人犯」としてしか見ない人もいるのだな」と思った。

死刑の執行は免れたが、生前だけでなく死後も、いわれなき中傷や非難を受け続ける……。冤罪事件が持つ罪業の深さに、あらためて慄然とした。

斎藤さんが逮捕・起訴された時、捜査当局の発表をもとに「殺人放火の凶悪犯」として報道したマスコミの責任も問われなければならない。

松山事件の再取材を開始して、この本の執筆を終えるまでに、新たに三十二年前の殺人事件の再審開始が決定した。

熊本県松橋町《まつばせ》（現・宇城市）で一九八五（昭和六十）年、男性が刺殺された松橋事件の再審請求審で、熊本地裁は二〇一六年六月三十日、殺人罪などに問われ、懲役十三年が確定し服役した宮田浩喜さんの再審開始を認める決定をした。

熊本地裁は「自白は重要部分に客観的事実と矛盾する疑義があり、信用性が揺らいでいる。確定判決の有罪認定に合理的な疑いが生じた」と判断した。

事件と宮田さんを結びつける証拠は自白しかなかった。宮田さんは、凶器の小刀に血液が付着しないようシャツの袖を切った布を巻いて犯行後に燃やした、と自白していたのだが、このシャツ片が燃やされずに検察側に保管され、血液の付着もなかったことが判明した。

有罪となった裁判に、検察側はシャツ片を証拠提出していなかった。弁護団の開示請求で初めて証拠開示され、再審開始決定に導いたのだが、弁護団が「検察側は自白との矛盾が出ることを知っていて隠していた」と批判したのは当然である。

袴田事件でも、証拠隠しと捉えられる事案が相次いでいる。犯行時の着衣とされた「五点の衣類」のカラー写真のネガについて、検察側は「存在しない」と主張してきたが、二〇一四年八月に一転して存在を認めた。「再審開始決定後にネガが警察で発見された」というのがその理由だ。また、静岡県警の取り調べの様子を録音したテープ四十八時間分が開示された。県警は「倉庫で偶然見つかった」としている。

検察側が、自分たちに不利となる証拠、つまり被告の無罪につながる証拠を故意に提出せずに審理していたとしたら、それはもはや「暗黒裁判」と言ってもいいだろう。

袴田事件は、再審開始決定の取り消しを求めて静岡地検が即時抗告したため東京高裁で審理が続くが、再審が始まる見通しは立っていない。松山事件の無罪確定から三十三年。死刑囚としては斎藤幸夫さん以来となる袴田巖さんの無罪が、一日も早く確定することを願っている。

長期の取材に応じてくれた斎藤タミ子さん、岩下美佐子さん、関連資料を提供してくれた日本国民救援会宮城県本部の吉田広夫事務局長、石川県の松本力蔵さん、折りに触れ助言をいただいた東北学院大学の田中輝和名誉教授、仙台弁護士会の阿部泰雄弁護士に、あらためて深く御礼申し上げる。一向に仕上がらない原稿を辛抱強く待ってもらった筑摩書房の編集者青木真次さんにも、あらためて感謝したい。

最後にひと言——。この本を亡き斎藤幸夫さんとヒデさん、小田島森良さんに捧げます。

二〇一七年　三月

藤原　聡
宮野健男

参考文献

●裁判・救援活動

『松山事件無実の論証　死刑確定囚斎藤幸夫再審請求意見要旨』松山事件対策協議会（１９６４年）

『松山事件公判記録（要旨）（第一審、第二審、最高裁）』松山事件対策協議会（１９６９年）

『松山事件第二次再審請求　再審理由の追加申立を含む弁護人の最終意見書』松山事件対策協議会（１９７９年）

『松山事件再審開始決定書（全文）』松山事件対策協議会（１９７９年）

『松山事件　無実の死刑囚に再審で無罪を！　母は訴えます』松山事件対策協議会（１９８３年）

『松山事件仙台高裁決定書（全文）』松山事件対策協議会（１９８３年）

『松山事件再審公判弁護人最終弁論』松山事件対策協議会（１９８４年）

『松山事件再審無罪判決書』松山事件対策協議会（１９８４年）

『松山事件　斎藤幸夫の自供調書　附・最高裁への上告趣意書』松山事件対策協議会（発行年不詳）

『偽証証人高橋勘市の公判記録』松山事件対策協議会（発行年不詳）

『誤った死刑判決　再審裁判で真実を究明せよ』松山事件対策協議会（発行年不詳）

『掛ふとんえりあての「血痕」について　検察官の即時抗告理由に対する弁護人の意見書』松山事件対策協議会（発行年不詳）

『松山事件　第二次再審請求資料集』松山事件対策協議会（発行年不詳）

『松山事件29年のたたかい　年表』松山事件対策協議会（発行年不詳）

『現地調査のてびき』松山事件対策協議会（発行年不詳）

『松山事件についての調査報告書　日本弁護士連合会人権擁護委員会』松山事件対策協議会（発行年不詳）

『物語・松山事件救援運動史（一）』小田島森良（１９９４年）

『救援運動の想い出　無実の人を死刑にしないたたかい　東北学院大学・刑訴法ゼミにて』小田島森良（１９９９年）

『無実の叫び　松山ニュース滋賀版第1号』松山事件滋賀県守る会（１９７７年）

『なぜ私たちは「再審」を訴えるのか　「誤った裁判」とその原因を考える　松山ニュース滋賀版号外』松山事件滋賀県守る会（１９７７年）

『松山事件年表　昭和三十年～五二年』松山事件滋賀県守る会（発行年不詳）

『無実の「死刑囚」と大定ＯＢ』松本力蔵（１９８０年）

『救援情報№17　1998』「特集　犯罪報道に何が求められているか」日本国民救援会（1998年）
『松山事件国賠一、二審判決書および関係資料』松山国賠研究会（2001年）

●警察・司法
『松山町の一家四人おう殺並に放火事件』宮城県警察本部捜査第一課（1956年）
『研修　一九五七年九月号』法務研修所（1957年）
『宮城県警察史　第二巻』宮城県警察史編さん委員会（1972年）
『捜査の跡』宮城県警察本部（1979年）
『ジュリスト694号』「法医学鑑定をめぐる諸問題　座談会」（有斐閣　1979年）
『哀しい殺人者たち　捜査実話シリーズ宮城編』佐藤好一（立花書房　1985年）
『現場鑑識と布団襟当の血痕　松山事件再審無罪事件を顧りみて』菅原利雄（1988年）

●書籍
『炎と血の証言　松山事件の記録』吉田タキノ（理論社　1966年）
『山と川の接点　続・炎と血の証言（松山事件の記録）』吉田タキノ他（国民救援会宮城県本部　1967年）
『法医学ノート』古畑種基（中公文庫　1975年）
『魔の時間　六つの冤罪事件』青地晨（筑摩書房　1976年）
『松山事件　血痕は証明する』佐藤一（大和書房　1978年）
『死刑台からの生還　無実！財田川事件の三十三年』鎌田慧（立風書房　1983年）
『最後の大冤罪「松山事件」船越坂は何を見たか』佐藤秀郎（徳間書店　1984年）
『つくられた死刑囚　再審・松山事件の全貌』木下厚（評伝社　1984年）
『刑事裁判ものがたり』渡部保夫（潮出版社　1987年）
『恐るべき証人　東大法医学教室の事件簿』佐久間哲夫（悠飛社　1991年）
『血痕鑑定と刑事裁判　東北三大再審無罪事件の誤判原因』田中輝和（東北大学出版会　2002年）
『免田栄獄中ノート』免田栄（インパクト出版会　2004年）
『冤罪の軌跡　弘前大学教授夫人殺害事件』井上安正（新潮新書　2011年）
『死刑冤罪　戦後6事件をたどる』里見繁（インパクト出版会　2015年）

各公判記録、河北新報、朝日新聞、読売新聞、毎日新聞、産経新聞の記事

藤原聡（ふじわら・さとし）
1959年生まれ。早稲田大学卒。82年共同通信社に入社。社会部デスク、長崎支局長などを経て編集委員。仙台支社編集部デスク時代に、松山事件の国家賠償請求訴訟控訴審の取材を担当した。著書・共著に『ドキュメント大気汚染』（筑摩書房）、『アジア戦時留学生』（共同通信社）、『戦後史の決定的瞬間』（ちくま新書）など。

宮野健男（みやの・たけお）
1968年生まれ。学習院大学卒。日刊工業新聞社を経て、96年共同通信社に入社。広島支局、原子力報道室デスクなどの後、経済部デスク。記者、デスク合わせて5年間、仙台支社編集部に勤務。松山事件の斎藤幸夫さん、母ヒデさんらの取材を続けた。共著に『「西武王国」崩壊』（東洋経済新報社）など。

死刑捏造《しけいねつぞう》　松山事件《まつやまじけん》・尊厳《そんげん》かけた戦《たたか》いの末《すえ》に

二〇一七年三月二十五日　初版第一刷発行

著者　藤原聡
宮野健男
共同通信社

装幀　倉地亜紀子

発行者　山野浩一

発行所　株式会社筑摩書房
東京都台東区蔵前二―五―三　〒一一一―八七五五
振替〇〇一六〇―八―四一二三

印刷　明和印刷株式会社

製本　株式会社積信堂

ISBN978-4-480-81845-4　C0095